NACÍ
PARA
ESTO

Si este libro le ha interesado y desea que lo mantengamos
informado de nuestras publicaciones, puede escribirnos a
comunicacion@editorialsirio.com,
o bien suscribirse a nuestro boletín de novedades en:
www.editorialsirio.com

Título original: Born For This: How to Find the Work You Were Meant to Do
Traducido del inglés por Elsa Gómez Belastegui
Diseño de portada: Editorial Sirio, S.A.
Maquetación y diseño interior: Toñi F. Castellón

© de la edición original
 2016 Chris Buillebeau

Publicado con autorización de Crown Business, un sello editorial de Crown Publishing Group,
una división de Penguin Random House LLC e International Editors, Co.

© de la presente edición
 EDITORIAL SIRIO, S.A.

EDITORIAL SIRIO, S.A.	NIRVANA LIBROS S.A. DE C.V.	DISTRIBUCIONES DEL FUTURO
C/ Rosa de los Vientos, 64	Camino a Minas, 501	Paseo Colón 221, piso 6
Pol. Ind. El Viso	Bodega nº 8,	C1063ACC
29006-Málaga	Col. Lomas de Becerra	Buenos Aires
España	Del.: Alvaro Obregón	(Argentina)
	México D.F., 01280	

www.editorialsirio.com
sirio@editorialsirio.com

I.S.B.N.: 978-84-16579-82-2
Depósito Legal: MA-193-2017

Impreso en Imagraf Impresores, S. A.
c/ Nabucco, 14 D - Pol. Alameda
29006 - Málaga

Impreso en España

Puedes seguirnos en Facebook, Twitter, YouTube e Instagram.

Chris Guillebeau

NACÍ
PARA
ESTO

EDITORIAL
SIRIO

A Kenneth L. B. Dauer,
mi hermano y amigo

PLAN DE ATAQUE

En el famoso diario satírico estadounidense *The Onion*, la fotografía de un ejecutivo sonriente ilustra un artículo titulado «Se convence de que ha encontrado el trabajo de sus sueños». El trabajo en cuestión, como puedes imaginar viniendo de este periódico, es de lo más deprimente y tedioso; pero como nuestro amigo no ve alternativa, decide que en realidad le gusta. «Es genial estar aquí atrapado y saber que lo seguiré estando en el futuro inmediato», dice.

Directa o indirectamente, una buena sátira hace siempre alusión a la vida real. Y es que *hay* mucha gente atascada de verdad en trabajos deprimentes sin posibilidad de escape a la vista. Si es tu caso y sabes que lo seguirá siendo en el futuro próximo, tienes dos opciones obvias: conformarte o hacer una concesión.

En el primer caso, aceptas que no hay salida posible y continúas afanándote en ese trabajo desalentador que te quita la alegría. Te pasas una tercera parte de tu vida haciendo algo que no te gusta, pero decides no tomar ninguna medida para cambiarlo. Esta primera posibilidad no es infrecuente; de hecho, es lo que mucha gente hace. No ven alternativa, así que se distancian emocionalmente del trabajo e intentan encontrar satisfacción y sentido en otra parte.

En el segundo caso, decides vivir con frugalidad y hacer un trabajo que te permita cubrir tus necesidades básicas sin dedicarle la vida entera. No te encanta lo que haces, pero no importa, porque tienes tiempo para hacer otras cosas que te interesan. O quizá el tipo de trabajo que te apasiona no es demasiado rentable, así que aceptas el sacrificio de ganar poco por la satisfacción que recibes a cambio.

Ninguna de estas dos opciones es en sí una equivocación, pero ni una ni otra son demasiado emocionantes. ¿Y si decides que *no* te quieres conformar? ¿Y si lo que deseas es encontrar un trabajo que de verdad te guste... pero no te apetece cenar espaguetis todas las noches? ¿Es posible tenerlo todo?

Afortunadamente, sí. Como verás a lo largo de todo el libro, hay gente que consigue encontrar ese trabajo. Son personas que en el ámbito profesional han ganado la lotería, y los resultados no fueron todos por azar. Ya sea gracias a su brillantez, o más posiblemente a que se arriesgaron y aprendieron de sus errores, han encontrado lo suyo, el trabajo para el que han nacido... Y eso lo cambia todo.

Este libro te ayudará a encontrar lo tuyo, a ti también. Si no quieres tener que elegir entre esas dos opciones poco tentadoras, en estas páginas se te mostrará una tercera posibilidad.

• • •

El libro consta de dos secciones principales. En la primera, encontrarás una serie de instrucciones y relatos que te ayudarán a saber qué quieres y cómo conseguirlo. En la segunda, explorarás un menú de opciones ideadas para ayudarte a poner en práctica, mediante diversas estrategias y tácticas, lo que has descubierto.

Todo lo que vas a aprender en ambas secciones es eminentemente práctico. No todo te resultará personalmente relevante, pero no importa, es una obra extensa. Elige lo que veas que te estimula y céntrate en aquello que vaya a acercarte a la consecución de tus objetivos.

El libro pondrá además en entredicho muchas creencias generalizadas sobre la forma de vida y el trabajo. Como verás, muchas de esas suposiciones convencionales sobre cómo debería ser el trabajo soñado van un poco descaminadas, o son una simple equivocación. Afortunadamente, hay un camino mejor, un camino que te llevará al trabajo para el que has nacido. Este libro te ayudará a encontrarlo.

TÉRMINOS DEL ACUERDO

Como estamos cambiando el mundo juntos, incluyo algunas palabras y expresiones con las que quizá no te hayas topado anteriormente o que utilizo en un sentido que no es el habitual. He aquí una definición rápida de algunas de ellas:

- *Escapología*: el arte de dejar un trabajo o una situación que no te satisface.
- *Reinicio en serie*: el concepto de cambiar de vida y de trabajo cada varios años.
- *Fluidez*: el sentimiento integral de bienestar que tienes cuando trabajas bien en algo que te gusta.
- *Ocupación complementaria*: fuente de ingresos que complementa el trabajo principal.
- *Activo digital*: actividad remunerativa localizada completamente *on line*.
- *Buena racha*: oportunidad fugaz de ganar mucho dinero.
- *Profesión globalizadora*: carrera profesional que consta de múltiples tareas o cargos pero todos con un denominador común.

Tengo la esperanza de que, para cuando hayamos terminado de trabajar juntos, gracias a estos conceptos –y a muchos otros que irás aprendiendo según lees– tendrás no solo todo un nuevo vocabulario, sino también una manera enteramente nueva de pensar en tu vida y en tu trabajo.

DECLARACIÓN DE MISIÓN Y DEFINICIÓN DE OBJETIVOS

Aquí no voy a contarte cómo dejar tu trabajo y empezar a trabajar para ti (ya escribí un libro sobre eso). No existe un modelo único de profesión soñada, y no todo el mundo quiere trabajar por su cuenta.

Ahora bien, incluso en el caso de que recibas una paga mensual y no tengas la menor intención de montar jamás un negocio, es importante que comprendas que, en esencia, eres un trabajador autónomo. Nadie velará por tus intereses como tú, así que deberías tomar decisiones serias y responsabilizarte todo lo posible de conseguir lo que quieres. Este libro te dará cierta ventaja en ambas áreas. Aunque no tengas ni el más mínimo deseo de establecerte por tu cuenta y estés encantado de trabajar para un patrono convencional, hay un sinfín de tácticas y estrategias que te permitirán convertir ese trabajo en el trabajo para el que has nacido.

Por último, ten en cuenta que este es un libro orientado a la acción. Aprenderás por qué es importante emprender ciertas acciones, pero te encontrarás también con una serie de tácticas que poner en práctica de inmediato. Por si tienes prisa, he listado a continuación, acompañados de su número de página correspondiente, algunos apartados que te sugerirán planes de acción instantáneos. Sin embargo, para obtener óptimos resultados, no te saltes el modelo *alegría-dinero-fluidez»*, pues haré referencia a él a lo largo de todo el libro.

- Gana más dinero (página 191).
- Domina el arte de buscar trabajo (página 237).
- Resuelve los dilemas profesionales (página 144).
- Reconfigura tu trabajo actual (página 253).
- Despídete amigablemente (página 111).
- Negocia un sueldo mejor o mayores beneficios (página 106).
- Haz de una ocupación complementaria un trabajo en toda regla (página 167).
- Sé el mejor jefe que hayas tenido jamás (página 91).
- Fórjate una profesión en torno a tus aptitudes, vocaciones y aficiones (página 310).

Encontrarás muchas más estrategias y planes de acción como estos en los trece capítulos siguientes. Cada uno a su manera, tienen como objetivo ayudarte a hacer grandes cambios y sustanciales mejoras en tu carrera profesional.

Si has leído hasta aquí, supongo que no quieres conformarte, y que no quieres sufrir. Vamos a trabajar juntos para encontrar algo *mucho* mejor.

Durante mucho tiempo pensé que debía descubrir una vocación. Ahora me doy cuenta de que la vocación no se descubre, se crea. Lo que ocurre es que en general no hacemos el esfuerzo necesario para llegar a hacer algo tan bien que acabe por entusiasmarnos. Creo que el mito de la vocación es la razón principal por la que mis amigos detestan su trabajo.

MELODIE,
25 años, arquitecta de sistemas y procesos

INVIERTE EN EL GUION

1

Objetivo:
Elige el boleto ganador de la lotería profesional

Hay más de un camino posible para alcanzar el éxito profesional, pero quieres encontrar el mejor, aquel para el que has nacido. Quieres ganar la lotería profesional y descubrir un trabajo o una ocupación que no te haga sentir que estás trabajando. Para alcanzar este objetivo, tendrás que hacer ciertos cambios, de mentalidad, de estrategia y de acción.

Si mañana ganaras la lotería, ¿en qué cambiaría tu vida? Hay quienes quizá saldrían disparados hacia un concesionario de coches de lujo y volverían a casa montados en su nuevo juguete reluciente antes de reservar unas vacaciones en el Caribe.

Otros quizá saldarían sus deudas e invertirían el resto en asegurarse un futuro cómodo.

Y tal vez habría también quienes se encogerían de hombros y donarían el dinero para obras benéficas.

En lo que respecta al trabajo y la profesión, es probable que los distintos miembros de un grupo de hipotéticos ganadores de la lotería actuaran también de modo diferente cada uno. Algunos dejarían el trabajo al instante, se marcharían sin avisar siquiera. Otros harían uso de la experiencia para reflexionar sobre lo que *de verdad* quieren hacer y luego pondrían manos a la obra, sabiendo que cuentan con el dinero necesario para correr los riesgos a que pueda obligarles intentar hacer realidad aquello con lo que siempre han soñado..., ya sea abrir una tienda de surf en Bora Bora, fundar una ONG en el África subsahariana o crear una empresa de tecnología avanzada.

Y algunos, quizá los verdaderamente afortunados, mirarían lo que han ganado y dirían: «¿Sabes qué? Es genial tener todo este dinero, pero el trabajo que hago me encanta y no lo voy a dejar. Tal vez me vaya de vacaciones a la playa, y tal vez me compre el coche que siempre he querido tener, pero después de una semana de tomar el sol, volveré al despacho».

Por si te lo estás preguntando, ninguna de estas respuestas es «la correcta». Cuando ganas la lotería, el dinero es tuyo para hacer con él lo que quieras. Incluso aunque te encante tu trabajo, ganar la lotería probablemente te haría reevaluarlo: ¿te gusta tanto tu trabajo que lo harías aun sin necesitar el dinero?

El trabajo no lo es todo en la vida, pero pasamos una buena parte de nuestra vida en el trabajo. Hay gente que, al parecer, realmente lo tiene todo. Son personas tan identificadas con su ocupación que se diría que está hecha exactamente a su medida...; es como si hubieran nacido para dedicarse expresamente a eso. Si alguna vez has trabajado en algo que te hacía disfrutar de verdad, y por lo que además te pagaban, sabes de qué hablo. Y si no has experimentado aún este éxtasis laboral, quizá lo hayas observado en otra gente.

¿No te has topado alguna vez con un amigo o amiga de la niñez a los que hacía años que les habías perdido la pista? Tal vez aparece de pronto en una red social, o tropiezas con él o con ella en una cafetería. Sea donde sea, después de diez o veinte años, te cuenta lo que hace en la actualidad, y ves que tiene sentido. *Claro* que es abogada; siempre fue una chica inquisitiva y atenta a los detalles. *Claro* que se dedica a la enseñanza; siempre fue un tipo paciente y metódico.

Estos son los ganadores de la lotería profesional, personas que encontraron el trabajo para el que estaban hechas. Gracias a ello son más felices, y es probable que en general les vaya también mejor en la vida.

Sea cual sea ese trabajo, son personas que básicamente escogieron un boleto de lotería premiado dentro del mundo laboral. Y ese es también el objetivo de todos: encontrar un trabajo que sea como un juego, y que a la vez tenga sentido para nosotros *y* nos reporte sustanciosos ingresos.

Ganar tropecientos millones a la lotería sería estupendo, pero encontrar el trabajo para el que has nacido es todavía mejor. Este libro te ayudará a ganar otra clase de lotería..., no esa por la que alguien llama a tu puerta con un cheque fabuloso que te lanza de inmediato hacia el concesionario de coches o una tienda de Prada.

Es mejor.

«¿A QUÉ TE DEDICAS?»

Es una pregunta que probablemente te hayan hecho miles de veces, en fiestas, en eventos de las redes sociales, en el partido de fútbol de tu hijo y en innumerables sitios más. Dependiendo de por lo que estés atravesando en tu vida en ese momento, la pregunta puede llenarte de entusiasmo o de pavor, o de algún sentimiento intermedio.

La pregunta, por supuesto, es: «¿A qué te dedicas?», que en estas situaciones generalmente significa: «¿En qué trabajas?». Mientras escribía el libro, les hice esta pregunta a cientos de personas. Estas son algunas de sus respuestas, que transcribo aquí abreviadas:

La acupuntora: «Atiendo a personas que tienen problemas de salud que la medicina convencional ha sido incapaz de explicar o de tratar, y también a aquellos que buscan una forma más natural de conseguir salud y bienestar».

El administrador de una comunidad virtual: «Me paso el día jugando a "eliminar topos". En términos de vida real, soy administrador de una comunidad *on line*. Hago de todo, desde seminarios para empresarios hasta establecer contacto con los medios de comunicación, desde organizar fiestas hasta patrocinar eventos y desde hablar sobre el comercio comunitario hasta jugar a la lucha del troll ya de madrugada».

El alfarero: «Les digo que me he jubilado. Después de haber trabajado para los de arriba tantos años, verdaderamente siento que estoy jubilado. No se engañe, en realidad trabajo más que nunca, pero me entusiasma lo que hago, así que solo alrededor de un 20% de todo ello me parece trabajo, y es la parte de la comercialización y la contabilidad».

La nómada: «No tengo todavía una respuesta al uso. A veces digo que soy escritora. Otras veces que soy directora de cine. Si me siento particularmente atrevida, tal vez diga que vivo en una autocaravana y viajo, nada más».

Las respuestas a «¿A qué te dedicas?» pueden ser mucho más diversas e interesantes de lo que en general se piensa, sobre todo cuando son más que vagas definiciones como: «Soy profesora» o «Trabajo para una revista». Pero más interesante todavía que «¿A qué te dedicas?» es, sin embargo, algo que rara vez se pregunta: qué le *llevó* a esa persona a hacer eso que ha respondido. Porque entre las incontables opciones y profesiones que existen, ¿cómo encuentra alguien esa ocupación en particular para la que ha nacido?

«¿CÓMO HAS LLEGADO HASTA AHÍ?»

Es posible que haya por ahí unos cuantos seres sobrehumanos que desde que cumplen los cinco años saben exactamente lo que quieren hacer de mayores y la forma que tendrá. Para el resto, casi nunca es así de fácil. Los trabajos y las profesiones no caen del cielo y aterrizan a nuestros pies, de modo que solo tengamos que recogerlos y aceptarlos como la solución perfecta para toda la vida.

En pocas palabras, descubrir en qué queremos trabajar es un poco distinto de eso para la mayoría de la gente. Al ir avanzando en nuestra carrera profesional (o en una serie de carreras), la mayoría tenemos una diversidad de experiencias laborales, desde *frustrantes* hasta *prodigiosas*. Se puede aprender algo de cualquier trabajo, desde luego, pero la mayoría de las veces aprendemos tanto sobre lo que *no* queremos como sobre lo que sí.

Cuando les pregunté a cientos de personas que habían encontrado el trabajo «para el que habían nacido» qué caminos habían seguido para hacerse acupuntora, funcionario público, profesor o cualquiera que fuera su profesión en aquellos momentos, descubrí un hilo común en todas sus respuestas: encontrarlo les había costado tiempo y esfuerzo, y el camino había estado lleno de vicisitudes. Pero todos habían continuado avanzando hacia lo que querían. Creían en la meta, y cuando encontraban un obstáculo, ideaban la manera de sortearlo.

Quizá conozcas el famoso poema de Robert Frost «The Road Not Taken» (El camino no elegido). Habla sobre el momento en que el sendero se bifurca y hay que elegir una dirección. Al final, el poeta elige «el camino menos transitado» y nos dice que esa elección «lo cambió todo». ¡Gran poema! Pero ¿sabes qué? Puede que en definitiva haber elegido ese camino no tuviera importancia, porque en la vida real hay muchos caminos que pueden llevarnos a ese trabajo o esa profesión premiados en la lotería laboral.

Si hubiera una secuela a «The Road Not Taken», escrita desde la perspectiva de haber retrocedido en el tiempo y haber hecho la elección contraria, ¿qué diría? Probablemente no sería igual de poética: «Escuchadme todos, he regresado y he tomado el camino que antes deseché. ¿Y sabéis qué? ¡Resulta que he llegado de todos modos adonde quería ir! Daba igual elegir un camino que otro».

El Premio Pulitzer se lo dieron a Frost, no a mí, pero lo que quiero decir es que, en lo referente a las elecciones que hacemos en la vida, en realidad hay siempre más de un camino.

No solo es cierto que hay más de un camino que podamos seguir en la vida, sino que es cierto también que podemos ser felices de distintas maneras. Aun así, algunos caminos son mejores que otros. Claro que podrías ser feliz con actividades muy diversas… pero ¿no serías *más feliz* con algunas actividades que con otras?

El camino fácil

El camino difícil
(pero gratificante)

Y si es verdad que algunos caminos son mejores que otros, es probable que haya un camino que sea el mejor de todos. En algún lugar existe el que se adecua a ti a la perfección, el que te hará sentir la total plenitud y satisfacción que se derivan únicamente de despertarte cada día y cobrar un dinero por hacer algo que te apasiona.

Por eso nuestro objetivo en este momento no es solo ser felices, sino encontrar eso para lo que *tú* has nacido.

● ● ●

TRABAJAR EN UN CIRCO

Supongamos que tu sueño es escaparte de casa y trabajar en un circo. Siempre te han maravillado los payasos («¿Cómo lo hacen para montarse todos en ese coche diminuto?»), o tal vez te has dedicado a practicar ejercicios sobre la cuerda floja en el patio de tu casa cuando debías estar haciendo los deberes. Estupendo. ¿Cuál es entonces el siguiente paso?

Deberás empezar probablemente por hacer algunas indagaciones. Puedes ir a un circo ambulante y solicitar hablar con la persona encargada de las contrataciones. Puedes entrar en internet y ver si hay puestos de trabajo vacantes en el mundo circense. Al indagar, encontrarás más información sobre los requisitos que debes cumplir (tienen que gustarte los animales), las condiciones de trabajo (nunca te vas a aburrir), el salario (suficiente para vivir, pero no mucho más), los beneficios (¿cacahuetes gratis?) y el proceso de selección.

Pronto, consigues una entrevista para el puesto de domador de elefantes, y finalmente el trabajo es tuyo. ¡Enhorabuena! Te presentas en la carpa de los elefantes para comenzar tu tarea inaugural, rebosante de alegría y esperanza. Sin embargo, al cabo de unas semanas de trabajo, te das cuenta de que el circo no es lo que imaginabas. La primera parte de la aventura, escaparte de casa, fue divertida; limpiar los excrementos de los elefantes, no tanto. Has aprendido lo que te gusta y lo que no.

Así que decides cambiar de ocupación y consigues empezar a trabajar en la taquilla. Al principio, aprecias las nuevas responsabilidades que conlleva el puesto y el hecho de no tener que limpiar los excrementos de los elefantes. Pero pronto descubres que el trabajo en una garita vendiendo entradas no solo es aburrido, sino que además supone estar de servicio varias noches seguidas y todos los fines de semana. Decides entonces dejar el circo definitivamente y hacer lo que tus padres te habían sugerido desde un principio: consigues un cómodo trabajo de oficina en una empresa publicitaria.

Pero —y probablemente no te pille por sorpresa— trabajar para una gran corporación tampoco es algo hecho a tu medida. Te pasas la semana contando los días que faltan para que llegue la noche del viernes; hasta que al fin un día, mientras estás reunido con un cliente que dirige una línea de ropa selecta, se te enciende la bombilla. Al fin, comprendes que diseñar camisetas con motivos circenses es el trabajo para el que estás hecho desde que naciste.

Ya sé que es una simpleza, pero igual te sirve para ver que cuando empiezas a abrirte camino en el mundo laboral, lo más probable es que no sepas exactamente lo que quieres, al menos no desde el primer momento, y que es normal que sea así. Para descubrirlo hacen falta tiempo y experiencia, y posiblemente algún que otro revés. Encontrar el trabajo hecho a tu medida rara vez es un viaje lineal. Suele ser un proceso de exploración de infinidad de pequeños recodos y recovecos el que nos conduce al lugar al que en última instancia pertenecemos.

EL BOLETO GANADOR

Volvamos ahora al grupo de ganadores de la lotería. ¿Cómo es que han tenido tanta suerte? ¿Es todo obra del azar, o es que tal vez en momentos cruciales tomaron decisiones inteligentes que propiciaron la buena suerte?

Lo primero que debemos entender es que, para ganar cualquier lotería, hay que querer jugar. Incluso en un plan de pensiones tan poco fiable como es la lotería, es imprescindible participar para poder ganar. Sin boleto, las probabilidades de éxito son nulas.

Además, los ganadores de la lotería no se limitaron a comprar el boleto; tuvieron que realizar, como poco, varias acciones más a continuación. Porque si hubieran comprado el boleto ganador y nunca hubieran comprobado los números que llevaban, la decisión de comprar el boleto no les habría servido de nada. Y luego tuvieron que presentarse y demostrar que eran los ganadores, firmar todos los acuerdos de confidencialidad, acceder a pagar los debidos impuestos y dejarse fotografiar sosteniendo a modo de pancarta ese cheque de tamaño ridículo.

Te parecerán actos muy sencillos, pero todos los años hay millones de dólares en premios (¡dinero de verdad!) que nadie reclama. Incluso los ganadores de una lotería que es puramente cuestión de suerte tienen que elegir *todo o nada* si quieren cobrar el premio.

Y ahora voy a darte una buena noticia: aunque esta lotería a la que me refiero es casi imposible de ganar, *la lotería profesional no lo es*. ¡Esto es muy importante! Si la lotería que todos conocemos está debidamente organizada, no hay manera de «piratearla». Se gana o se pierde —y la mayoría perdemos, por supuesto— atendiendo a las leyes de la probabilidad y a otras variables que están completamente fuera de nuestro control.

En la lotería profesional, en cambio, influimos decisivamente en los resultados. Lo que hagamos ahora influirá de forma directa en las oportunidades de que dispondremos en el futuro. Por eso es tan importante emprender en cada momento la acción más conveniente. Si planeamos estratégicamente la acción, podemos incrementar de un modo considerable las probabilidades de tener un rotundo éxito.

En resumen, necesitamos tener suerte —y hacer por aumentarla en la medida en que sea posible—, pero necesitamos también tomar las decisiones acertadas a cada paso.

CÓMO GANAR LA LOTERÍA
Decisiones: tomar las acertadas
Suerte: incrementarla siempre que podamos

NUESTRO OBJETIVO: INVERTIR EL GUION

Consciente o inconscientemente, mucha gente suele elegir su camino en la vida ateniéndose a un guion preexistente, y por «guion» me refiero a cualquier expectativa o convicción de cómo deberíamos actuar. Tanto en el ámbito laboral como en la sociedad en general, son necesarios ciertos modelos y normas en aras de la cohesión social. Por ejemplo, con independencia de nuestra filiación política, la mayoría pagamos impuestos porque generalmente entendemos que los bienes públicos cuestan dinero... y porque no queremos ir a la cárcel. En general, este es un buen guion al que atenernos.

Muchos otros guiones y normas, sin embargo, existen puramente por tradición, sin importar que sigan teniendo relevancia o no, o para preservar una determinada estructura de poder; o lo que es aún peor, algunos existen por razones absolutamente incomprensibles. Y en lo que al ámbito profesional se refiere, los guiones sociales son con frecuencia particularmente entorpecedores: pueden disuadirte de pensar o actuar como es necesario para encontrar el trabajo o la profesión soñados. Por ejemplo:

- **Guion número 1**: los puestos de nivel inicial deben conducir a puestos de nivel intermedio, los cuales desembocarán a su debido tiempo en puestos de alto nivel (a veces sin tener en cuenta las aptitudes de los empleados en cuestión). El objetivo es ir ascendiendo en la jerarquía hasta acceder a un cargo directivo o a un despacho mayor y con mejores vistas.
- **Guion número 2**: todo el mundo «se hace su hueco profesional», al que debería atenerse estrictamente..., y una vez que te hagas el tuyo, no te molestes en intentar expandirlo o salir de él explorando nuevas oportunidades, aptitudes u ocupaciones.
- **Guion número 3**: si se te presenta una oportunidad laboral —cualquier oportunidad—, tómala. Probablemente solo se te presentará esta oportunidad una vez, así que no la pifies.
- **Guion número 4**: todo el mundo debería trabajar de treinta y cinco a cuarenta horas semanales, sobre todo en trabajos de oficina, generalmente los mismos días de la semana y a la misma hora (aunque los estudios muestren que a la mayoría de la gente este horario de trabajo le impide rendir como podría).

Guiones como estos, y otros que delimitan el número y la clase de iniciativas que nos están permitidas o los resultados que podemos alcanzar, van, como poco, descaminados. Otras veces, son una simple equivocación.

A lo largo del libro, te enseñaré cómo obtener resultados mucho más gratos «invirtiendo el guion» y haciendo lo contrario de lo que quizá hayas oído siempre que debías hacer. Invertir el guion significa que bien lo actualizas o remezclas, o bien, en algunos casos, tomas los tradicionales consejos laborales y los pones patas arriba.

Considera estas ideas alternativas:

Guion número 1 revisado: no pienses como si fueras el director ejecutivo

Los blogs y las revistas están llenos de columnas de consejos sobre «cómo invertir como Warren Buffett» o «cómo gestionar una empresa como Steve Jobs». Si tienes 1.000 millones de dólares en un cajón y no sabes qué hacer con ellos, Warren Buffett es sin duda la clase de mentor que necesitas. En todos los demás casos, sería el primero en decirte que probablemente obtengas más beneficios invirtiendo en fondos índice y dejando que el dinero fructifique solo. Y en cuanto a Steve Jobs, no cabe duda de que fue un diseñador fuera de serie..., además de un jefe despiadado, que valoraba más los productos que a sus empleados y que a veces dejaba a estos temblando a su paso. ¿Es esa la persona que quieres tener como modelo?

Como la mayoría no somos ni Warren ni Steve, sencillamente no podemos aplicar sus mismas tácticas y esperar obtener resultados similares. Tenemos que pensar por nuestra cuenta y encontrar las tácticas que a nosotros nos convienen. Es un plan bastante mejor emular al tipo que trabaja en el despacho ligeramente más pequeño pero al que le entusiasma lo que hace, que se lleva bien con todo el mundo y que tiene un poco de vida fuera del trabajo.

Guion número 2 revisado: no «te hagas tu hueco»; vive una vida polifacética y equilibrada

Es posible que en algún momento de tu vida alguien te diera un consejo nefasto: «Hazte un hueco». El problema es que en la gran mayoría de los trabajos la especialización está exageradamente sobrevalorada, así que en efecto hay gente que se hace un hueco, se centra en su especialidad y excluye todas las demás. Sin embargo, son muchos los que destacan en entornos laborales que incentivan una combinación más compleja de aptitudes, talentos y vocaciones. Si alguna vez has tenido que elegir entre dos posibilidades a cuál menos tentadora y tu respuesta ha sido: «Elijo la tercera», ya sabes que siempre hay otra posibilidad.

Repito que el objetivo es encontrar lo mejor para ti, no elegir uno de los moldes que otra persona tenga en su repertorio.

Guion número 3 revisado: si dejas pasar una oportunidad, habrá otras

La mayoría tenemos un miedo muy arraigado a tomar decisiones equivocadas en cuestiones laborales. Tendemos a quedarnos con lo que conocemos, sobre todo cuando es «lo bastante bueno». Sin embargo, casi todas las decisiones que tomemos en materia laboral se pueden cambiar o incluso revocar. Y cambiarlas no solo es normal, sino que a veces es también mejor. Richard Branson lo expresó muy bien cuando dijo: «Las oportunidades empresariales son como los autobuses. Siempre hay otro en camino».

Y no solo son como autobuses las oportunidades laborales; vienen en nuestra dirección oportunidades de todo tipo continuamente. Si pierdes una, por regla general podrás subirte a la siguiente.

Guion número 4 revisado: hay más de una manera de trabajar

Piensa en personas que conozcas que estén absolutamente encantadas con su trabajo. Tal vez tengan un puesto fenomenal en una de esas empresas que ofrecen vacaciones ilimitadas y dejan que cada trabajador decida su horario laboral. Tal vez trabajen desde casa, o tal vez prefieran trabajar en la oficina con un equipo... y en ese caso tengan un equipo estupendo. Si pudieras elegir entre dos empleos con el mismo sueldo, pero uno ofreciera mejores condiciones laborales y mayor flexibilidad, ¿no sería este el que elegirías?

LEER ESTE LIBRO TE AYUDARÁ A «SUBIR DE NIVEL»

Te aseguro algo más antes de que sigas leyendo: en estas páginas no se trata sobre cómo mejorar ligeramente tu situación. Si tu trabajo te asquea, conseguir el derecho a acabar antes de hora un viernes al mes no va a cambiar las cosas demasiado. Si tienes una deuda de 80.000 dólares, un aumento de sueldo del 4% no va a quitarte de encima a los acreedores. No son pequeños cambios lo que necesitas; necesitas *subir de nivel*.

Y este libro está ideado para ayudarte precisamente a eso. He pasado los últimos diez años viajando por el mundo y estudiando distintos tipos de profesiones y ocupaciones. Cuando hablaba con gente que había encontrado «el trabajo de sus sueños», advertía que para describirlo solían usar un lenguaje parecido; eran frecuentes frases como:

«Es como haber ganado la lotería».

«No puedo creer que me paguen por hacer esto. No se lo digas a nadie, pero me gusta tanto lo que hago que lo haría gratis».

«El trabajo no me parece trabajo. A veces tengo la sensación de que estoy jugando; e incluso cuando supone un esfuerzo, normalmente es interesante y gratificante».

Suena bien, ¿no? Esa es la sensación que produce haber encontrado el trabajo de tus sueños o bien haber creado las circunstancias ideales en las que pasarás una tercera parte de las horas de tu vida.

Ha llegado el momento de que elijas *tu* boleto de lotería ganador. ¿Adónde te llevará?

El trabajo de nuestros sueños es distinto para cada uno.
Para algunos es percibir unos ingresos pasivos. Para
otros, un trabajo empresarial. El sueño de alguna gente
es dar un trato personalizado a los clientes; de otra, poder
trabajar desde cualquier sitio. En definitiva, es lo que la
libertad sea para cada uno de nosotros.

CAROLINE,
34 años, naturópata

TU DINERO Y TU VIDA

OBJETIVO:
Ten los dos

2

No tienes por qué elegir entre hacer lo que te gusta y ganarte bien la vida. En este capítulo, aprenderás a usar el modelo alegría-dinero-fluidez para descubrir qué estilo de trabajo prefieres y definir con más claridad tus objetivos.

De adulto, suelen preguntarte con frecuencia: «¿A qué te dedicas?». De niño, en cambio, seguro que al menos alguna vez oirías una versión muy diferente de esa pregunta: «¿Qué quieres ser de mayor?».

Muchos la oímos más de una vez, de nuestros profesores, de nuestros padres y de otras figuras de autoridad que nos animaban a soñar a lo grande y responder algo concreto. Y los niños, claro está, dan respuestas extraordinariamente ambiciosas, como «quiero ser presidente», «astronauta» o «deportista profesional». Por supuesto, de adultos sabemos que son respuestas poco realistas, cargos y profesiones inaccesibles para la mayoría de la gente, pero cuando el niño sueñan con su futuro, su imaginación no tiene límites.

¿Te acuerdas de cómo respondías tú a esta pregunta?

Igual soñabas con hacer lo mismo que hacían tus padres. Si tu madre era médica, quizá te atraía la medicina. Te gustaba la idea de ayudar a la gente y el hospital te parecía un buen sitio para trabajar. O igual tu padre era arquitecto, y un día entraste en su estudio y viste unos dibujos alucinantes de grandes edificios. Posiblemente aquello te dejó embelesado y decidiste que «arquitecto» era una respuesta tan buena como cualquier otra.

O quizá no tenías aspiraciones tan elevadas, y tu padre y tu madre no eran tus modelos profesionales. ¿Querías ser el cartero, que iba repartiendo el correo montado en una moto amarilla? ¿La cajera del supermercado, que siempre se alegraba tanto de verte? ¿El hombre que allanaba la pista de hielo montado en una pulidora? Si es así, tiene lógica, ya que aquello que vemos es lo que tratamos de emular.

En mi caso, tenía una combinación de dos profesiones idílicas, y las dos me venían de mi padre. Era ingeniero aeroespacial. Había participado en los lanzamientos de comienzos de los años ochenta y luego trabajó de programador para Boeing, antes de jubilarse y dedicarse a escribir novelas. Tengo un recuerdo de la infancia que destaca entre los demás. Me llevó un día a su despacho durante las pruebas para el lanzamiento del transbordador espacial y me puso una tarea. No recuerdo todos los detalles, y por supuesto no los entendía todos en su momento, pero tuve la impresión de que era algo importante. Mi tarea consistía en observar un determinado dispositivo de medición y avisar a mi padre si la aguja superaba cierto número.

Cabe suponer que ni la seguridad de los astronautas ni el futuro de la NASA dependían de la meticulosa atención que prestara yo al dispositivo que tenía a mi cuidado. Pero a los seis años, eso es exactamente lo que creía que estaba pasando. ¡La industria espacial entera dependía de mí! Cuando se anunció que las pruebas habían sido un éxito, me enorgullecí de mi contribución... y acto seguido estaba listo para el almuerzo.

No recuerdo adónde me llevó a comer mi padre después de aquella tarea crucial que realicé en la NASA, pero puedo imaginarlo. Lo más habitual era que fuéramos al Burger King. *Me encantaba* aquel sitio. Si hubiera podido comer en el Burger King todos los días, habría sido un niño muy feliz. Es cierto que a veces tenía que tomar decisiones sumamente difíciles —¿patatas fritas o aros de cebolla?, ¿batido de vainilla o tarta de manzana?—, pero dejando aparte estos dilemas, me sentía exultante con mi hamburguesa doble con queso y varios sobrecitos de kétchup.

Y esta es la razón por la que, a los seis años, cuando un adulto me preguntaba: «¿Qué quieres ser de mayor?», me encontraba siempre indeciso. A veces quería trabajar con los astronautas y otras veces quería trabajar en Burger King. Ambas ocupaciones me parecían igual de apasionantes y gratificantes. Obviamente, no tenía aún edad para entender lo que de verdad entrañaba cada una de ellas.

HACERSE MAYOR Y TENER QUE TOMAR DECISIONES

Que se nos pregunte qué queremos ser de mayores es normal cuando somos niños. Tarde o temprano, sin embargo, llegamos a una edad en la que la gente deja de preguntar..., o si lo hace, el tono de la pregunta es un poco inquietante. De repente, aquello de: «¿Qué es lo que más te gustaría hacer? ¡Puedes hacer lo que quieras!» da paso a: «¿Qué piensas hacer con tu vida? A ver si lo decides cuanto antes».

A muchos, un niño cuya mayor aspiración sea trabajar en un restaurante de comida rápida les resulta divertido. Pero un adulto que no tenga más ambición que echar patatas congeladas dentro de una freidora normalmente no inspira demasiado respeto.

Igualmente, si un niño de seis años dice que quiere ser astronauta, se piensa: «Qué gracioso», mientras que si un adulto —exceptuando quizá algún que otro licenciado del Instituto Tecnológico de Massachusetts— expresa la misma ambición, se pensará: «Qué iluso». Una vez que pasamos la etapa adolescente de la ensoñación, llega la hora de las realidades y los aspectos prácticos y tenemos que tomar decisiones de verdad. Hemos de decidir sobre educación, especialización, puestos de prácticas, nuestros primeros trabajos... De pronto, es abrumador; las opciones parecen infinitas. Puedes enrolarte en el ejército, con la ventaja de que te costeará los estudios si te comprometes a cumplir un servicio militar prolongado. O tal vez quieras ser médico, o abogado, o ingeniero. Puede que quieras estudiar bellas artes, o dedicarte al mundo de las finanzas, o trabajar en los medios de comunicación. O que desees hacer algo totalmente distinto.

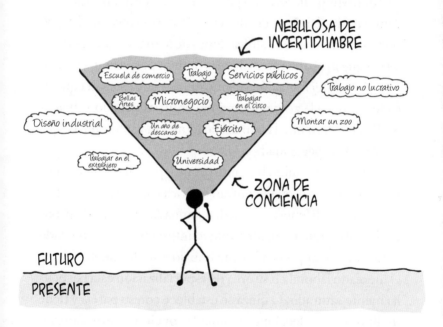

Elijas lo que elijas, lo más probable es que te lances en pos de ello con escasa información y sin haber entendido del todo ni cómo llegar a ello ni el aspecto que tendrá cuando finalmente llegues. Y para complicar la situación todavía un poco más, en los próximos cinco o seis años pueden ocurrir todo tipo de acontecimientos que tal vez cambien el curso de esas decisiones iniciales. Tras haber indagado inicialmente en algo que pensabas que te gustaría —ya sea un curso en la universidad, unas prácticas o un primer empleo—, tal vez descubras que en realidad no es «lo tuyo».

Una vez que abandoné el sueño de trabajar en la NASA o en Burger King, pensé que podía dárseme bien la contabilidad, así que la elegí como especialidad el primer año de carrera. Mis profesores no pensaban lo mismo, y me hicieron cambiar rápidamente de idea cuando me devolvieron los primeros exámenes con calificaciones de lo más desalentadoras. Claro que probablemente habría podido perseverar, estudiar con feroz determinación y demostrarles que estaban equivocados..., pero la asignatura no me entusiasmaba lo suficiente. Estaba claro que la contabilidad no era mi fuerte, así que cambié de especialidad.

Yo hice el cambio bastante pronto, pero hay quienes tardan un poco más en encontrarse cara a cara con la realidad. Hay quien se licencia en una determinada carrera y de pronto descubre que la materia que le interesaba se ha quedado anticuada, o empieza a buscar trabajo y se da cuenta de que el mercado laboral en su área de especialización está particularmente saturado. O quizá se establece con su pareja y tiene un hijo, y esas elecciones limitan las opciones profesionales a las que puede acceder.

Lo más frecuente de todo, y da igual el rumbo que hayas tomado, es que te tropieces con algo totalmente distinto en determinado momento del camino. Quizá descubras en ti un talento que no sabías que tuvieras, aflore una afición que nunca pensaste que tendrías ocasión de poner en práctica o se te presente una oportunidad de trabajo que jamás habrías esperado. Es posible que un antiguo colega te llame ofreciéndote un puesto en su nueva empresa, o que un pequeño negocio que habías montado casi como pasatiempo con un amigo de la facultad se convierta de la noche a la mañana en un *auténtico negocio*. No lo tenías previsto, pero de repente te encuentras haciendo algo que nunca te habías planteado.

La cuestión es que las trayectorias profesionales rara vez son tan ordenadas ni intencionadas como solemos creer. Al alcanzar la mayoría de edad, casi ninguno de nosotros sabe *realmente* lo que quiere hacer durante los siguientes cuarenta o cincuenta años de vida laboral. Tenemos ideas y sueños, pero el futuro es bastante tenebroso. Queda mucho por desvelarse. Son demasiadas las variables que pueden cambiar según recorres el camino para encontrar el trabajo para el que has nacido.

LA FÓRMULA QUE TE REVELARÁ EL TRABAJO PARA EL QUE HAS NACIDO: ALEGRÍA-DINERO-FLUIDEZ

Otro principio básico de las tradicionales advertencias profesionales es que todo el mundo es diferente y todos queremos cosas diferentes. Es verdad que cada individuo tiene sus propios intereses y aptitudes, y que el marco familiar y las experiencias que cada uno hemos vivido no son naturalmente los mismos. Pero ¿de verdad tenemos todos expectativas laborales distintas? Quizá no sea tan complicado: en general, todos queremos encontrar un trabajo que satisfaga unas pocas e idénticas necesidades concretas.

A pesar de nuestras diferencias, la mayoría deseamos tener una vida equilibrada en la que abunde el trabajo, un trabajo que nos reporte alegría y prosperidad. Dentro de lo posible, queremos hacer algo que nos guste. Queremos poner en práctica nuestras aptitudes y conocimientos. Y, como ideal, no queremos tener que realizar una engañosa elección entre disfrute y dinero; nos gustaría hacer lo que nos encanta hacer y que se nos retribuyera bien por ello.

En pocas palabras, esto es lo que buscamos:

- Algo que nos haga felices (alegría).
- Algo que nos dé solvencia económica (dinero).
- Algo que valore y saque el máximo partido de nuestros singulares talentos (fluidez).

Recuerda cuál es el objetivo de este libro: ayudarte a ganar la lotería profesional y encontrar el trabajo para el que estás hecho. Hay más de un camino para llegar a ese mundo ideal, pero si no se cumplen *todas* estas características, no tendrás la relación laboral perfecta. Es del todo posible hacer algo que te encante y que no esté bien pagado. También es posible que te paguen bien por hacer algo que te disguste o que toleres lo justo —cantidad de gente hace un trato consigo misma y aguanta una mala situación a cambio de unos buenos ingresos—. Y por último, es igual de posible que disfrutes con lo que haces o que cobres bien por ello (o ambas cosas) pero siga faltándote la sensación de fluir globalmente, de que las horas pasen como si fueran minutos porque estás inmerso por completo en algo que haces admirablemente bien.

Ninguna de estas situaciones es sin embargo lo que quieres. Para encontrar el trabajo para el que has nacido, debes dar con la combinación adecuada de alegría, dinero *y* fluidez.

Voy a terminar de contarte cómo encontré el mío.

CÓMO GANARME LA VIDA: DEL BURGER KING AL BALONCESTO

Empezamos a recibir orientación profesional apenas cumplimos los seis años. O al menos así fue sin duda en mi caso, en aquel tiempo en que estaba tan ocupado haciendo pruebas cruciales para la NASA e intentando convencer a mi padre de que me llevara al Burger King en cuanto veía la ocasión. «Puedes hacer lo que quieras», suelen asegurar los adultos, sin darnos ninguna explicación de cómo va a ser posible «cualquier cosa que queramos» ni ninguna garantía de que vayamos a lograrlo. Por muy bien que les sonara a nuestros tiernos oídos, este consejo en realidad es absurdo. Hay obviamente algunas cosas que no vas a hacer, y no son pocas las que *no deberías* hacer. Pero no pasa nada... Es más, está bien que sea así.

Para cuando cumplí los doce años, ya no quería trabajar en Burger King. Ahora tenía una nueva ambición: ser jugador profesional de baloncesto. Me pasaba horas lanzando tiros libres en el patio de casa, reproduciendo fielmente una y otra vez la escena en la que encestaba el último tiro en el campeonato de la NBA. «Gracias, gracias a todos. ¡Estoy listo para que me empapéis de Gatorade!».

No importa que nunca llegara a jugar en un equipo y ni tan siquiera en un partido de verdad. Claramente, aquella era una fantasía que no iba a ninguna parte. Es probable que ronde por ahí la historia de alguien que acabó siendo jugador profesional de baloncesto gracias a la pura determinación y el esfuerzo, pero la realidad es que, por mucho que yo hubiera practicado, jamás habría llegado a la NBA. No es que quiera echar por tierra tus sueños de la niñez, pero lo mismo si se trata de ser el presidente de Estados Unidos que piloto de pruebas de cinturones para cohete, hay ciertos futuros que sencillamente no van a hacerse realidad, ya sea por falta de aptitudes o de oportunidades, o de una combinación de ambas. La realidad es que hay algunas fantasías profesionales que nunca se cumplirán por mucho que lo intentes..., así que las que quiera que sean en tu caso, no deberían ser tus metas.

Varios años después de que los servicios a la NASA y las fantasías de llevar a mi equipo al campeonato de la NBA siguieran su curso, empecé a tomar algunas decisiones de verdad. Entré en la universidad y empecé por matricularme en un montón de asignaturas de lo más diverso que encontré en el catálogo. La incursión inicial en los estudios de contabilidad perdió impulso con rapidez cuando vi lo que tenía que esforzarme simplemente para aprobar. Al optar por otras asignaturas, descubrí que me gustaba el campo de la sociología. Me encantaba aprender detalles sobre cómo nos definimos los seres humanos en relación con los demás y cómo interactúan y evolucionan con el tiempo los distintos grupos. Además, sin duda demostré tener más aptitudes para la sociología que para la contabilidad.

Me licencié en sociología y luego empecé un programa de posgrado, pero no por mucho tiempo; para entonces, mis intereses habían vuelto a evolucionar. Me gustaban los temas que estudiaba, pero pronto me di cuenta de que las oportunidades en estos campos iban a ser escasas a no ser que dedicara al estudio varios años más. Por otra parte, el trabajo que hacía de noche, cargar cajas en un camión de FedEx, no me ofrecía ni mucha diversión ni posibilidades de avanzar, así que había muy pocas probabilidades de que se convirtiera en mi trabajo soñado.

Entretanto, me había pluriempleado. Había empezado a comprar y vender cosas por internet cuando volvía a casa al terminar en FedEx, a las dos de la madrugada (quizá venga de ahí el verbo inglés *moonlight*, que se traduce como «luz de luna», pero que se utiliza en ocasiones con el significado de «pluriemplearse»; en mi caso, teniendo en cuenta que hacía casi todo el trabajo de compraventa desde las dos hasta la hora de prepararme para estar en clase a las diez, trabajaba literalmente *a la luz de la luna*). Aunque en el pasado no hubiera conseguido destacar en las clases de contabilidad, resultó que en realidad se me daba bastante bien ganar dinero y llevar un pequeño negocio.

Quizá te hayas dado cuenta de que en esta historia no he empleado el término *dinero* hasta este momento. Este es un buen momento para sacarlo a colación, porque el dinero era (y es) una consideración extremadamente importante a la hora de buscar el trabajo para el que estamos hechos. Como la mayoría de la gente, tenía facturas que pagar todos los meses. Además, quería disponer de cierta liquidez que me permitiera hacer lo que me gustaba. La expresión sofisticada para esto es que era un *imperativo económico*. La versión simple es que necesitaba dinero.

Mi situación en esta época puede explicarse como sigue:

Cualificación: licenciatura universitaria (+ medio máster).

Oportunidades profesionales: no muchas (porque habría tenido que seguir estudiando varios años más).

Empleo: un trabajo deprimente de media jornada (estaba claro que no quería seguir cargando camiones todas las noches de mi vida).

Imperativo económico: sin fondo fiduciario (pero tenía que seguir pagando las facturas).

Estaba contento de haber tenido la oportunidad de ir a la universidad, pero no veía una conexión directa entre universidad y trabajo. Aunque me interesaban las materias que había estudiado, ahora sabía que iba a tener que encontrar otra forma de ganarme la vida. Por otra parte, estaba casi seguro de que, idealmente, ganarme la vida no iba a suponer cargar camiones a mitad de la noche mucho tiempo más.

Como le ocurre a mucha gente, me tropecé con algo completamente distinto de lo que inicialmente había imaginado. Siempre me había gustado escribir y perfilar ideas. Había pasado muchas horas leyendo revistas sobre iniciativas empresariales y pequeños negocios desde que era adolescente. También me gustaban la música y viajar, aunque no supe de inmediato cómo podía esto llegar a conectarse con nada que pudiera proporcionarme un medio de vida. En pocas palabras, las aptitudes que tenía no estaban todas relacionadas con la carrera que había estudiado, ni tampoco con el talento latente que demostraba en la línea de tiro libre a la entrada de casa.

Monté mi primer negocio comprando y vendiendo café, aprendiendo sobre la marcha todo lo necesario sobre los márgenes de beneficios y el tueste del café. Al cabo de unos años, me apetecía un nuevo desafío, así que me fui como voluntario a África a realizar labores de ayuda humanitaria. Durante el tiempo que estuve allí, empecé a coordinar equipos y a organizar reuniones de grupo, y fue algo que aprendí muy rápido; me resultaba de lo más natural.

Unos años después, regresé a Estados Unidos y empecé una nueva vida, como bloguero y viajero, decidido a conocer todos los países del mundo, que fue una parte de la misión que me propuse completar en los siguientes diez años. (Siento revelarte el final de la historia: ¡lo conseguí!)

Ahora tengo varias ocupaciones, que giran todas en torno a las profesiones principales de autor y empresario. Escribo libros, coordino equipos y eventos y emprendo pequeños negocios. A mí, esta combinación me da alegría, dinero suficiente y, lo mejor de todo, dejando a un lado alguna que otra responsabilidad aburrida (pero necesaria), casi siempre me siento «fluir». Debo decir que no todo ha sido un éxito —he sufrido montones de fracasos—, pero al cabo del tiempo también yo siento que he ganado la lotería profesional y que tengo el mejor trabajo del mundo.

Si echo la vista atrás, veo el camino recorrido, aunque jamás hubiera podido predecirlo ni proyectarlo. Como viste en el capítulo anterior, encontrar el trabajo para el que has nacido rara vez es un viaje lineal. Pero cuando llegas a tu destino, sabes que todo ha valido la pena.

EL MODELO ALEGRÍA-DINERO-FLUIDEZ:
LO QUE BUSCAMOS

Ahora que sabes que la alegría, el dinero y la fluidez son los tres componentes sustanciales de una carrera profesional premiada en la lotería, vamos a examinar cada uno de ellos con más detalle. Tal vez te parezca que tienen un significado evidente, pero es importante que entiendas exactamente de qué hablamos.

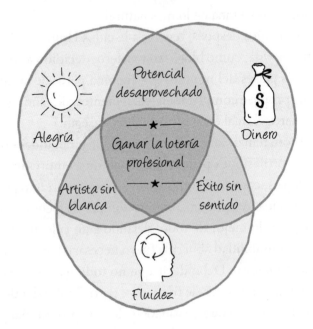

Alegría: lo que te gusta hacer

«Haz lo que de verdad te guste» puede resultar una frase cansina, pero difícilmente se puede querer nada mejor para esas actividades que nos ocupan cuarenta horas a la semana (o más) y lo seguirán haciendo el resto de nuestra vida. Te costará ser de verdad feliz si no te gusta realmente cómo pasas la mayor parte del tiempo.

Esto no significa que cada momento tenga que ser fabuloso (hasta los ganadores de la lotería tienen que hacer fotocopias de vez en cuando y presentar informes de gastos). Nadie puede hacer solamente lo que más le gusta todos los minutos del día, pero ese no es en realidad el objetivo. En términos generales, queremos que el trabajo que hacemos «destelle alegría». Y si tienes dudas sobre si tu trabajo actual destella alegría, probablemente la respuesta sea que no.

Dinero: lo que te respalda y te mantiene

A la hora de buscar el trabajo o la profesión de tus sueños, el dinero difícilmente podría ser un tema secundario. *Tienes* que ganarte la vida. Si tienes familia e hijos, *necesitas* mantenerlos. En la lotería profesional —esa situación ideal que buscamos—, el trabajo que realizas te proporciona todo el dinero que necesitas para vivir con comodidad. Si te hace rico, mucho mejor; no tiene nada de malo ser rico. Pero aunque no consiga engrosar espectacularmente tu cuenta bancaria, tampoco debería obligarte a vivir de la caridad.

En otras palabras, el dinero no lo es todo, pero te costará saborear la vida si experimentas constantemente la presión de tener que idear cómo pagar las facturas a tiempo.

Fluidez: lo que se te da verdaderamente bien

¿Alguna vez has perdido la noción del tiempo cuando estabas enfrascado en algo que te apasionaba? ¿Has tenido alguna vez un trabajo por el que te pagaban, pero que te gustaba tanto que habrías estado encantado de hacerlo sin cobrar? A esta condición la llamaremos *fluidez*: el arte de sacarle el máximo partido a una aptitud y de sumirnos totalmente en algo que se nos da verdaderamente bien. Esta condición, lo mismo que la alegría y el dinero, es esencial a la hora de buscar el trabajo para el que estamos hechos.

Hay muchas cosas que todos *podríamos* hacer relativamente bien, o incluso bastante bien. El trabajo fluido es diferente. No es que lo hagas relativamente bien o incluso bastante bien; lo haces *verdaderamente* bien. Te resulta fácil y natural. Los demás se quedan impresionados y hasta admirados de lo sencillo que al parecer te resulta conseguir grandes resultados. Se preguntan: «¿Cómo lo hace?».

Como en el caso de la alegría, no necesitas permanecer *siempre* en estado de fluidez. Lo más probable es que tengas periodos de trabajo fluido intercalados en periodos de trabajo más regulares. Pero lo mismo que quieres un trabajo que «destelle alegría» la mayor parte del tiempo, quieres también encontrarte en ese sitio de fluidez tanto como sea posible.

¿No tienes ni idea de cuál es en tu caso la combinación ideal de alegría, dinero y fluidez? No te preocupes. Vamos a estudiar con detalle cantidad de estrategias prácticas y concretas para que descubras cuál es exactamente la combinación hecha a tu medida. Y una noticia todavía mejor es que cuando des con la combinación ideal para ti, lo sabrás; tendrás la sensación de que ha estado siempre delante de ti esperándote. Eso es lo maravilloso de encontrar el trabajo para el que has nacido.

DEL SUEÑO A LA REALIDAD

Cuando era niña y vivía en la Columbia Británica, en Canadá, Angela May quería ser inventora. Concretamente, quería ser Doc Emmet Brown, el personaje de ficción de la trilogía *Regreso al futuro* que había construido una máquina del tiempo. Desde pequeña, le gustaba arreglar los electrodomésticos que se estropeaban o intentar hacerlos funcionar mejor —probablemente tuviera algo que ver que venía de una familia de ingenieros—. Pero el arte le fascinaba tanto como la ciencia. En el instituto, eligió la asignatura de ciencias y la de arte, las dos de nivel avanzado, y en la universidad empezó a dibujar una serie de cómics que publicaba en internet y que le daban un respiro del riguroso programa de estudios de ingeniería que le ocupaba la mayor parte de la semana.

Nada más licenciarse, se encontró ante un conflicto. La gran mayoría de los licenciados en ingeniería canadienses entran a trabajar en la industria petrolera y del gas, un campo que a ella no le decía nada en absoluto.

—La sostenibilidad es la carrera espacial de nuestra generación —me dijo—. Yo quería ayudar a encontrar soluciones, no a consolidar una industria que ya estaba en pie.

La idea era muy noble, pero para una joven recién licenciada e inexperta, encontrar un puesto fuera de la industria dominante no era tarea fácil. Estuvo sin trabajo más de seis meses, viviendo de unos exiguos ahorros mientras veía cómo todos sus amigos empezaban a trabajar cobrando buenos salarios. Al final se presentó a una entrevista para un puesto en BC Hydro, una compañía eléctrica que era tanto una entidad gubernamental como una empresa privada. El proceso de selección duró otros tres meses —el trabajo gubernamental no destaca precisamente por su celeridad–, pero finalmente consiguió su primer trabajo serio.

Montada en el tren camino de la oficina, situada en un edificio muy alto en el centro de Vancouver, Angela tenía la sensación de ser una persona adulta.

—Tenía tarjetas de visita y una extensión telefónica –me contó–. Tenía un horario de trabajo por primera vez.

Trabajar para un servicio público cumplía un importante propósito de cara a su cualificación: al cabo de cuatro años, recibió la licencia de ingeniera profesional, que le permitiría acceder a toda una diversidad de puestos. El momento era también el oportuno. Aunque aquel primer trabajo la había ayudado en algunos sentidos, también tenía sus inconvenientes. En primer lugar, el tema de los ascensos estaba muy politizado. Angela vio llegar y marcharse a numerosos jefes por capricho de sus superiores o del ambiente político cambiante. Además, se daba cuenta de que era imposible hacer de verdad ningún cambio.

—Querían que propusiéramos grandes cambios –explicaba–, pero luego todo quedaba reducido a la mínima expresión cuando llegaba el momento de aplicarlos.

Angela tenía la impresión de que los únicos cambios sostenibles que a la empresa le interesaban eran aquellos que se traducían directamente en un ahorro económico, un objetivo importante, sin duda, pero expresión también de una perspectiva un tanto limitada. Estaba lista para pasar a otro empleo, pero ¿a cuál? Y ¿cómo lo iba a hacer?

—Una vez que estás en ese primer puesto de trabajo –contaba–, nadie te dice qué hacer a continuación. No hay hoja de ruta.

LA HOJA DE RUTA

Durante el tiempo que pasó en su primer trabajo serio, Angela había continuado dibujando su serie de cómics *on line*, que se habían ido haciendo cada vez más populares —su sitio web llegó a tener más de diez mil visitas diarias—, y se encargó personalmente de publicar dos colecciones de cómics que se vendían a través de la red y en convenciones de todo Norteamérica. Había visto a otros dibujantes de cómics dar el salto y hacer de esta afición un trabajo en toda regla, pero no estaba segura de si era eso lo que quería. Dibujar cómics era divertido, y también lo era conectar con los seguidores y trabajar en las colecciones, pero hacerlo a jornada completa la habría obligado a dedicar mucho más tiempo a los aspectos comerciales de lo que en realidad deseaba. De todos modos, era una importante *ocupación complementaria*; la hacía porque le gustaba, y además obtenía con ella unos ingresos regulares así como la satisfacción de recibir los comentarios de sus seguidores (te contaré más sobre las ocupaciones complementarias en el capítulo 7).

Puede que no contara con una hoja de ruta que le facilitara la siguiente búsqueda de empleo, pero decidió utilizar una estrategia que sin duda la convertiría en una candidata más atractiva para el trabajo que de verdad quería. Ahora que era una ingeniera profesional de veintiocho años, tomó la decisión de reciclarse. Se matriculó en clases nocturnas, en las que aprendió nuevas técnicas, y creó un porfolio. Se enriqueció como artista aprendiendo a dibujar con un estilo más adecuado al diseño industrial. Habló con sus antiguos compañeros de estudios, suponiendo que debían de tener ciertos contactos en el mundo empresarial después de llevar varios años trabajando, y exploró internet en busca de clientes potenciales y oportunidades interesantes.

No pasó mucho tiempo antes de que consiguiera un trabajo en una empresa emergente, que supuso inmediatamente ventajas e inconvenientes con respecto al anterior. Solo había otras dos personas trabajando en la empresa, hombres los dos, mayores que ella. El trabajo era interesante, pero conllevaba realizar tareas prácticas en un emplazamiento tóxico y peligroso. Desde el primer momento, tuvo la sensación de que aquel trabajo era un paso adelante en el camino, pero no la respuesta final. Ocho meses más tarde, a Angela se le rescindió el contrato y sus jefes —los dos tipos que trabajaban con ella— la despidieron.

Al principio, se quedó hundida, pero pronto se dio cuenta de que era una nueva oportunidad para reciclarse. Por raro que pareciera, trabajar en aquella empresa emergente le había servido para consolidar y completar la experiencia laboral que había adquirido en el ámbito de los servicios públicos. Hizo un viaje a Perú que tenía planeado desde hacía tiempo y después regresó a Vancouver a seguir buscando trabajo.

Esta vez, encontró un puesto ideal, que mantiene en la actualidad, en el que iba a poder hacer exactamente lo que quería: un trabajo en el campo del diseño industrial que le permite utilizar sus conocimientos de ingeniería para ayudar a los fundadores a diseñar nuevos productos y mejorar los procesos de fabricación de empresas de mayor tamaño. Los fundadores son dos ingenieros que no querían trabajar en nada relacionado con el gas ni el petróleo, y la oficina entera comparte sus deseos de favorecer una economía sostenible.

Digo «la oficina entera», y en realidad se trata de una pequeña compañía —solamente quince empleados la última vez que hablamos—, aunque no tan pequeña como la empresa emergente en la que había trabajado solo con otras dos personas.

Esta pequeña compañía tiene grandes clientes, entre ellos varias famosas empresas de productos domésticos que millones de personas utilizan. Los cambios que introducen Angela y los demás en aras de la sostenibilidad tienen un impacto positivo en el medio ambiente. En algunos casos, como en un proyecto que realizó el equipo para proporcionar equipamiento médico a África, su trabajo está salvando vidas, literalmente. Y por último, Angela cobra un buen sueldo y tiene mucho espacio por delante para seguir avanzando.

Entretanto, continúa actualizando semanalmente la página web de su cómic. Ha publicado una nueva colección, la tercera, y tiene pensado continuar con una cuarta. Hasta ahora, el trabajo «profesional» y el del cómic han tenido cada uno sus ciclos, asegura, pero está cada vez más cerca de conseguir que esos ciclos converjan.

NO SOLO IMPORTA LO QUE HACES, SINO CÓMO LO HACES

Todas las grandes decisiones profesionales que tomes deberían aproximarte a la que para ti sea la combinación ideal de alegría, dinero y fluidez; porque una cosa es *en qué consiste* sustancialmente tu trabajo o tu profesión (el tipo de trabajo que haces) y otra muy diferente las *condiciones laborales* (cómo lo haces).

Para encontrar el trabajo hecho a tu medida, necesitas que se combinen armoniosamente aquello en lo que consiste el trabajo *y* las mejores condiciones laborales posibles. Si consigues solo uno de los términos de la ecuación, sentirás siempre que te falta algo importante. Un trabajo apasionante con un horario espantoso te acabará creando estrés y desequilibrio. Un horario estupendo o un magnífico ambiente de oficina unidos a un trabajo insustancial, o incluso deprimente, tampoco te servirán a la larga; da igual cuánto puedas dormir por las mañanas o cuánto te rías con los colegas de trabajo si tienes que pasarte ocho horas al día haciendo algo que detestas.

En qué consiste el trabajo que haces no creo que presente muchas dudas. Vamos a examinar con más detalle el aspecto de las condiciones de laborales:

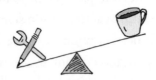

Trabajo insustancial + Buenas condiciones

= Insatisfactorio

Trabajo interesante + Malas condiciones

= Estresante

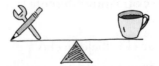

Trabajo interesante + Buenas condiciones

= Ideal

Hay unos cuantos factores que debes tener en cuenta al planear tus condiciones de trabajo ideales: horario, ambiente laboral, responsabilidad, colaboración, volumen de producción...

1. **Flexibilidad de horarios.** Todos queremos tener cierta cantidad de tiempo para nosotros, así como cierto grado de autonomía para trabajar de la forma que prefiramos. Hay quienes decididamente prefieren disfrutar de independencia total y no soportan que nadie intente controlarles el horario laboral ni dictarles cómo deberían hacer su trabajo (vale, este soy yo). Y hay quienes quieren tener cierta libertad, pero también un horario fijo.

   En el relato anterior, Angela encontró su trabajo ideal en un sitio donde se entendía que trabajaría dentro de un horario establecido, pero no era un horario tan rígido como para que no pudiera hacer ciertos reajustes cuando lo necesitaba.

2. **Responsabilidad y obligación de rendir cuentas.** Es de suponer que, de un modo u otro, se evaluará tu trabajo. Si tienes un jefe al que rendir cuentas, al menos parte de tu trabajo será tenerlo contento. Y si no tienes jefe, lo más probable es que tengas compradores, clientes o alguien ante quien debas responder en última instancia.

   La mayoría queremos responsabilizarnos de nuestro trabajo pero tener a la vez autonomía para ser creativos. Ahora bien, algunas personas necesitan más autonomía que otras. Hay gente para la que cualquier supervisión externa es como llevar puesta una camisa de fuerza, y gente para la que tener a alguien que de vez en cuando supervise su trabajo no es un impedimento sino que en realidad les ayuda a trabajar con responsabilidad.

El primer trabajo de Angela, donde la cultura empresarial tendía a politizar cualquier decisión y no estaba bien visto discrepar de la autoridad, no le ofrecía independencia para poner en práctica los cambios que tanto deseaba hacer. Por otro lado, sintió que necesitaba también un trabajo con más estructura de la que tenía la empresa emergente en la que luego trabajó, donde había un ambiente de trabajo muy informal. Al final, terminó en una empresa que no tenía un funcionamiento ni rígidamente corporativo ni completamente despreocupado, y encontró así el equilibrio ideal entre libertad y estructura.

3. **Ambiente laboral.** La cuestión en este caso no es el trabajo que haces, sino dónde, cómo y con quién lo haces. Es posible que tu espacio laboral sea un despacho, un taller, una obra, un cubículo o una oficina compartida. Puede que trabajes desde casa, que el trabajo te obligue a viajar continuamente o que lo hagas en un sitio totalmente distinto. Una vez que estás en él, ¿qué tipo de interacciones te ocupan durante el día? ¿Ves a tus colegas de trabajo asomarse a tu cubículo o tu despacho el día entero? ¿Te pasas la jornada sentado en reuniones de equipo o teleconferencias? Hay gente que disfruta con el ajetreo de las interrupciones frecuentes, y hay gente que lo detesta. Pero más importante todavía es: ¿conectas con las personas con las que trabajas, las respetas?

No hay un único ambiente de trabajo que todo el mundo considere ideal, pero los factores que acabo de mencionar son decisivos para disfrutar con lo que hacemos, y por eso es importante saber cuáles son nuestras preferencias. Angela nunca encajó del todo en el entorno corporativo de su primer empleo, centrado por completo en la obtención de resultados, ni tampoco trabajando con los dos tipos que acabaron por despedirla. En cambio, el tercer trabajo —entre colegas con ideales, ambiciones y valores afines— resultó ser justamente el ambiente laboral idóneo.

4. **Sentimiento de contribuir.** Queremos formar parte de algo que tenga sentido —una misión, tal vez, o al menos algo que de verdad importe—. Cuando era niño y mi padre me llevaba a su departamento, yo pensaba que con mi trabajo estaba ayudando a los astronautas a ir al espacio, y era una sensación increíble. Pero aunque nuestro trabajo no contribuya a nada tan mítico como llegar a la luna, nos enorgullece poder señalar algo que hemos ayudado a hacer realidad.

   Como quizá recuerdes, en el relato anterior decía que los primeros jefes de Angela no estaban en sintonía con su propósito de emplear lo que sabía de ingeniería para fomentar la sostenibilidad y ayudar a crear un mundo mejor. Con el tiempo, encontró el trabajo de sus sueños en una empresa donde todos estaban igual de comprometidos con hacer una contribución positiva y duradera a la sostenibilidad y el medio ambiente.

5. **Colaboración.** ¿Trabajas en solitario, con otra gente o a veces de una manera y a veces de otra? Ahora no me refiero únicamente al ambiente laboral, porque aunque trabajes en una oficina, es posible que hagas la mayor parte

del trabajo a solas. ¿Te gusta que sea así, o prefieres una menor autonomía?

Para Angela, lo ideal era un ambiente de oficina, donde hubiera otros trabajadores, pero en general su trabajo lo hacía sola.

6. **Volumen de producción o parámetros de eficiencia.** Esto hace referencia a lo que produces en un periodo de tiempo dado o a cómo mides tu trabajo. Si trabajas en una cadena de producción de magdalenas, al final de la jornada puedes contar el número de magdalenas que has hecho. Si eres asesora de un centro de investigaciones, puedes evaluar el progreso de tu trabajo por el número de artículos publicados o de recomendaciones tuyas que se han tenido en cuenta.

   Angela medía su trabajo atendiendo a cuánto conseguía cambiar el mundo con lo que hacía. A ella, ese era el parámetro de medición que más le importaba.

7. **Seguridad.** En lo que al dinero se refiere, no es solo el salario semanal o los ingresos anuales lo que importa. También es importante saber qué seguridad laboral (y seguridad de que vas a cobrar) tienes, o cómo de sólida es cualquier otra fuente de ingresos complementaria. Podrías tener una buena racha y ganar dinero a espuertas, y luego ver que la buena racha ha desaparecido sin avisar (te contaré más sobre las buenas rachas en el capítulo 8). Una buena racha es genial cuando se presenta, pero por naturaleza nunca es duradera.

   En el caso de Angela, los ingresos que obtenía dibujando cómics en sus ratos libres le permitían mantenerse durante los breves periodos de desempleo y le ofrecían una red de seguridad por si acaso tenía problemas económicos.

8. **Beneficios intangibles**. Me refiero no solo al seguro de enfermedad o a las vacaciones pagadas, sino a cualquier cosa que obtengas en un determinado puesto de trabajo. ¿Puedes hacer fotocopias para uso personal y llevarte a casa el material de oficina sobrante? ¿Hay tequila gratis los lunes para empezar bien la semana?

Angela no mencionó estos aspectos cuando me contó su historia, así que probablemente no fueran para ella una prioridad. Probablemente tampoco deberían ser lo más importante que debes tener en cuenta al elegir el trabajo para el que has nacido... a fin de cuentas, el tequila gratis que te ofrecieran en un trabajo insoportable no pasaría de ser un premio de consolación. Ahora bien, en conjunto, son otro factor que considerar cuando sopesamos las ventajas e inconvenientes de un trabajo.

Lo que quiero que entiendas es que las condiciones laborales son decisivas para que puedas descubrir esa combinación ideal de alegría, dinero y fluidez. No basta con que encuentres el mejor trabajo imaginable; tienes que encontrar (o crear) también las condiciones de trabajo que mejor se adecuen a tu personalidad y tus preferencias.

En lo que queda de libro, examinaremos una gran diversidad de estrategias y tácticas para optimizar no solo la alegría, el dinero y la fluidez, sino también todos estos elementos adicionales (y más) que juntos conforman el trabajo de tus sueños.

ALEGRÍA, DINERO, FLUIDEZ: TODO TIENE SU MOMENTO

Cuál ha de ser la relación ideal entre estas tres variables es distinto para cada uno de nosotros, y tampoco es siempre igual para cada uno. En diferentes momentos de tu vida es posible que concedas mayor o menor importancia a las distintas partes de la ecuación. Si tienes hijos pequeños, quizá pasar tiempo con ellos sea tu prioridad; en otros momentos, tal vez valores sobre todo unos buenos ingresos o un puesto de trabajo que te impulse a progresar profesionalmente (o ambas cosas).

Quizá sepas ya qué valoras por encima de todo en este momento, pero si no es así, aquí tienes un ejercicio rápido y fácil que puede ayudarte a descubrirlo.

Acción

Evalúa estas frases en una escala del 1 al 5, en la que 1 significa «poco importante o relevante» y 5, «muy importante». Para obtener óptimos resultados, asegúrate de que tus respuestas varían, y de que tienes al menos un «1» y un «5».

1. Me parece muy importante disfrutar con el trabajo que hago.
2. Quiero saber que hago mi trabajo bien.
3. Me encuentro en una situación económica difícil o necesito ahorrar una suma importante de dinero.
4. Mi forma de vida me importa más que el dinero en estos momentos.
5. Hay personas que dependen de mí, y es importante para mí procurarles cuanto necesitan.
6. Me gustaría hacer algo que supusiera un reto, sobre todo si es algo nuevo y diferente.
7. Estoy dispuesto a trabajar con ahínco en algo que no me guste a cambio de una compensación económica sustanciosa.

8. Cuando más feliz me siento es cuando trabajo en algo que me apasiona, aunque no gane demasiado.

9. Prefiero trabajar en algo en lo que sea excepcionalmente competente. Es algo que a otros les causa una gran frustración, pero que a mí me resulta fácil.

Resultados e interpretación

Suma los resultados de los enunciados 1, 4 y 8; luego, de los enunciados 3, 5 y 7, y finalmente, 2, 6 y 9. Selecciona el cómputo más elevado de entre los tres grupos.

Si la suma de puntuaciones de los enunciados 1, 4 y 8 es la más alta, la alegría es lo que más te importa en esta etapa de tu vida. Más que ninguna otra cosa, quieres disfrutar con tu trabajo y hacer algo que te interesa de verdad.

Si la suma más alta es la de los enunciados 3, 5 y 7, el dinero tiene mucha importancia para ti en este momento. Necesitas un poco de dinero en efectivo, preferiblemente cuanto antes.

Si la suma de puntuaciones más alta es la de los enunciados 2, 6 y 9, la fluidez tiene especial importancia para ti en la actualidad. Quieres tener la seguridad de que eres competente de verdad en lo que haces.

Recuerda que los tres componentes son importantes en tu vida, pero la importancia relativa de cada uno de ellos puede variar de un momento de tu vida a otro. Por tanto, puedes repetir este breve análisis con regularidad, un par de veces al año, por ejemplo.

DISTINTAS FORMAS DE TRABAJO

Para encontrar tu equilibrio personal de alegría, dinero y fluidez, te ayudará saber no solo cuáles serían para ti las condiciones de trabajo ideales, sino también cuál sería tu *forma* de trabajo ideal. Hasta no hace mucho, las opciones eran trabajar para una gran empresa o emprender tu propio negocio, pero en la actualidad el número de opciones se ha disparado. Hoy, entre las distintas formas de trabajo, están:

- Trabajo profesional tradicional.
- Creación de una pequeña o gran empresa.
- Trabajo técnico, manual u oficios.
- En el ejército, el gobierno u otro servicio público.
- Trabajo autónomo o de asesoría.
- Híbrido o nómada (trabajos peculiares o una combinación de distintos tipos de trabajo).
- En espacios compartidos, dentro de una sociedad o similar.
- Parcial, de temporada u alguna clase de trabajo informal.

Cuando vayas a elegir entre estas formas de trabajo, hay algo más que debes tener en cuenta. Así como existen distintas profesiones, normalmente existen también distintas *especialidades* dentro de cada una de ellas. Si eres escritora, por ejemplo, puedes escribir de muchas maneras diversas; puedes ser novelista, bloguera, escritora técnica o periodista, por nombrar solo unas pocas, y cada una de ellas tiene sus particularidades y entraña una serie de responsabilidades muy diferente. Y dentro de estas especialidades, hay también distintas *estructuras de empleo*. Si eres, por ejemplo, desarrollador de *software*, podrías trabajar para ti, como trabajador por cuenta propia para distintos clientes, o por cuenta ajena para una empresa u organización.

Dentro de los dos ejemplos anteriores —el de escritora y el de desarrollador de *software*—, cada tarea específica es bastante distinta y presupone unas condiciones laborales particulares. Lo que quiero decir con esto es que, elijas la profesión que elijas, definir las condiciones de trabajo idóneas para ti puede ayudarte enormemente a encontrar el empleo ganador de la lotería profesional. Y si todavía no sabes cuáles son, sigue leyendo.

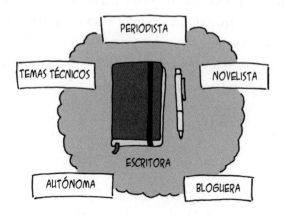

A lo largo de lo que queda de libro, irás leyendo cómo han usado otras personas este modelo para encontrar o crear la mejor situación laboral posible para ellas. Entre muchas otras historias, leerás sobre un joven que ganó 100.000 dólares vendiendo camisetas de diseño a través de su cuenta de Facebook; sobre el inmigrante que se aventuró a dejar un puesto de mando intermedio, sin red que lo protegiera, y creó un negocio sumamente rentable, y sobre la artista que a los cuarenta años empezó a estudiar de nuevo después de haber criado sola a su hijo.

Aunque sus vocaciones, aptitudes y formas de trabajo difieran por completo, lo que estas personas tienen en común es que cada una de ellas identificó un objetivo y se entregó en cuerpo y alma a alcanzarlo, o bien una serie de principios fundamentales y se atuvo a ellos con decisión. En todos los casos, el primer paso es el mismo: identificar lo que de verdad quieres.

No te preocupes si todavía no sabes responder a todas las preguntas. Simplemente recuerda: hay más de un camino, pero el objetivo es encontrar el mejor. Quieres un trabajo que cumpla los tres requisitos: alegría, dinero y fluidez. Cuanto más te aproximes a la intersección ideal de estas tres cualidades, más feliz serás —y más éxito tendrás—. Este libro tiene el propósito de guiarte hasta ella, de ser el boleto con el que ganes la lotería del mundo laboral.

Tenía cantidad de aspiraciones y me interesaban muchas cosas, pero no disponía de ninguna prueba tangible de lo que podía hacer. Así que empecé a ir a clases nocturnas y a documentar algunos proyectos personales, hasta que me convertí en una mejor candidata.

ANGELA,
30 años, ingeniera mecánica

3

APUESTA SIEMPRE POR TI

Objetivo:
Gánale a la casa

Aunque la lotería es por lo general una inversión poco sensata, si no juegas, no puedes ganar. Aprende a evaluar los riesgos, a elegir con más perspicacia y a crear planes de contingencia que te permitan arriesgarte cuando creas que tiene sentido hacerlo.

¿Has estado alguna vez en un casino? Son unos sitios extraños, artificiales, y el ambiente propicia que haya siempre gente excéntrica observando. Suena una música relajada y alegre en los ascensores que suben y una ligeramente distinta —rápida, con ritmos enérgicos destinados a estimularte para una noche de apuestas— en los que bajan. Sea cual sea la hora del día, unas luces fulgurantes te dan la bienvenida al salón de apuestas. Y hablando de horas, si no llevas reloj o un teléfono móvil, que la suerte te acompañe para que encuentres el momento de marcharte. Intencionadamente, no hay ningún reloj a la vista.

Desde Las Vegas hasta Macao, hay un detalle más que tienen en común todos los casinos: a la larga, la casa siempre gana. Salvo en contadas excepciones, por muy buen jugador que seas, los directores de los casinos son mejores..., quiero decir, mejores en separarte de tu dinero.

Jugamos al juego de la vida, y especialmente a la parte relacionada con la planificación profesional, casi como si jugáramos a la ruleta. Tomamos decisiones basadas en la intuición y tendemos a cometer los mismos errores una vez tras otra. «No estoy seguro de qué hacer —pensamos—, pero esto resultó la última vez, así que igual vuelve a resultar. Creo que voy a cruzar al otro lado de la sala para ver si me da suerte. ¡Mira ¿qué es eso que brilla?!».

Afortunadamente, hay una manera mejor de hacer las cosas. En vez de jugar al azar, tenemos que jugar con método e inteligencia. El juego, a fin de cuentas, es una aventura extremadamente arriesgada, y los casinos ganan casi siempre porque cuentan con métodos estratégicos para reducir el riesgo. No pueden eliminar por completo el riesgo de perder; si no, nadie querría jugar. Pero en las raras ocasiones en que descubren que alguien puede acabar ganándoles si sigue jugando, le prohíben volver a entrar jamás.

Como cualquiera de los juegos que encontrarías en esos casinos de Las Vegas, la mayoría de las estrategias profesionales sobre las que vas a leer entrañan cierto riesgo. La clave no es eliminar ese riesgo por completo —perdería toda la gracia—, sino crear un sistema infalible y ponerlo en práctica con inteligencia, exactamente igual que en los casinos.

EL AUTOR ARRIESGA 350 DÓLARES
PARA VERIFICAR UNA TEORÍA

Entré en el primer casino de verdad que pisaba desde hacía años —y el único en el que he entrado para jugar—. Tenía una idea a la que llevaba meses dando vueltas.

Ya que escribo sobre la conveniencia de asumir ciertos riesgos, intento poner en práctica lo que pienso. El objetivo en este caso era ganar 50 dólares, y tenía un 87,5% de probabilidades de conseguirlo. No está mal, ¿no? El único problema era que, si no funcionaba, perdería 350 dólares. ¡Ayayay!

Esto es lo que planeé: haría una sola apuesta a la ruleta, que ofrece unas probabilidades de casi el 50% —no exactamente el 50%, pues el casino tiene siempre cierta ventaja, pero casi—. Si ganaba, recogería las ganancias y me iría. Si perdía, doblaría la apuesta la vez siguiente, esperando recuperarme así de la pérdida de 50 dólares y «ganar» los 50 que había desembolsado en un principio.

Si perdía también esta apuesta, volvería a doblarla, es decir, apostaría 200 dólares, pero solo una vez más (los riesgos tienen un límite, sobre todo en el casino).

Recuerda que, en el mejor de los casos, ganaría solo 50 dólares, mientras que en el peor, perdería 350. Aun así, ese 87,5% de probabilidades de éxito me hacía pensar que valía la pena.

¿Y qué pasó? Me acerqué a la mesa de la ruleta en el hotel Bellagio de Las Vegas Strip. Puse el dinero sobre el tapete —vale, primero estuve mirando cómo jugaban todos los demás apostantes de la mesa durante una media hora para no hacer un ridículo espantoso— y lo cambié por el equivalente en fichas a 350 dólares. Al principio pensé que apostaría al negro, pero luego tuve una inspiración súbita y cambié al rojo.

El crupier hizo girar la rueda. Cuarenta segundos más tarde, la bola de la ruleta se detuvo... en un número rojo. ¡Lo había conseguido! Tras hacer aquella sola apuesta, volví a cambiar por dinero las fichas que me quedaban y me marché, con 50 dólares más en el bolsillo.

No te preocupes, no voy a dejar mi trabajo –y tú no deberías salir corriendo tampoco para probar suerte, al menos no con un dinero que no puedas permitirte el lujo de perder–. Con todo, fue divertido, y con los 50 dólares casi me llegó para pagar el desayuno a la mañana siguiente. ¡Sí que son caros los casinos!

UN VARIADO TRABAJO DE PRODUCCIÓN

Cuando Steve Harper paró en una gasolinera de Cheyenne (Wyoming), había recorrido casi dos mil kilómetros haciendo solo breves paradas para dormir y comer. Se dirigía hacia el oeste, pero no sabía con certeza cuál sería el destino final. ¿Se detendría en Colorado, pondría rumbo suroeste hacia la soleada California o seguiría conduciendo hacia Oregón?

Lo único que sabía a ciencia cierta era que algo tenía que cambiar.

Había pasado los últimos siete años trabajando por su cuenta como experto en iluminación y producción de eventos en Farming Hills (Michigan), la ciudad en la que había crecido. Montó el negocio por las mismas razones que lo hace mucha gente: había sido músico y cuando vio que aquello no parecía llevarle a ninguna parte, tuvo que buscar otro tipo de trabajo. Se habían quedado en su casa unos cuantos aparatos de iluminación al disolverse el último grupo con el que tocó, así que empezó a trabajar con *disc-jockeys* de la ciudad montando conciertos por toda la zona a 90 dólares la noche.

El trabajo era bastante escaso al principio, pero Steve se metió en él de lleno y fue aprendiendo todo lo que pudo sobre iluminación y escenarios. Pidió prospectos a todas las grandes empresas de material de iluminación e interrogaba a los organizadores de conciertos y espectáculos cada vez que tenía la oportunidad.

En determinado momento, recibió una llamada de una compañía organizadora de reuniones y eventos de empresa que necesitaba ayuda de producción. Le preguntaron si sabía algo sobre cortinas de fibra óptica, toda una novedad tecnológica en aquellos momentos. La respuesta era que no, pero había hojeado un folleto del fabricante, así que pudo fingir que sí sabía hasta que tuvo tiempo de aprender más sobre el trabajo en cuestión.

Steve se adaptó rápidamente. Tras un breve periodo en el que se puso a sí mismo a prueba (y leyó más folletos), empezó a recibir más llamadas. Pronto, tenía ocupados todos los fines de semana produciendo espectáculos y reuniones de empresa casi a diario de lunes a viernes. Por un lado era increíble, pero también suponía mucho trabajo. No quería ser jefe ni supervisor, y sin embargo de repente tenía a cinco tipos trabajando a sus órdenes. Deseaba saborear la vida, pero tenía un programa de trabajo tan apretado que no le quedaba ni un minuto libre. Un mes estuvo tan ocupado que dejó de poner la lavadora y cuando necesitaba ropa limpia, simplemente se paraba en una tienda entre evento y evento y se compraba una indumentaria nueva.

Por si estas no eran señales de alarma lo suficientemente claras advirtiéndole de que su vida había entrado en una espiral de descontrol, recibió otra, todavía más seria, el día que estuvo a punto de quedarse dormido al volante cuando volvía a casa tras uno de tantos conciertos que se prolongaban hasta la madrugada. Después de llamar a alguien para que lo recogiera, llegó a casa y durmió dos días seguidos. Cuando se despertó —con la cabeza clara y descansado por primera vez en muchos meses—, tenía tres asuntos de los que ocuparse. Primero, necesitaba un café. Segundo, empezó a poner lavadoras. Tercero, llamó a todos sus clientes y les dijo que a partir de ese momento no volvieran a contar con él para ningún trabajo.

—Tenía que dejarlo —me dijo cuando me contó la historia—. Era increíble lo quemado que estaba; no podía imaginarme volver a hacer aquel trabajo.

Despedirse tan de repente, sin otro trabajo a la vista, fue una jugada arriesgada, pero por suerte Steve contaba con una red de seguridad que le guardaría las espaldas. Gracias a los años de prosperidad, tenía algunos ahorros, a los que añadió lo que obtuvo con la venta de todo el material de iluminación que había acumulado. Forrado, o disponiendo al menos del dinero suficiente para vivir un tiempo sin trabajar, cargó sus cosas en un Nissan 300 ZX y puso rumbo al oeste. No tenía ni idea de adónde iba ni de qué haría cuando llegara a su destino; solo sabía que necesitaba arriesgarse para que todo cambiara de verdad.

Cuando llegó al cruce de Wyoming, donde finalmente tenía que decidirse por un destino, eligió Portland. Se instaló en Rose City e hizo toda clase de trabajos durante un tiempo mientras se recuperaba de aquel agotamiento épico. Hizo un viaje a Islandia. Se fue a esquiar. Y en todo momento se preguntaba qué era lo que realmente quería hacer con su vida.

Al cabo de un tiempo, empezó a morderle de nuevo el gusanillo de la producción. No quería matarse volviendo a trabajar ochenta horas a la semana, pero echaba de menos el proceso creativo de diseñar la iluminación de un espectáculo y montarlo.

Hizo algunas llamadas y encontró algo de material de segunda mano que podía alquilar. Volver a ponerse en marcha fue lento al principio —se había comprometido sin pérdida de tiempo a montar la conferencia anual de la Fundación World Wildlife, programada para el 11 de septiembre de 2001 y que se canceló—, pero poco a poco consiguió una nueva cartera de clientes al ir corriéndose la voz de lo buen profesional que era.

Esta vez, tuvo más cuidado. El trabajo de producción le tiene ocupado en la actualidad. Viaja con frecuencia para montar conciertos en Nueva York, Arizona y también fuera de Estados Unidos, pero no ha contratado a nadie e intenta no comprometerse a hacer más de lo que en realidad quiere. La arriesgada decisión de dar un salto a lo desconocido valió la pena. Ahora que no está continuamente agotado y agobiado, ha redescubierto el placer y la satisfacción que en un tiempo había encontrado en su trabajo.

CÓMO HACERNOS EXPERTOS EN EVALUAR LOS RIESGOS

¿Por qué no hay más gente que haga lo posible por tener una vida de libertad e independencia? No creo que sea por pereza, al menos en la mayoría de los casos. Más probablemente, debe ser porque no saben cómo lograrlo. Creen que es demasiado difícil o demasiado arriesgado. Tienen miedo. No conocen un camino definido que puedan seguir, en el que estén estipuladas paso a paso una serie de acciones concretas. Pero la verdad es que la mayoría de las oportunidades profesionales –y de la vida– (o al menos aquellas que valen la pena) entrañan cierto riesgo.

¿Y si apareciera una oportunidad que no te garantizara nada pero tuviera unas probabilidades de éxito más que buenas? Si las probabilidades de éxito de cualquier empresa atractiva fueran del 100%, por supuesto que te lanzarías sin pensártelo dos veces. Y si fueran del 99, del 95 o hasta del 85%, es posible que te lanzaras también. Por el contrario, si las probabilidades de éxito fueran escasas –solo de un 2 o un 10%–, posiblemente dirías igual de rápido: «No, gracias».

Es cuando las probabilidades de éxito están entre *muy posible* y *casi seguro* cuando todo se complica. Aunque cada uno tenemos distinta tolerancia al riesgo, para todos hay cierto rango que nos obligaría a pensar largo y tendido antes de aceptar una oportunidad o tomar una decisión profesional.

Habrá quienes tomen la decisión por un procedimiento puramente científico, intentando determinar con precisión qué riesgo están dispuestos a tolerar. Por ejemplo: «Si hay un 70% de probabilidades de éxito, estoy dispuesto a lanzarme. Acepto un 30% de probabilidades de fracaso». La mayoría, sin embargo, no somos ni mucho menos así de científicos a la hora de elegir. Sin una bola de cristal, lo cierto es que resulta muy difícil determinar cuál es la probabilidad de éxito o de fracaso. Lo mismo que los jugadores apostados delante de las máquinas tragaperras, nos dejamos llevar por la emoción, el contexto, y comprobamos si el instinto nos dice que la decisión parece acertada. Como no disponemos de toda la información, solemos tomar decisiones en medio de la «niebla», o sea, no sabemos lo que nos espera.

A falta de bola de cristal, la única manera de resolver el problema es hacernos mejores asesores de riesgos. No es tan difícil como parece. Basta con que tengas presentes dos principios a la hora de tomar cualquier decisión importante: identificar los riesgos y no tomar decisiones solo por miedo a perder una oportunidad.

Identifica los riesgos

Si eres la clase de persona que tiende a preocuparse, esta es una ocasión en que esa tendencia a la preocupación puede serte de ayuda. Incluso si no lo eres, dedica unos minutos a hacer una lista de todo lo que puede salir mal al aceptar cualquier riesgo u oportunidad potenciales. En muchos casos, descubrirás que los peores riesgos posibles *ni* pondrán en peligro tu vida *ni* es muy probable que se presenten. Aun en el caso de que sea mucho lo que está en juego y las consecuencias sean sustanciales, saber con precisión qué tienes delante puede darte la confianza necesaria para dar el paso, o la sensatez para retirarte si de verdad es demasiado arriesgado.

Nunca tomes una decisión por miedo a perder una oportunidad

Imagina que estás buscando trabajo y recibes una oferta nada más terminar tu primera entrevista. Posiblemente te halague, y quizá sientas hasta un poco de orgullo. Pero tal vez te preguntes también si esta es la mejor oportunidad o si podría haber algo más interesante por ahí. Ese miedo a perderte algo mejor puede hacer que sigas buscando, o al menos demorar el momento de aceptar la oferta inicial.

Pero imagina que la situación fuera diferente, y te hubieras presentado ya a cincuenta entrevistas sin recibir ninguna oferta. Y de repente, tras la quincuagésima primera entrevista, recibes una llamada del director de recursos humanos en la que te ofrece un empleo. Aunque las condiciones sean desfavorables y el puesto de trabajo no te entusiasme, lo más probable es que digas que sí (y posiblemente lo digas de inmediato). Es lo único que has encontrado hasta el momento, así que mejor que aceptes la oferta y mejor que des saltos de alegría por lo que tienes.

En estos ejemplos, el primer trabajo tal vez habría sido perfecto para ti y el segundo tal vez habría sido un desastre. Debido a que tendemos a tomar decisiones basadas en el miedo o en un sentimiento de escasez, a veces nos vemos impulsados a tomar un curso de acción que está lejos de ser el ideal. Cuanto más capaces seamos de tomar decisiones racionales basadas en la información de que disponemos, más fácil nos resultará evaluar los riesgos.

EL TRES EN RAYA DE LA ESTRATEGIA PROFESIONAL

El tres en raya, llamado también «ceros y cruces» o «juego del gato», es un entretenimiento de *información perfecta*. En esta clase de juegos, todo lo que pudiéramos querer saber sobre su desarrollo está a la vista. No hay información encubierta, como ocurre en juegos como el póker, donde los jugadores se ocultan las cartas unos a otros hasta el final de la partida.

Cuando se juega a tres en raya, hay además una estrategia ideal: si sabes jugar bien, es imposible que pierdas; solo puedes ganar o empatar. Si juegas con alguien que también sabe jugar y ni él ni tú cometéis ningún error, siempre empataréis.[*] Es decir, a diferencia del póker, el tres en raya es un juego de muy poco riesgo.

• • •

El ajedrez también es un juego de información perfecta. No hay piezas escondidas. Ambos jugadores, así como cualquier espectador, pueden mirar el tablero y ver todo lo referente a la posición concreta (y la fuerza o debilidad relativas) de cada contrincante. A diferencia del tres en raya, no hay una única estrategia ideal. De hecho, hay literalmente millones de maneras distintas de ganar —o perder— una partida de ajedrez. El ajedrez se parece mucho más a la vida en que, para ganar, es menos importante memorizar una estrategia que saber anticiparse y responder a los movimientos del oponente. Aunque los jugadores más hábiles suelen

---

[*] Para aprender a ganar o empatar siempre a tres en raya, consulta el Apéndice 3.

utilizar subterfugios para disimular su línea de ataque específica, toda la información necesaria para descifrar el ataque está también al alcance de otros jugadores igual de hábiles, lo cual hace del ajedrez un juego más difícil de ganar, y por tanto más arriesgado.

Tres en raya: información perfecta, estrategia ideal (juego fácil, bajo riesgo).

Ajedrez: información perfecta, múltiples estrategias (juego difícil, alto riesgo).

Póker: información imperfecta, múltiples estrategias (dificultad variable, alto riesgo).

En el juego de encontrar el trabajo para el que estás hecho, buena parte de la información es imperfecta. Ganarás únicamente si concibes una estrategia que pueda surtir efecto aunque sea muy limitada la información de que dispones. En la segunda parte del libro, veremos un menú de opciones concretas que incluye todas las distintas maneras en que puedes poner en práctica esta perspectiva. Por ahora, voy a seguir equipándote con herramientas que te ayudarán a protegerte de los inevitables y desconocidos riesgos que encontrarás en el camino hacia el trabajo soñado.

SI FALLA EL PLAN A, ACUÉRDATE DE QUE QUEDAN OTROS VEINTISÉIS

Vanessa van Edwards tenía un mensaje que transmitir al mundo. Como experta en psicología social, se pasaba el día creando cursos de formación para empresas sobre estrategias de persuasión e influencia. El negocio iba bien, pero pronto quiso ampliar su clientela. Se había puesto como objetivo asociarse con Creative Live, una plataforma virtual dedicada a ofrecer instrucción sobre estilo de vida y negocios. Vanessa tenía varios amigos que habían impartido cursos en Creative Live, así que habría podido pedirles que la recomendaran a alguien que tuviera un puesto de responsabilidad en la empresa..., pero no fue eso lo que hizo.

En vez de ponerse en contacto con uno de los productores o ejecutivos de Creative Live, optó por una solución distinta. Escribió a la dirección de correo electrónico de atención al usuario que aparecía en la página web explicando por qué su curso sería tan eficaz.

De entrada, parece una estrategia tremendamente arriesgada. ¿Enviar un escrito a ciegas, sin presentaciones ni referencias, a una dirección de correo electrónico de uso general que probablemente recibiría innumerables mensajes publicitarios de toda índole? Era el equivalente en internet de las inoportunas llamadas telefónicas con que las empresas intentan captar clientes. Sin duda las probabilidades de éxito eran muy bajas, por no decir nulas.

Pero quizá hayas adivinado que Vanessa era en realidad una mujer bastante lista. Le había puesto al mensaje un título inolvidable: «Así es como les haré ganar mucho dinero». En el cuerpo del mensaje, había incluido un vínculo a una presentación de diapositivas que explicaban con todo detalle por qué el curso que proponía le convenía tanto a la compañía. Siendo experta en persuasión, les sacó el máximo partido a sus aptitudes y utilizó unos argumentos ante los que el ejecutivo que tarde o temprano leyera el correo casi no tendría otro remedio que aceptar.

La táctica surtió efecto. El curso de Vanessa pronto se convirtió en uno de los cursos de Creative Live con mayor audiencia —no es cualquier cosa, teniendo en cuenta que hay cientos de cursos impartidos por expertos y profesores de renombre—. Pero no fue eso lo más interesante de su táctica, al menos a mi entender. Cuando me contó la historia mientras tomábamos un café, no podía dejar de pensar en la ruta que esta mujer había elegido para dar el primer paso. Era un movimiento atrevido, sin duda, pero además me parecía innecesariamente arriesgado.

Por qué no valerse de alguna recomendación, le pregunté. ¿No habría sido entonces más fácil que su propuesta llegara a alguien de verdadera responsabilidad, en vez de correr el riesgo de que algún estudiante en prácticas enviara el mensaje a la carpeta de correo no deseado o lo borrara?

Me dio una respuesta interesante. Me dijo que lo había hecho deliberadamente porque quería que su curso encontrara partidarios en toda la compañía, no solo en la élite ejecutiva. Buscaba verdadera colaboración con el proyecto y quería que quienes estaban en contacto directo con el público supieran quién era. (Un productor ejecutivo de Creative Live confirmó que esto era exactamente lo que había ocurrido: «Vimos cómo el mensaje de Vanessa escalaba posiciones, pasando de departamento en departamento».)

Aun así, insistí: ¿por qué exponerse en principio a ser rechazada? Para esta pregunta, Vanessa tuvo otra respuesta rápida:

—Sí, ya lo pensé. Si la táctica no hubiera surtido el efecto que esperaba, habría recurrido a las recomendaciones.

Entonces lo entendí: *no* existía en realidad ningún riesgo. Como su estrategia inicial no había sido más que el plan A, tenía toda una serie de planes de contingencia listos y a la espera por si el plan A fallaba.

En otras palabras, aunque la táctica que había empleado fuera de entrada la manera de introducirse que más eficaz le pareció en su momento, no había puesto en ella todas sus esperanzas. Si no surtía efecto, simplemente cambiaría de táctica.

Cuando entré en el mundo de los negocios, solía pensar cosas como: «¡A freír espárragos los planes de contingencia! Eso es cosa de cobardes». Pero ahora sé que normalmente esta no es la mejor idea. Los planes de contingencia no nos hacen más débiles; de hecho, nos permiten asumir mayores riesgos.

CÓMO CREAR UN PLAN DE CONTINGENCIA: EL MÉTODO HIPOTÉTICO-DEDUCTIVO

Los programadores y los contables utilizan razonamientos hipotético-deductivos para indicarle a un programa informático cómo debe procesar la información. Si cierta acción demuestra ser cierta, se ejecutará otra acción acto seguido. Y esta lógica del «si esto, entonces aquello» constituye también la base del razonamiento deductivo en la vida cotidiana:

- Si cierras el grifo, dejará de correr el agua.
- Si está lloviendo y sales sin paraguas, te mojarás.
- Si bebes mucho café, te sentirás increíblemente activo.

Al hacer programaciones informáticas, los buenos programadores crean opciones de seguridad por si algo no resulta como estaba planeado. En Tokio, por ejemplo, se utiliza este método para idear la manera de redirigir a los viajeros, con las menores complicaciones y retrasos posibles, en caso de que falle una línea de metro.

Puedes aplicar este mismo planteamiento —«si esto, entonces aquello»— a la planificación profesional. Considera el ejemplo de Vanessa de lanzarse a los niveles inferiores de la jerarquía, en vez de ir directamente al escalafón más alto valiéndose de una recomendación:

Objetivo: conseguir que la empresa entera se entusiasme con el curso.

Plan A: atacar la base con la esperanza de que la propuesta ascienda hasta lo más alto.

Plan B: pedir una recomendación.

Este es más o menos el aspecto que debió de tener la ecuación de Vanessa:

- Si lanzándote a la base logras que en los estratos superiores todo el mundo se entusiasme con el curso, párate y celébralo.
- Si lanzándote a la base no consigues que los estratos superiores se entusiasmen con el curso, cambia de estrategia y pide una recomendación.

La próxima vez que te aventures a hacer una jugada o emprender una acción potencialmente arriesgadas, siéntate y define la ecuación hipotética pertinente. Recuérdalo: *siempre* puede haber un plan de contingencia. Si el plan A falla, te quedan veintiséis letras más.

CONTRATA UNA PÓLIZA DE SEGUROS PROFESIONAL

Si tienes en casa un detector de humos, probablemente sea una buena idea asegurarte de que las pilas funcionan. Si tienes hijos o hay otras personas que dependan de ti, quizá decidas hacerte un seguro de vida por si te pasa algo. Y sea cual sea tu situación doméstica, suele ser una buena idea tener ahorrada una cantidad equivalente a los gastos de tres meses. Estos son solo tres ejemplos de las medidas de seguridad que habitualmente toma la gente para protegerse en caso de muerte, accidente o simple mala suerte.

Pero la seguridad no solo tiene que ver con el dinero, es también un sentimiento. Al igual que deberías hacer lo necesario para tener una seguridad tangible, como crear un fondo de ahorros, deberías tomar las medidas oportunas para procurarte el sentimiento de seguridad que te permitirá asumir más riesgos al buscar el trabajo premiado en la lotería laboral.

Puedes hacerlo creando un «seguro profesional», de alguna de estas maneras:

Ten más de una fuente de ingresos. Aunque no quieras ser ni empresario ni un magnate de la industria inmobiliaria, obtener ingresos regulares de más de una nómina es con frecuencia la manera más sencilla y mejor de reducir los riesgos. Más adelante estudiaremos la idea de tener «ocupaciones complementarias», es decir, de crear fuentes adicionales de ingresos paralelas a un trabajo principal.

Cuida de que los gastos sean inferiores a los ingresos. Hay un viejo proverbio sobre la felicidad: si ganas más de lo que gastas, serás feliz, ganes lo que ganes. Del mismo modo, si gastas más de lo que ganas, nunca serás feliz, independientemente también de cuánto ganes. Puede ser un planteamiento un poco simplista, pero es un buen consejo que estés al tanto de lo que gastas en relación con lo que ganas. Cuando los ingresos aumentan, tendemos a gastar más..., y eso no es necesariamente malo. Lo importante es que te asegures de que no gastas más de lo que ganas.

Mantén una relación cordial con todo el mundo. Hace tiempo, Steven Covey escribió sobre el concepto de las «cuentas bancarias emocionales», es decir, de los depósitos que continuamente haces en las vidas de los demás siendo amable, generoso y estando a su disposición. Dado que las relaciones son siempre nuestro bien más valioso, dedica un poco de tiempo a evaluar con regularidad cómo puedes ser mejor amigo y colega.

Dicho sea de paso, el uso regular de las redes sociales puede ayudarte a conectar con amigos y colegas. No es que las redes sociales en sí sean un plan de seguridad, pero tampoco es conveniente que en internet lleves una vida monacal si quieres avanzar profesionalmente. No crees perfiles en un montón de sitios web que luego no vayas a mantener actualizados; es preferible que tengas tu perfil al día en solo un par de sitios. (Encontrarás más información sobre cómo utilizar las redes sociales de forma eficaz en las páginas 239 y siguientes).

ELIGE BIEN LOS NÚMEROS

Gracias a su pericia, Steve Harper volvió a ser la persona a la que recurrir para grandes eventos, incluso a pesar del paso tan arriesgado que había dado al desmantelar su negocio de producción sin haber planeado lo que haría a continuación. Y como había ahorrado un poco de dinero gastando menos de lo que ganaba en los tiempos en que trabajaba día y noche, contaba con una red de seguridad económica que le permitió tomarse un tiempo para decidir en qué dirección encaminar sus pasos. Era inteligente e imaginativo, pero además era un tipo de fiar, cualidades que no siempre van juntas en el mundo del espectáculo.

Vanessa hizo una jugada muy atrevida al ignorar la sensatez convencional de conseguir una recomendación antes de lanzarse. Tuvo suerte y la apuesta dio sus frutos. Pero si no hubiera sido así, habría pasado directamente al plan B, y probablemente también en ese caso habría resultado ganadora.

¿Qué hacemos entonces para tener más suerte? Existe la vieja idea de que la suerte es predecible y de que, para tener más suerte, hay que aprovechar más oportunidades. Vamos a modificarla un poco: para tener más suerte, aprovecha *las mejores oportunidades*. Recuerda que no es solo un juego de números. Se trata de reducir los riesgos eligiendo de entrada los números acertados.

Para crear cualquier clase de obra de arte, tienes que hacer el trabajo, y lo tienes que hacer primero por ti. No tiene sentido pasarte la vida pensando que un día pondrás manos a la obra; yo lo hice durante demasiado tiempo. El primer paso es decidir que ha llegado la hora. Mi nuevo mantra era: mejor hecho que perfecto.

LEONIE,
47 años, artista

GUÍA PARA ESCAPAR DE LA CÁRCEL

4

OBJETIVO:
Hazte un experto en el manejo de las herramientas necesarias

Para evadirte de la cárcel –ya sea una cárcel de verdad o una rodeada de paredes en una oficina–, tendrás que aprender a pensar de forma diferente y a utilizar una serie de recursos de lo más variado. Que yo sepa, las universidades no ofrecen licenciaturas en escapología, e incluso aunque el lugar del que quieres fugarte sea un despacho de alto ejecutivo, nadie va a darte la llave que te hará libre. Lo mismo que en la cárcel, vas a tener que fabricártela tú.

Daniel Vleck tuvo la idea de compensar de algún modo al equipo de cincuenta personas al que supervisaba en una empresa de mantenimiento de inmuebles ubicada en Colorado. En una reunión de presupuestos a la que asistieron su jefa y otros directivos, solicitó la cifra de 2.000 dólares para organizar una pequeña fiesta un par de veces al año e invitar a los empleados a pizza y helados.

—Rotundamente no –le contestó su jefa–. No podemos permitirnos esos lujos.

Daniel sabía que no era verdad: se trataba de una empresa muy próspera y con una nómina salarial de 1 millón de dólares anuales. La cantidad de 2.000 dólares era un precio ridículo que pagar por el esfuerzo de su equipo, que en temporada alta trabajaba sin descanso.

Esa era la última de una serie de interacciones frustrantes que había tenido con su jefa. Al día siguiente, entró con paso firme en su despacho y le entregó una carta de renuncia, que acompañó de unas palabras bastante osadas:

—He tenido una gran idea que la ayudará a ahorrar dinero: me marcho.

Aunque pronunciara esas palabras con decisión, Daniel no tenía pensado marcharse necesariamente *al momento*. Suponía que la amenaza de renuncia, hecha como acto de solidaridad con su equipo, le conseguiría el respeto de su jefa y la haría cambiar de idea. Desgraciadamente, no fue eso lo que ocurrió. Ella aceptó su renuncia sin objeción alguna. Él se montó en el coche y condujo hasta el lago –un lugar que le ayudaba a pensar con claridad– e intentó discurrir qué haría a continuación.

Daniel había emigrado a Estados Unidos desde la República Checa hacía diez años. Era electricista cualificado y tenía un máster en márketing, pero no hablaba inglés cuando llegó a Colorado. Aceptó un trabajo de limpiador mientras aprendía el idioma, y a lo largo de los años se le concedieron sucesivos ascensos, hasta que se le puso a cargo del equipo de empleados; pero él sabía que trabajar para otro, aunque fuera en un puesto de mando, no era la meta de su vida.

Más o menos en aquella misma época, habían ocurrido otros dos hechos que luego contribuirían a determinar su futuro. Un estudiante universitario que había trabajado en la empresa durante el verano tuvo que volver a la universidad, pero antes de irse le regaló a Daniel un libro sobre el liderazgo. Al principio, lo tomó como un insulto —«Quizá intenta decirme que no sé hacer mi trabajo y que necesito ayuda»—, pero en cuanto lo abrió, le entró la curiosidad.

El segundo hecho fue que el dueño de la compañía se fue de vacaciones a Arizona, sin más ocupaciones a la vista que la de jugar al golf.

—Cuando se iba, me puso la mano en el hombro —me contó Daniel— y me dijo: «Buen trabajo». Luego se montó en su Porsche y se fue.

A Daniel, tener la posibilidad de marcharse a jugar al golf cuando le viniera en gana le pareció una forma de vivir bastante apetecible. Fue entonces cuando el objetivo de evolucionar como líder se asoció con algo que él sabía que quería: libertad y flexibilidad.

Lo que le importaba no era el superdeportivo ni ser socio de un sofisticado club de golf, sino la *libertad de elegir*. Él también quería disfrutar de ella..., y quería a la vez tratar a los empleados mejor de lo que le parecía que los trataba la empresa.

Las primeras semanas después de quedarse sin trabajo, estuvo ocupado con algunas tareas domésticas, pero no consiguió hacer demasiado. Al final, se armó de valor y cruzó la calle para ir a visitar a una vecina. La vecina tenía una propiedad en alquiler, y Daniel se ofreció a quitar la nieve de la entrada, limpiar la casa o hacer lo que fuera necesario a cambio de unos dólares. Era un trabajo modesto, de solo unas horas, con el que no iba a ganar mucho dinero, pero su vecina estuvo de acuerdo, y aquella respuesta positiva le dio fuerzas.

Animado por ese pequeño logro, decidió poner en práctica una idea que tenía desde hacía mucho: ocuparse del mantenimiento de viviendas de alquiler. Consiguió las direcciones de cien propietarios de la localidad y les escribió una postal a cada uno en la que les ofrecía sus servicios.

—Tardé una eternidad –dijo, pero tenía tiempo de sobra.

Solo recibió una respuesta, pero llegó con un contrato de servicios. ¡Tenía un cliente!

Reflexionando sobre ello después, Daniel hizo balance del experimento de las postales. Un retorno del 1% sobre la inversión no se consideraría generalmente un gran éxito, pero él había empezado de cero y ahora tenía algo. En pocas palabras, estaba contento.

Aunque seguía teniendo tiempo de sobra, decidió que no iba a escribir otras cien tarjetas a mano. Para su segunda tentativa de conseguir clientes, logró los números de teléfono de un grupo distinto de propietarios y les envió a cada uno un mensaje de texto. No era partidario de importunar a la gente con una llamada telefónica inesperada, pero pensó que un breve mensaje de texto no le haría daño a nadie.

La campaña le valió dos clientes más, y se paró a evaluar de nuevo la situación. En un par de meses, había logrado que la perspectiva de ingresos anuales ascendiera a 27.000 dólares. Aunque no es una cifra astronómica para el alto nivel de vida de las ciudades de Colorado próximas a las estaciones de esquí, a él le pareció fantástica para alguien que acababa de iniciarse en el negocio.

Y lo mejor de todo, le permitía disfrutar de la flexibilidad y la libertad que siempre había querido. Daniel tenía tres hijos, y empezó a organizar su vida en torno a ellos: se levantaba pronto para trabajar, luego los llevaba al colegio antes de la siguiente sesión de trabajo e iba con ellos a las pistas de esquí de dos a cuatro la mayoría de las tardes. Como les ha ocurrido a muchos otros pequeños empresarios, descubrió que no necesariamente trabajaba menos, pero trabajaba *mejor*, y era él quien ponía las condiciones.

Al cabo de un año, tenía una larga lista de clientes y empezó a contratar a otra gente para que le ayudaran. Su mayor aspiración es desde hace mucho tener un hotel, pero si de momento no ocurre, no le preocupa.

—Vivo mil veces mejor que antes –me dijo–. Estoy contento de que mi jefa no quisiera invitar a pizzas a la plantilla, porque ahora soy yo el que puede hacerlo.

Por primera vez en su vida laboral, se sentía de verdad un hombre libre.

TE HAN ENCARCELADO. ¿QUÉ VAS A HACER?

Hoy en día la isla de Alcatraz es una atracción turística, situada a poca distancia en ferry de Fisherman's Wharf, en la bahía de San Francisco. Por solo 45 dólares –posiblemente algo más para cuando leas esto– puedes visitar la isla en la que en un tiempo estuvo cautivo Al Capone y enterarte de su historia como prisión federal.

Pero antes de que se cerrara en 1963, para entrar en Alcatraz hacían falta algo más que una tarjeta de crédito y un documento de identidad con foto. Había que ser un criminal curtido, que se temiera seriamente que intentaría escapar, para que te enviaran allí, normalmente a cumplir largas sentencias sin esperanza de indulto. Se consideraba una prisión de la que era imposible escapar, y probablemente sepas lo que viene a continuación. Al igual que el *Titanic* fue el barco indestructible que se hundió en mitad del Atlántico, Alcatraz fue la prisión de máxima seguridad que sería escenario de una de las mayores evasiones de la historia carcelaria.

La noche del 11 de junio de 1962, tres reclusos decidieron irse de Alcatraz de madrugada. Se habían pasado el año anterior excavando túneles con una cuchara en las paredes de sus celdas, túneles que muy oportunamente comunicaban con un corredor de servicio. Terminada la gran excavación, se hicieron a la mar en una balsa hinchable que habían fabricado con cemento de contacto e impermeables. Pasaron casi ocho horas antes de que nadie se diera cuenta, y nunca se los capturó.

¿Y si fueras *tú* quien estuviera preso en la isla de Alcatraz?... ¿Y si la situación fuera aún peor? Imagina el peor panorama posible: te han condenado a cadena perpetua por un crimen que no has cometido. No hay posibilidad de apelación. El tiempo pasa y tienes solo dos opciones: puedes aceptar que es tu destino y pagar por el crimen que otra persona cometió o puedes intentar escapar. ¡Seguro que intentarías escapar! Pero ¿cómo?

Dado que eres inocente, quizá no tengas mucha experiencia para desenvolverte en la vida delictiva. Sin embargo, como en la cárcel tienes tiempo de sobra para pensar, te pasas el día intentando concebir un plan de escape. Te das cuenta en primer lugar de que para poner en marcha tu plan necesitas un sinfín de conocimientos y habilidades de lo más diverso. Puede que la licenciatura en ciencias empresariales que obtuviste de joven te sirva para conseguir un puesto relativamente cómodo en el departamento de administración, que te permitiría reunir valiosos recursos y familiarizarte con todas las vías de escape posibles. Quizá a continuación necesites hacer una copia de una llave usando una pastilla de jabón y cualquier material que encuentres por tu celda y tengas que reactivar para ello aptitudes ya olvidadas de los tiempos en que alcanzaste el rango de águila en los *Boy scouts*.

Tal vez también tengas que emplear diversas artes sociales y hacer cuanto esté en tu mano para conseguir tener a un guardián de tu lado, o al menos para conocer al dedillo sus costumbres y movimientos habituales. Esperas no tener que emplear la violencia —¡solo estás tratando de escapar!—, pero te convendría probablemente leer un poco sobre artes marciales para poder defenderte si te atacan.

Lo que quiero que entiendas es que, para evadirte de la cárcel —ya sea una cárcel de verdad o una rodeada de paredes de cubículo—, tendrás que aprender a pensar de forma diferente y a utilizar una serie de recursos de lo más variado. Que yo sepa, las universidades no ofrecen licenciaturas en escapología, e incluso aunque tu cárcel sea un despacho de alto ejecutivo, nadie va a darte la llave que te hará libre. Lo mismo que en la cárcel, vas a tener que fabricártela tú.

EL ARTE DE TRANSFORMAR CONOCIMIENTOS

Después de que su carta de renuncia fuera inesperadamente aceptada, Daniel se encontró de repente desempleado y perdido. Se sentó a la orilla del lago y pensó en sus sueños y aspiraciones, pero reflexionó también sobre qué se le daba bien. Fue esa combinación la que en última instancia le dio la respuesta.

Trabajando con miles de personas que han conseguido *escapar de la cárcel*, he visto que si se han situado en el camino del éxito ha sido por haberse dedicado no solo a perfeccionar sus aptitudes, sino a perfeccionar las aptitudes *adecuadas*. Estas personas parecen ser también muy conscientes de dos hechos. El primero es que *todos somos expertos en algo*. Con frecuencia, el «algo» no tiene nada que ver con lo que estudiaste y ni siquiera con lo que hayas estado haciendo durante los años que sea que lleves trabajando. Todos tenemos otra destreza o fuente de conocimiento, quizá escondida o desusada en la actualidad, que podemos descubrir y desarrollar para marcarnos un objetivo profesional distinto (y más rentable).

El segundo hecho importante es que *si hay una cosa que se te da bien, probablemente habrá otras para las que también valgas*. Aunque tal vez la preparación formal que has recibido no sea lo más relevante en la búsqueda de libertad, probablemente habrás adquirido con los años una serie de conocimientos técnicos que puedes recuperar y volver a aplicar. La formación que tienes demuestra que eres capaz de seguir las instrucciones que se te dan (¡enhorabuena!). Pero limitarse a seguir instrucciones rara vez conduce a la libertad. Tu pericia demuestra que eres capaz de llevar algo a cabo, y es la clave para encontrar éxito y felicidad en tu vida poscarcelaria.

Para ser libre, debes abandonar primero el tipo de razonamientos que te han traído hasta aquí. Y ahí es donde tiene relevancia dominar las técnicas adecuadas.

EL INSTRUCTOR DE YOGA AUTODIDACTA

Nunca había sido tan fácil como hoy en día aprender por nuestra cuenta todo lo que necesitamos para progresar profesionalmente. Escucha este relato tan atípico, de una persona que ha preferido mantener el anonimato:

Había sido entrenador personal, así que tenía bastante conocimiento del cuerpo. Pero no sabía mucho de yoga, y no me seducía la idea de hacer un curso de doscientas horas para conseguir un título. De modo que me fui al videoclub del pueblo –hablo de un tiempo en que existía esta clase de establecimientos–. Entré y alquilé todos los DVD de yoga que encontré. Después entré en Amazon.com y encargué otra docena de series de vídeo. Me pasé la semana viendo un vídeo detrás de otro y tomando notas detalladas de la terminología y las posturas.

Esta era toda la formación yóguica que tenía. Empecé a dar clases la semana siguiente. Entré en la sala intentando que no se notara lo nervioso que estaba. ¡Pero todo salió de maravilla! La primera hora de clase fue bien, así que seguí impartiendo tres sesiones al día de lunes a viernes. He recibido premios por mi forma de enseñar, y el centro de yoga está repleto. Lo más gracioso es que algunos alumnos me han pedido que los forme como profesores. Cada vez que oigo a alguien preguntarme, me acuerdo del día que entré en el videoclub. Siempre me hace sonreír.

Lección: con frecuencia hay más de una manera de hacer un trabajo o de obtener la preparación que necesitas.

CONOCER Y REORIENTAR TUS APTITUDES

En cualquier película de fugas carcelarias que se precie, hay generalmente un protagonista y una serie de personajes secundarios. Al protagonista –que es inocente, por supuesto– se le une un variopinto grupo de cómplices que participan para agilizar (o a veces entorpecer) el intento de fuga del héroe. Lo típico es que cada compinche tenga una habilidad determinada: está el manitas, que trabaja en la sala de electricidad y puede arreglar cualquier cosa; está el licenciado en farmacología, que puede conseguir los somníferos para echar en el café del vigilante nocturno, y luego está el tipo «pequeño», que es capaz de deslizarse por espacios minúsculos.

La mayoría de estos conocimientos y aptitudes son insustituibles, y tampoco son fáciles de aprender. Si no sabes cómo provocar un cortocircuito en el sistema eléctrico de la cárcel para que se apaguen los focos de la torre de vigilancia, no es muy probable que vayas a aprender a hacerlo en unos días; la mayoría de la gente lo tendría muy difícil para saber orientarse en medio de un gran almacén de medicamentos, y ser el tipo «pequeño» es una cuestión de destino genético, no algo que puedas conseguir a voluntad.

Así que antes de empezar a preocuparte de actualizar tus habilidades y añadir otras nuevas (hablaré de esto dentro de un momento), conviene que sepas qué habilidades tienes en la actualidad.

Se han creado libros, ejercicios y cursos enteros para ayudarte a identificar e inventariar todo lo que se te da bien. Pero ¿por qué complicarlo tanto?... Es algo que tú ya sabes, ¿no? Aquí tienes una sencilla alternativa:

Haz una lista de cosas que se te den bien

Haz inventario de todo lo que sabes hacer. La lista puede incluir conocimientos y habilidades que hayas adquirido:

- En la universidad u otro centro de estudios superiores.
- De tu madre, tu padre u otra persona que te sirviera de modelo.
- En tu trayectoria laboral o profesional.
- Por tu cuenta, ya sea leyendo libros o artículos, haciendo un curso por internet o experimentando y aprendiendo de tus errores.

En el capítulo 2 leíste sobre Angela, la ingeniera mecánica. A ella se le daba bien el diseño industrial, y encontró la manera de aprovechar sus aptitudes para mejorar el medio ambiente en una compañía de mentalidad progresista. En el capítulo 3 te hablé sobre Steve Harper, el coordinador de producción. Steve había descubierto que le gustaba ocuparse de la parte acústica y la iluminación de conciertos y espectáculos, y montó un negocio muy próspero en torno a ello. Todas las aptitudes que acabo de mencionar son valiosas y en cierto modo singulares. Pero incluso aunque tus aptitudes no sean tan especializadas, lo importante es que tengas un sencillo inventario de todas ellas.

Escribe al menos una cosa que detestes hacer y que no se te dé bien

Lo mismo que para escapar de la cárcel tenemos que conocer nuestras aptitudes si queremos que la evasión sea un éxito, también es importante que tengamos una idea de nuestros puntos débiles. Si, por ejemplo, eres un desastre para la tecnología, intentar piratear el sistema de alarma de la prisión y desactivarlo probablemente no sea en tu caso el mejor método de evasión.

Tu principal punto débil probablemente no se convierta nunca en una aptitud, sobre todo si no es algo que te esfuerces por mejorar. En mi caso, detesto arreglar o ajustar cualquier artefacto mecánico. Si tú y yo vamos a escaparnos juntos de la cárcel, te advierto que yo no soy el manitas.

Al hacer ambas listas, el objetivo es prestar atención a lo que te hace falta perfeccionar..., y te recuerdo que no necesariamente tiene que ser «lo que peor se te dé».

HAZTE TÚ TAMBIÉN UN CRONÓMETRO DE CUENTA ATRÁS

Los últimos años que mi padre trabajó en la ingeniería aeroespacial no fueron tan apasionantes como los primeros. Probablemente fuera culpa mía: no estaba allí para ayudarle a comprobar los lanzamientos del transbordador espacial ni para importunarle insistiendo en que me llevara al Burger King. Al final se jubiló y entró en una nueva fase de vida, en la que se dedicaría a escribir novelas y cuentos de misterio. Pero antes de que llegara la fecha de vaciar su cubículo y trasladarse a un despacho en la costa, hizo una hoja de cálculo que mostraba el número de días que le faltaban para llegar a la edad de jubilación.

Pronto se convirtió en un tema de conversación recurrente a la hora de la comida:

—¿Qué, papá, cuánto te queda de seguir trabajando?

Él respondía con alguna frase como:

—Ah, no lo sé exactamente... Aunque, bueno, en realidad sí lo sé. Parece que me faltan seiscientos setenta y tres días y cuatro horas.

Los soldados destacados en largas misiones hacen lo mismo, cuentan los días que faltan hasta la fecha prevista para volver a casa.

Si te encuentras en una situación similar, ya sea atrapado en un cubículo, destacado en alguna misión o encarcelado de la forma que sea, fabrícate también un cronómetro de cuenta atrás. Puedes valerte de una hoja de cálculo como hizo mi padre, utilizar una aplicación del móvil (hay varias gratuitas) o simplemente ir marcando los días en un calendario.

★ =¡LIBERTAD!

¿No tienes todavía una fecha límite para escapar? Piensa en una. Decide cuándo será el día D y toma las medidas necesarias para que ese día llegue. Lo hagas como lo hagas, ¡cuenta los días y prepárate para la libertad!

PERFECCIONA LOS CONOCIMIENTOS
Y HABILIDADES ADECUADOS

Cuando la mayoría de la gente se plantea «perfeccionar sus conocimientos y habilidades», piensa en aprender a hacer hojas de cálculo con más soltura o en practicar los verbos irregulares en otro idioma. Pero ni lo uno ni lo otro te ayudarán a dar grandes pasos en tu carrera profesional.

Si el objetivo es escapar del trabajo que aborreces y empezar a hacer el trabajo con el que sueñas, necesitas progresar rápidamente en los aspectos adecuados. Podemos dividirlos en dos categorías principales. Dentro de tu especialidad, hay conocimientos técnicos que están directamente relacionados con el trabajo para el que se te ha contratado. Por ejemplo, un determinado *software* que debas saber manejar o una técnica manual concreta que sea necesaria para tu trabajo. Vamos a llamarlas «aptitudes técnicas»; no son habilidades que la mayoría de la gente vaya a aprender, pero son importantes para lo que *tú* haces.

Hay además otras habilidades de carácter más universal, o que al menos pueden aplicarse en un contexto muy amplio. Las llamaremos «aptitudes sociales» porque son conocimientos y facultades que te ayudarán hagas lo que hagas en la vida y en el trabajo.

Perfeccionar las aptitudes sociales te hará ser un empleado mejor, un candidato más atractivo y en general un portavoz de tus intereses más seguro de sí mismo. No hay ninguna razón para no perfeccionarlas, al menos en el caso de la mayoría. Ah, y otra cosa: en su mayor parte, las aptitudes sociales no suelen aprenderse en un aula; se aprenden fuera, en el mundo real. Lo bueno de ellas es que, a diferencia de las aptitudes técnicas, que requieren la presencia de un experto que te enseñe, las aptitudes sociales se pueden aprender a solas.

Perfecciona la redacción y la oratoria

No hace falta ser escritor profesional para beneficiarse de escribir bien, y al menos de vez en cuando la mayoría de la gente tiene que hablar con soltura en su trabajo. Escribir mejor no consiste simplemente en utilizar bien la gramática y tener una ortografía perfecta (también los escritores profesionales hacen uso del corrector ortográfico). Para mejorar la redacción, recuerda que todo escrito es esencialmente persuasivo. Asegúrate de que los tuyos contienen un llamamiento a la acción. Pregúntate: «¿Qué quiero que *haga* esa persona después de leer esto?».

Lo que caracteriza un buen escrito es su capacidad para despertar interés. Incluso aunque estés redactando un informe anual de gobierno corporativo aburridísimo, probablemente haya una manera de mantener interesado al lector. Sé conciso e intenta que lo que escribes resulte interesante, da igual cuál sea el tema. Infundirle un poco de humor es una ayuda, así como incluir breves anécdotas y pequeñas historietas. Antes de enviar un informe importante, léelo en voz alta.[*]

En cuanto a las facultades comunicativas, un buen recurso es el club de Toastmasters International más cercano (la organización opera en más de cien países). El estilo de

---

[*] Si quieres tener más información sobre cómo escribir bien, echa una ojeada al libro *Everybody Writes*, de Ann Handley, por el momento sin traducción al castellano.

oratoria que se practica en esta clase de grupos no es necesariamente la que emplearás en tu trabajo, pero te ayudará a hablar con más confianza y a saber cómo presentar mejor una perspectiva para conseguir apoyo o colaboración. Si no hay ningún club cerca de donde vives, practica en el trabajo tomando la palabra con más frecuencia, ofrécete voluntario para hablar en una reunión de la comunidad de vecinos o da una charla en el colegio de tu hija —pero solo cuando tengas algo que decir, por supuesto—. Utiliza relatos como ejemplo para ilustrar un principio, y si vas a hablar más de uno o dos minutos, decide de antemano cuáles van a ser tu primera y tu última frases. La clave es aprender a sentirte más cómodo y relajado cuando tengas que hablar delante de alguien.

Independientemente del tipo de trabajo que hagas, ser capaz de expresar unos argumentos convincentes es esencial. Los consejos, tanto en el caso de la escritura como de la comunicación verbal, son: sé persuasivo, sé interesante, habla con seguridad y consigue que quien lee o escucha tus palabras se ponga de tu lado.

Aprende a negociar

Saber negociar no atañe solo a los diplomáticos y a los vendedores de coches. El arte de la negociación consiste en encontrar soluciones que beneficien a todas las partes interesadas cuando haya cualquier problema, en el trabajo o fuera del trabajo. Hay quien piensa que el objetivo de una negociación es obtener el mayor beneficio posible para uno mismo, pero generalmente no es así, al menos no a cualquier precio. Lo que quieres es expresar tu idea y conseguir un trato provechoso, no hay duda, pero también que la otra parte quede contenta.

En un viaje que hice a China hace unos años, vi que había una fina línea entre ser un buen negociador y ser demasiado insistente. Si aceptaba un precio sin regatear, daba una impresión de persona débil e ingenua. En China, y en muchas otras culturas del mundo, ¡el precio inicial nunca es el precio final! Hay que estar siempre listo para hacer una contraoferta. Ahora bien, si discutía mucho, el comerciante se sentía insultado y se retiraba de la discusión. La clave para conseguir lo que quería estaba en encontrar el equilibrio: mostrarme firme, pero no tan agresivo como para ofender a nadie. Esta regla de oro sirve para la mayoría de las situaciones en que tu meta sea convencer a la otra persona de que te dé lo que quieres.[*]

Para mejorar tus dotes negociadoras, ten en cuenta el clásico consejo que se da en la mesa de póker. No solo es cuestión de jugar bien, sino de *saber desde un principio en qué mesa jugar*. Debes tener claro lo que esperas conseguir, y también lo que espera conseguir la otra parte. Juega tus cartas con sensatez y guárdate la mejor jugada para cuando llegue el momento oportuno.

Mejora la capacidad de realización y seguimiento

Los triunfadores, sea en el terreno que sea, son expertos en llevar a término sus proyectos y seguir atentamente su desarrollo. Si alguna vez has estado en una reunión donde se discutieran cantidad de buenas ideas pero luego ninguna se pusiera en práctica, ya sabes lo bienvenidas que pueden ser

---

[*] Si alguna vez vas a un mercado chino, verás que los vendedores se mueven también en esa fina línea entre lo que es obtener un buen beneficio y lo que es robar a la gente. También ellos deben negociar bien si quieren prosperar a la larga.

estas cualidades. Tener ideas es fácil, pero lo que de verdad vale es hacerlas realidad.

Una de las maneras más básicas de mejorar la capacidad para llevar a cabo cualquier proyecto y atender a su desarrollo ulterior, y en la que casi todos los expertos en productividad coinciden, es sencillamente anotar las tareas. Es casi imposible que recuerdes todo lo que tienes que hacer, y el solo hecho de intentar recordarlo todo con absoluta precisión puede dejarte sin una gota de energía. Pero no anotes solamente las acciones en sí; debes ponerte también una fecha límite para realizarlas. En cuanto al seguimiento, obviamente no será necesario a menos que el proyecto se lleve a cabo.

Hay cantidad de distintos sistemas y métodos para no perder de vista «lo que tienes que hacer». Da igual cuál elijas mientras te resulte eficaz.

Familiarízate con la tecnología que pueda serte útil

El economista Tyler Cowen publica a diario en su blog, llamado *Marginal Revolution*. Una de sus teorías sobre el futuro dice que el mundo será un lugar todavía más dividido y desigual de lo que es ahora. Pero la división no será solo entre ricos y pobres, asegura, sino entre quienes estén familiarizados con la tecnología y quienes se resistan a ella. Los buenos sueldos irán a parar a aquellos que usen a diario ordenadores de todo tipo, sigue diciendo, y ganarán sueldos ínfimos aquellos que vivan enemistados con los artilugios tecnológicos y el *software*. En otras palabras, prosperarán en el futuro quienes sepan utilizar la tecnología para tener una vida mejor y más productiva.

A la hora de escapar de la cárcel —o de cualquier empleo que no te apasione—, mejorar las «aptitudes sociales» aumentará tu valor en el mercado laboral poscarcelario y te ayudará a abrirte camino hasta encontrar el trabajo para el que naciste.

NO TE CONFORMES CON HACERLO BIEN; HAZLO TAN BIEN QUE NO PUEDAN IGNORARTE

Hace unos años empecé a trabajar con un creador de páginas web llamado Nicky Hajal. Los creadores son gente interesante: casi siempre son extraordinariamente competentes, pero también tienden a hacer las cosas a su manera y a programar el calendario laboral a su conveniencia. Además —y por supuesto esto no es siempre así—, a veces prestan mucha más atención a la parte detallada y técnica de una tarea dada que al conjunto final.

Nicky era diferente. Desde las primeras conversaciones que mantuvimos, estaba claro que le interesaba utilizar la tecnología para *mejorar las cosas*, y no por la tecnología en sí. Le motivaba aprender y progresar, y si no sabía hacer algo, aprendía a hacerlo sin pérdida de tiempo en vez de rendirse o informar de que había algún fallo.

Nicky era también fenomenal cuando se trataba de llevar algo a cabo y asegurarse de su eficacia. Una vez me vi en la tesitura de tener a medias un proyecto que en principio iba a completar un creador distinto, pero la persona en cuestión necesitaba mes y medio para hacer el trabajo y no teníamos tanto tiempo ni muchísimo menos. Se me ocurrió que Nicky probablemente fuera capaz de hacerlo en un par de semanas, pero cuando se lo comenté, su respuesta me sorprendió todavía más:

—Dame tres días.

Y así fue, tres días después me entregó el proyecto terminado, tras añadir un par de detalles de su propia cosecha «porque pensé que podían resultar útiles».

El caso es que Nicky no es solo un programador muy hábil (aptitudes técnicas), sino que es además inquisitivo, entregado y resolutivo (aptitudes sociales). Y estas aptitudes sociales son importantes no solo para los codificadores y los programadores; son fundamentales te dediques a lo que te dediques. Cuando Daniel Vleck dejó su trabajo e inició su aventura en solitario, disponía ya de las aptitudes técnicas relacionadas con el mantenimiento de inmuebles; era electricista y había pasado años ocupándose del mantenimiento de viviendas de vacaciones en Colorado. Pero lo que determinó de verdad el éxito de la iniciativa fue su perseverancia a la hora de dominar las aptitudes sociales, sobre todo la de desenvolverse con la gente.

Una vez superada la timidez que lo invadía al llamar a la puerta de los propietarios, descubrió que se ganaba fácilmente su confianza gracias a una buena disposición para encargarse de todos los trámites relacionados con el registro y el mantenimiento. De hecho, cuanto más desarrollaba su don de gentes, más prosperaba el negocio, y cuanto más prosperaba el negocio, más posibilidades tenía de gozar de la libertad que siempre había querido. Quedarse sin trabajo, diría más adelante, era una de las mejores cosas que le habían pasado en la vida.

Resumiendo:

- Profesionales con aptitudes mínimas: no deseados.

DESPÍDETE DE TU TRABAJO TODOS LOS AÑOS

Cuando te has estancado profesionalmente, o sencillamente tienes dudas de si tu trabajo actual es lo que más te gustaría hacer, he aquí una idea: una vez al año, en la fecha que elijas, toma la decisión de que es hora de despedirte. Puedes hacerlo en sentido literal o solo teórico. Todos los años, comprométete a preferir escapar de la cárcel y hacer algo diferente a menos que aguantar donde estás sea la mejor manera de avanzar.

Puedes hacer lo mismo si estás estudiando. Todos los años, decide dejar la carrera a menos que continuar con el programa sea la opción que más te conviene. Ignora cuanto sea posible los costes irrecuperables. Si estás estudiando un programa de doctorado de seis años y un día descubres que lo aborreces, ¿importa que hayas invertido ya dos? En realidad no. Piensa en los siguientes cuatro años de tu vida, no en los que ya has invertido y que te han traído hasta aquí.

Ya se trate de dejar el trabajo, un programa de estudios o cualquier otra cosa, puedes utilizar el modelo de escrito que te indico a continuación para sellar el pacto:

> Todos los años, el día [fecha], me despediré del trabajo. Luego evaluaré si la mejor opción que tengo es continuar un año más. Si es así, puedo seguir adelante con confianza y darlo todo. Si no es así, empezaré inmediatamente a buscar algo mejor.

Si acabas quedándote en el trabajo que tienes porque te encanta, ¡fenomenal! Si no, ha llegado el momento de salir de Alcatraz. En cualquiera de los dos casos, ahora has tomado una decisión consciente y puedes seguir adelante con confianza.

- Profesionales con magníficas aptitudes técnicas pero escasas aptitudes sociales: necesarios a corto plazo, pero no siempre apreciados a la larga.
- Profesionales con magníficas aptitudes técnicas y extraordinarias aptitudes sociales: imprescindibles.

La gente como Nicky y Daniel me trae a la mente algo que dijo Steve Martin: «Cuando empiezas, no te conformes con hacerlo bien; hazlo tan bien que no puedan ignorarte». Si estás leyendo esto, probablemente tengas ya cantidad de aptitudes técnicas. Para hacerlo «tan bien que no puedan ignorarte», concentra todo tu esfuerzo en mejorar las aptitudes sociales.

CUÁNDO CORTAR POR LO SANO... Y CUÁNDO ESPERAR EL MOMENTO OPORTUNO

Es todo un dilema: si estás atascado en una situación deprimente, ¿debes dar un giro inmediato a tu vida, o prepararte para el cambio poco a poco? Si quieres dejar tu trabajo y encontrar algo mejor, ¿deberías saltar sin red, o deberías tejer una red primero?

En los quince años que llevo trabajando con gente que da el salto sin red y escuchando las anécdotas de gente que lo ha dado, he sabido de casos bastante espectaculares. Entre otros, he oído hablar de:

- El contable inexperto que, por error, subió a una página web de libre acceso la declaración fiscal de varios clientes de elevados ingresos (salió escoltado del edificio y se le ordenó que no volviera bajo ningún pretexto, facilitándole así la elección de buscar un trabajo distinto).

- El tipo que se registró en un hotel barato para pasar nueve días y se negó a marcharse hasta que terminó de detallar una estrategia empresarial para su nuevo negocio.

- La mujer que causó sensación en las redes sociales al utilizar una serie de *tarjetas de referencia* para acusar a su jefe de acoso sexual (como imaginarás, no le pidió una recomendación).

- La gente (más de una persona) que sencillamente decidió no volver al trabajo después de un dilatado almuerzo, sin molestarse en recoger nada de sus cubículos, ni siquiera los objetos personales.

Inevitablemente, los casos extremos como estos tienden a destacar y ser objeto de gran atención. La mayoría, sin embargo, preferimos tenerlo todo un poco más planeado. Por muy divertido que pueda ser salir de estampida de la sala de conferencias en medio de una polvareda, suele ser más inteligente dedicar algo de tiempo y optar por una fuga un poco más meditada. Si tienes la posibilidad, aprovecha la sentencia penitenciaria que se te ha impuesto para planear un futuro mejor; utiliza las estrategias sobre las que has leído en este capítulo para perfeccionar tus aptitudes, y luego emplea esas aptitudes para excavar un túnel que te conduzca a la libertad.

Ahora que creo más en lo que hago, soy más eficaz a la hora de comercializar mis creaciones y más capaz de promocionarme, aptitudes de las que antes no sabía hacer uso. He aprendido a ser más atrevida y pedir información a la gente que creo que sabe lo que hace. Y me he vuelto una experta en descartar las oportunidades que no me dan alegría o no concuerdan con mis principios.

SAM,
53 años, diseñadora textil

5

LA RESPUESTA TE ESPERA EN EL BUZÓN

OBJETIVO:
Encuentra lo tuyo

Cuando intentas ganar la lotería profesional, a veces tienes el boleto premiado justo delante. La respuesta a tus preguntas más acuciantes –y el camino que te llevará al trabajo para el que has nacido– podría llegarte de la gente con la que te relacionas a diario.

A los cuarenta años, Sam Hunter dio un gran giro a su vida: empezó a estudiar de nuevo. Había querido ser artista desde que era niña y vivía en Inglaterra. Pero incluso de pequeña, todo el mundo insistía en que pensara en una carrera «de verdad». Así que al terminar el instituto, se fue a vivir a Estados Unidos y se diplomó en ingeniería electrónica, iniciando así una trayectoria profesional de veinticinco años en el campo de la tecnología de la información. Durante ese tiempo, ocupó diferentes puestos: contestó a las preguntas de los clientes en una línea telefónica de ayuda al usuario, ayudó a una compañía sanitaria a informatizar sus sistemas ya anticuados y estuvo a cargo del control de calidad en una empresa.

Era detallista y el trabajo de control de calidad se le daba particularmente bien. Le gustaba ver qué había fallado en un proceso y cómo podía repararse. Hablar por teléfono con los clientes era otra oportunidad que tenía de resolver los problemas de forma imaginativa, ya que había gente que no estaba acostumbrada a recibir soporte técnico de una mujer y a Sam no le quedaba otro remedio que ingeniárselas para vencer esa resistencia inicial. Aun con todo, trabajaba en algo que no era lo suyo y seguía desatendiendo sus sueños de infancia de vivir del arte.

Al cabo de veinticinco años, decidió que había llegado la hora de pensar un poco en sí misma. Retomó la vida de estudiante a los cuarenta, se licenció en escultura y obtuvo un máster en artes textiles. El plan original era aspirar a un puesto de profesora titular, pero había muchos más titulados en artes textiles que puestos disponibles. Después de enviar solicitudes para cada vacante que encontró, no se la citó ni una sola vez para una entrevista.

Había criado sola a su hijo y, cuando el niño cumplió los cinco años, empezó a hacer punto, además de colchas y edredones de retales. Al principio había sido solo por el divertimento de hacerle a su hijo originales jerséis y bufandas, pero la afición pronto se convirtió en pasión. Más o menos por la misma época en que estaba terminando el máster, se dio cuenta de que había un problema bastante serio: muchos de los patrones de *patchwork* que encontraba tenían defectos de diseño.

—No entiendo cómo es que alguien no resuelve esto —le comentó desazonada a una amiga.

—¿Y por qué no lo haces tú? —le contestó su amiga.

Y lo hizo. Sam creó su primer diseño y se lo mostró a sus amigas. Cuando recibió de ellas una respuesta positiva, decidió darle mayor difusión.

Me encantó su respuesta cuando le pregunté cómo conseguían quienes se dedicaban a las artes textiles que sus diseños les llegaran a otros artistas.

—Todo el mundo dice que tienes que pelear hasta que un distribuidor se fije en ti —me dijo—. Pero es una patraña. Encontré a mi primer distribuidor llamándolo directamente y diciéndole: «Hola, tengo algo que le va a gustar». Así es como he encontrado también a todos los demás distribuidores. Hace falta un poco de audacia.

Después de conseguir su primer distribuidor llamándolo de improviso, siguió «trabajando a destajo», en palabras suyas, para crear nuevos diseños y hacérselos llegar a más gente. Creó una página web con un blog y una tienda *on line*. Empezó a impartir talleres en tiendas de manualidades y ferias. Firmó un contrato con un editor para escribir y publicar un libro impreso. Durante todo ese tiempo, hizo metódicamente dos cosas: una, buscar a otras personas que hubieran tenido éxito en la industria textil y bombardearlas a preguntas pidiéndoles consejo,[*] y dos, continuó *haciendo*…, es decir, creando un patrón tras otro y experimentando con nuevos diseños que poner en manos de los aficionados y ver qué ocurría.

Mientras iba poniendo nuevos patrones en circulación, Sam hizo un importante descubrimiento. Vio que le

---

[*] Un consejo: cuando te reúnas con personas importantes, en la materia que sea, asegúrate de llevar preparadas preguntas concretas. Muchas de ellas estarán encantadas de aclarar tus dudas, pero no les hagas perder el tiempo.

encantaba ayudar a los principiantes, y lo mismo que antes había sido frustrante trabajar con aquel patrón que la llevaría a crear su primer diseño, ahora se dio cuenta de que la mayoría de los patrones para principiantes eran muy básicos y aburridos. En cierto modo, tenía sentido que fuera así. Cuando uno empieza a aprender un nuevo arte, probablemente no esté preparado para enfrentarse en un primer momento a un diseño complicado, así que todos los demás diseñadores creaban patrones muy sencillos. Pero cuanto más hablaba Sam con los nuevos artistas del acolchado, más los oía expresar su frustración por la simplicidad excesiva de los patrones.

Y este fue precisamente el siguiente paso en su carrera profesional. Empezó a diseñar y a vender patrones que *parecían* complicados pero eran en realidad fáciles de ejecutar. Quienes se iniciaban en la técnica del acolchado podían empezar casi de inmediato una labor que les dejaba un sentimiento de satisfacción y pericia. Fue todo un éxito. En los tres primeros años, vendió más de quince mil patrones, con ventas que se duplicaban de año en año. Era un trabajo para el que además no podía haber nadie más indicado que ella, pues entendía con claridad las características del mercado al que iba dirigido:

—Yo fui en un tiempo la persona para la que ahora explico los diseños —me dijo—, así que sé a la perfección lo que la gente necesita.

Cuando hablé con Sam, me di cuenta de que tenía una perspectiva similar a la de mucha gente que disfruta con su trabajo y lo hace bien. Se le iluminó el rostro al hablarme del gusto que le daba ayudar a otros artistas a dejar de infravalorar lo que hacían, una causa a la que se entrega con pasión.

La mejor recompensa que recibe, me dijo, es oír que estos artistas han seguido fielmente el consejo que da en su campaña. Hay un elemento casi de misión en lo que hace; cree apasionadamente en su trabajo y se ha comprometido a ayudar a otros artistas a avanzar.

ESCUCHA CON ATENCIÓN

En los tres últimos capítulos, has identificado varias de tus aptitudes —algunas que ya conocías y otras quizá inesperadas—. Ten siempre presente el lema de que «todos somos expertos en algo» y muchas veces ese «algo» es toda una sorpresa. Pero incluso si sabes ya cuáles son tus talentos, recuerda que un talento tiene valor solo en la misma medida en que alguien vaya a pagarte por llevarlo a la práctica. Así que ¿cómo decidir cuáles de ellos son más valiosos y fáciles de comercializar? En este capítulo, aprenderás un proceso creativo que puedes usar para pasar del talento a la solución.

El principio esencial es este: cuando no sabes a ciencia cierta qué es «lo tuyo» —cuando desconoces dónde buscar ese trabajo o profesión que te dé alegría, fluidez y unos buenos ingresos—, la gente con la que hablas a diario puede ayudarte a descubrirlo.

Puede que la respuesta te esté esperando en el buzón de entrada, tanto si ese buzón de entrada consiste en los mensajes de correo propiamente dichos que te hacen las mismas preguntas una y otra vez como en los comentarios de las redes sociales que frecuentas o simplemente en las conversaciones que tienes con tus amigos. En otras palabras, es posible que la gente de tu entorno tenga más idea que tú de cuáles son tus talentos más comercializables.

La clave es prestar atención a las preguntas que te hacen repetidamente, a los favores que te piden a menudo y tal vez incluso a los libros o artículos que te recomiendan los que te conocen porque creen que te interesarán. Cuando alguien dice: «Oye, ¿te puedo pedir un favor?» y tú ya sabes lo que te va a pedir, tienes la respuesta que buscas. Piénsalo un momento: si tienes problemas para actualizar el móvil, ¿a quién le pides ayuda? Si llevas tiempo yendo al gimnasio pero no ves ningún resultado, ¿a quién le pides consejo sobre el entrenamiento? Cuando estás planeando viajar fuera del país y necesitas encontrar un hotel, ¿a quién le pides que te recomiende alguno?

Ahora míralo desde la perspectiva contraria. ¿Acude a *ti* todo el mundo para que les ayudes a actualizar el móvil, para que les indiques qué ejercicios hacer o para que les recomiendes un lugar donde alojarse cuando viajan? Si reflexionas un poco, probablemente descubras que hay cierta clase de consejos que la gente te pide una vez tras otra. Ya sea que les recomiendes libros o películas, que les des alguna orientación sobre en qué invertir o que te pregunten tu parecer sobre el último artilugio tecnológico del mercado, los consejos que suele pedirte la gente son una pista muy clara de cuáles de tus habilidades y conocimientos son los más solicitados..., y por tanto probablemente los más comercializables.

Por ejemplo, mis amigos saben que todos los años viajo al menos a veinte países y vuelo más de trescientos mil kilómetros, así que con frecuencia me piden ayuda o consejo a la hora de reservar sus pasajes de avión. Saben también que no tengo ni la más mínima habilidad para la mecánica o el bricolaje, así que no se molestan en preguntarme cómo arreglar el coche o montar un mueble. No es de extrañar, por tanto, que encontrara el trabajo para el que nací cuando me centré en escribir libros y en orientar a la gente en materia de viajes.

Si examinas detenidamente tu buzón de entrada y no hay nada que salte a la vista, te sugiero otras maneras de utilizar esta técnica para conseguir ideas:

- En clase o en el trabajo, cuando se os ha pedido que os dividáis en pequeños grupos para realizar alguna tarea, ¿cuál ha sido normalmente tu papel? ¿Sueles ser el portavoz, la persona detallista, la que toma notas...? ¿Qué es lo que te resulta natural hacer?

- ¿Qué te gusta enseñarles a hacer a los demás? «Enseñar» no tiene por qué ser en un aula; enseñar es algo que puede darse en cualquier sitio. La pregunta es: ¿qué sabes hacer que te guste compartir con los demás?

- Si eres padre o madre, ¿para qué te piden ayuda tus hijos? Cuando yo era niño, entendí que a mi padre se le daba particularmente bien escribir y formular ideas. Si necesitaba ayuda para hacer el comentario de un libro, siempre estaba dispuesto a acompañarme a la biblioteca o a revisar mi primer borrador, normalmente bastante malo. Era un talento que ponía al servicio de su trabajo en la NASA, no cabe duda, pero en una etapa posterior de su vida empezó a escribir novelas, aprovechando quizá las aptitudes que afloraron en él cuando era más joven.

Durante los últimos siete años, he llevado un negocio que en origen me llegó directamente del buzón de entrada. Cuando empecé a escribir sobre la aventura en la que me había embarcado, y que consistía en viajar a todos los países del mundo, muchas veces comentaba que los vuelos me salían «casi gratis» gracias a los puntos que acumulaba, a los pasajes de vuelta al mundo y a otros trucos que fui aprendiendo en los años de viajes continuos. Muchos de mis primeros lectores dijeron entonces: «¡Eh, un momento! Suena interesante. ¿Cómo puedo conseguir yo también billetes como esos?».

En respuesta, creé una guía básica de tarifas aéreas, *Airfare Guide*, que puse a la venta a bajo precio. Cuando vi que se vendía bien, creé otra, y luego varias más. Después empecé a trabajar con otros escritores y un pequeño equipo de producción. El negocio nunca alcanzó un nivel astronómico, pero tampoco era algo que necesariamente quisiera. Obtenía con él buenos ingresos y era un trabajo temporal. Cada vez que se publicaba una nueva guía, había mucho que hacer, pero luego venían épocas en que todo iba sobre ruedas y podía dedicarme a otros proyectos.

Con el tiempo, vi que la acogida que tenía cada nueva guía dependía de cuánta atención había prestado a lo que a la gente de verdad le interesaba. Cuando daba en el clavo, los clientes hacían colas interminables para comprarla. En cambio, cuando creía saber lo que era mejor en vez de escuchar de verdad y adaptar la guía a lo que la comunidad de lectores quería y necesitaba, la respuesta era tibia. Esto no fue solo una lección de humildad, sino que es además una lección directamente relacionada con un principio esencial de este capítulo: cuanto más nos volquemos en resolver los problemas de los demás, más éxito tendremos.

HAZTE EXPERTO EN RESOLVER PROBLEMAS

Antes de seguir adelante, quiero hablarte de otra persona que recurrió a su buzón de entrada para ver si encontraba una manera original de resolver un problema común. Durante años, a Wes Wages se le conocía como «el chico de los vídeos». Se ganaba bien la vida haciendo reportajes de boda con su esposa, Tera, fotógrafa profesional, pero quería hacer además algo diferente. Se corrió la voz de que era un joven con talento, y pronto pudo diversificar el negocio y ocuparse de conciertos, tráileres y vídeos promocionales de todo tipo. Estaba muy solicitado —normalmente se contrataban sus servicios con meses de antelación—, pero había un problema: solo se le pagaba el tiempo que pasaba sosteniendo la cámara o sentado en la sala de edición. Después de ocho años viviendo y trabajando juntos, Wes y Tera tenían ahora dos niños pequeños. Las bodas les ocupaban todo el fin de semana y el trabajo para los conciertos y otros espectáculos que se celebraban en los alrededores obligaban a Wes a pasar fuera de casa más tiempo del que hubiera querido.

Entretanto, no podía evitar darse cuenta de que cada vez que grababa un evento alguien invariablemente le preguntaba: «¿Cómo puedo aprender a hacer lo que tú haces?». La pregunta le llegaba una y otra vez de docenas de personas que conocía por su trabajo, desde blogueros y músicos hasta sus propios clientes. Hoy en día, la mayoría de la gente tiene un ordenador o un móvil con cámara incorporada..., pero como sabrá cualquiera que haya navegado por internet, la calidad de producción varía considerablemente.

Wes pensaba que, si bien es casi imposible reproducir el trabajo de un verdadero profesional, cualquiera puede aprender a hacer mejores fotos y vídeos con un reducido esfuerzo. De modo que creó un curso de vídeo *on line* para responder a las preguntas que más insistentemente le hacían:

- ¿Cuánto necesito gastar?
- ¿Qué equipo necesito de verdad comprar, y qué es opcional?
- ¿Qué es lo más sencillo que puedo hacer para mejorar la calidad de los vídeos?
- ¿Cuánto tiempo tengo que invertir para aprender?
- ¿Qué es lo siguiente que tengo que hacer ahora?

Wes no tenía intención de enseñar a otros profesionales; ese mercado estaba ya cubierto. Lo que intentaba era ayudar a resolver el problema de aquellos que le hacían preguntas sobre cómo hacer lo que él hacía (y de todos los demás que usan el móvil para hacer vídeos y colgarlos en internet). Llevaba años contestando a estas preguntas, pero ahora las contestaba *y además* generaba con ello una nueva y sustanciosa fuente de ingresos. Y probablemente la idea ni siquiera se le habría ocurrido de no haber estado siempre dispuesto a resolver los problemas de los demás en el mundo real.

Así que ¿cómo puedes saber *tú* qué problemas del mundo real puedes resolver, y cómo? Te daré algunas pistas:

Resolver los problemas del día a día suele ser la manera más fácil y productiva

Difícilmente puedes equivocarte al intentar ayudar a la gente a resolver problemas cotidianos universales, como perder peso, ponerse fuerte, ahorrar, ganar más, sentirse mejor con uno mismo o cualquier otra cosa de este tipo. Un negocio que ayude a la gente a ahorrar en la factura del móvil es un buen ejemplo de idea empresarial muy rentable dirigida a resolver un problema cotidiano. Muchos pagamos desorbitadas facturas todos los meses sin entender demasiado por qué el teléfono es tan caro ni si existe alguna alternativa que valga la pena. Así que si alguien nos lo puede solucionar, sin que tengamos que cambiar de proveedor o dedicar demasiado tiempo a buscar otras posibilidades, será algo valioso y deseable.

Resolver problemas concretos es mucho mejor que intentar cambiar drásticamente de comportamiento

Una amiga mía se pasó una vez seis meses confeccionando una larga lista de recursos para gente que aspiraba a poner en marcha un negocio y no sabía cómo comercializar sus productos. Cuando vi la lista, me quedé impresionado: «¡Qué cantidad de cosas!». Pero ese era el problema: había demasiadas. Probablemente fuera esa la razón de que la respuesta inicial de su público no estuviera mal pero no fuera excesivamente positiva: la gente se sintió abrumada.

Mi amiga revisó el curso para centrarse en un tema más concreto: ayudar a los empresarios a aumentar el flujo de efectivo. ¡Esto era otra cosa! Le fue mucho mejor con esta nueva oferta, dirigida a resolver un problema determinado.

Para no despistarte, pregúntate siempre: «¿Por qué podría interesarle esto a alguien?»

No es una pregunta que puedas obviar. En última instancia, de ella depende que triunfes en la vida y el trabajo..., así que si no tienes una buena respuesta, dedica más tiempo a encontrarla. Por eso es tan eficaz el proyecto sobre el que leerás dentro de un instante: porque te obliga a enfrentarte a esta pregunta en cada interacción.

MONTA UN NEGOCIO DESPUÉS DE HABLAR CON CIEN PERSONAS

Shenee Howard era una perspicaz estratega de marcas que se sentía muy orgullosa de su trabajo. Pero en 2011, se encontró en la bancarrota y sin clientes. No sabiendo a ciencia cierta qué estaba haciendo mal, decidió empezar a hablar con la gente. Al principio optó por el curso de acción habitual, que era pedir consejo a aquellos que consideraba sus mentores.

Luego se le ocurrió una idea distinta, y mejor.

En vez de dirigirse a los expertos con la esperanza de recibir de ellos su sabia opinión y sus consejos, Shenee decidió volver las tornas, hablar con un centenar de «personas normales» y preguntarles por sus problemas, a fin de emplear la habilidad y la experiencia que tenía para ayudarles a resolverlos. Valiéndose de las redes sociales y el correo electrónico, ofreció a todo aquel que tuviera preguntas sobre marcas comerciales una serie ilimitada de sesiones telefónicas de quince minutos sobre estrategia comercial... gratuitas.

Las sesiones no eran simplemente un señuelo para conseguir servicios de pago; quería saber de verdad qué problemas tenía la gente, con la esperanza de que se le ocurriera cómo ayudarles a resolverlos. Con el tiempo (hizo al menos dos sesiones de quince minutos al día durante siete meses), fue adquiriendo experiencia y empezó a ser capaz de dar con ideas prácticas en un plazo muy corto.

Algunas de las llamadas dieron lugar a un trabajo pagado posterior, pues había clientes de aquellas sesiones gratuitas a los que su consejo les había gustado tanto que querían resolver con su ayuda problemas de mayor envergadura. Pero incluso en los casos en que las llamadas no creaban un vínculo comercial inmediato, a menudo acababan creando fuertes relaciones personales. Aquella gente se convirtió en algo parecido a un comité asesor extraoficial, o su piedra de toque. Incluso recomendaban sus servicios de asesoramiento y escribían sobre el proyecto en sus blogs. Y cuando más adelante empezó a ofrecer cursos de pago, fueron ellos sus clientes más leales.

De estar «en bancarrota y sin clientes», Shenee pasó a lanzar su primer curso apenas unos meses después de embarcarse en lo que llamó el «Proyecto de cien personas». Se vendió a buen precio, y como ella dice, «el resto es historia», e *historia* en este caso significa que ahora tiene garantizados unos buenos ingresos y un trabajo hecho a su medida.

El éxito que tuvo Shenee con su iniciativa resulta inspirador, pero más importante aún es que también *tú* puedes valerte del ingenio y el sentido común de cien personas para acercarte un poco más a averiguar cuál es el trabajo para el que has nacido. La clave es utilizar el experimento no para promover un negocio, sino para recaudar información sobre cuáles de tus habilidades y talentos se valoran más..., y tal vez incluso comprobar el volumen de demanda que tendría el producto o servicio que crees que puedes ofrecer.

Aun en el caso de que pienses que no conoces a cien personas, una vez que empieces a sumar los amigos que tienes en Facebook y todos aquellos con los que no hayas hablado desde hace tiempo, estoy convencido de que *sí* conoces al menos a ese número de personas, de un modo u otro. Y no solo eso, sino que la gente que conoces está a su vez conectada con otras tantas personas que también pueden serte de ayuda.

Te contaré cómo puedes crear tu propio Proyecto de cien personas:

Haz una lista de cinco problemas que le hayas resuelto a alguien

Escribe lo que te vaya viniendo a la mente, sin corregirlo ni censurarte. Pregúntate: «¿Para qué tipo de cosas me piden ayuda quienes me conocen? ¿Qué sé hacer que a mucha gente le resulta imposible?».

Mientras viajaba y conocía grupos de gente por todo el mundo, nunca dejaba de asombrarme la cantidad de ideas empresariales que habían surgido y de nuevas carreras profesionales que se habían creado simplemente encontrando maneras de ser útil a los demás. Tanto en el caso de la mujer que creó un blog especializado en la cocción del arroz integral (con unos beneficios de más de 100.000 dólares anuales) como en el del paseante profesional de perros (80.000 dólares anuales) y muchísimos casos más, pensar en problemas y soluciones es *crucial* para encontrar el trabajo que te gusta y por el que haya gente dispuesta a pagarte.

Decide cómo llamarás a la sesión de quince minutos que ofrecerás a esas cien personas

Si vas a convencer a cien personas de que se pongan al teléfono y te hablen de sus dudas y problemas, puede ayudarte ponerle un nombre ingenioso u original a tu iniciativa de indagación. Aunque la sesión sea esencialmente una llamada de orientación o asesoramiento, no la denomines así. ¡Emplea un nombre sugerente! Algunos nombres interesantes que le oí mencionar a Shenee fueron: «Love Intervention» (Intervención del amor), «Power-Up Pow-Wow» (Asamblea potenciadora) y «Clarity Chat» (Charla de claridad). De todos modos, no te obsesiones con estos ejemplos. Si prefieres un nombre más comercial, estupendo, y si todavía estás intentando matizar sobre qué tratará la sesión, no dediques demasiado tiempo a intentar dar con el nombre perfecto. Haz siempre lo que a ti te parezca más auténtico.

Haz una descripción breve de la sesión que ofreces

El proyecto de Shenee fue un éxito porque lo que ofrecía quedaba claro y tenía una serie de objetivos definidos (proporcionar sesiones de quince minutos sobre estrategia de marcas a cien personas). Como es habitual, cuanto más preciso sea el enunciado, mejor. Un hombre con el que trabajó, entendido en tecnología, había detectado algo que necesitaban los nuevos empresarios, que se volvían locos para decidir entre los distintos servidores de internet. Este hombre llamó a los quince minutos de sesión que él ofrecía «Tech Intervention Session» (Sesión de intervención tecnológica) y prometía ayudar a la gente a entender mejor el funcionamiento de los aparatos y el *software* en muy poco tiempo.

Decide qué aptitudes o servicios tuyos quieres poner a prueba y sintetiza en consonancia los objetivos de la «prueba gratuita».

Diseña un proceso de registro rápido y fácil e invita a la gente a inscribirse

Además del nombre, la dirección de correo electrónico y el número de teléfono (que son lo más importante), es conveniente que cuentes con un poco de información adicional previa de cada persona: cuál es su mayor problema y cuál es la meta más ambiciosa que intenta conseguir.

Empieza por ponerte en contacto con gente con la que tengas confianza, y pídeles que participen. Una vez que tengas una serie de personas a bordo, da el siguiente paso y fija las fechas de las reuniones o de las llamadas. Lo más probable es que consigas de este modo el número de personas que necesitas. Pero si no es así, no dudes en difundir el mensaje colgándolo en internet o pidiéndole a la gente que lo haga circular. Se trata de un servicio muy valioso que estás ofreciendo gratis. Si logras llegar a aquellos que tienen de verdad un problema y les ofreces solucionarlo (o al menos indicarles qué pasos deben dar), lo *querrán*.

Facilita las llamadas

Utiliza el teléfono, Skype o el servicio que prefieras para llamar a la gente a la hora acordada. Sé amable, pero cuida de que se ciñan al tema en cuestión. Quizá tengas la tentación de extenderte más de quince minutos, y si la conversación es fluida, puedes hacerlo..., pero asegúrate de que la otra persona está de acuerdo también.

Mantente en contacto tras la llamada (importantísimo)

Al finalizar cada sesión, acuérdate de enviar una nota de seguimiento. Si tienes el permiso de la otra persona, puedes grabar la llamada usando un *software* gratuito y darle acceso a ella. Otra opción es enviarle un breve resumen de la conversación junto con las actuaciones que hayas sugerido. Principalmente, lo que quieres es darle las gracias. Recuerda que estas personas bien podrían acabar siendo tu junta extraoficial de asesoramiento, por lo que es importante que cuides la interacción con ellas.

Esto es todo, básicamente. Y ya sabes, para obtener óptimos resultados, depura y repite el proceso un centenar de veces.

PERO... UN MOMENTO, ¿CÓMO COBRO POR ESTO?

El Proyecto de cien personas no está concebido como un ejercicio académico. Hay un par de maneras de convertirlo en una fuente de ingresos, bien desde el principio o bien un poco más tarde. Shenee lo comercializó rápidamente ofreciendo sesiones más exhaustivas para quienes estuvieran interesados. Después de unas cuantas sesiones, tenía una idea más clara de lo que sus clientes potenciales necesitaban y utilizó esta información para diseñar un curso al que llamó «Hot Brand Action» (Haz que tu marca sea irresistible).

Pero mucho más valioso que obtener unos beneficios inmediatos es que el Proyecto de cien personas *te ayuda a descubrir lo que puedes ofrecer*. Recuerda que la cuestión es saber qué se te da particularmente bien y por lo que la gente estaría dispuesta a pagar. ¡Esto es importantísimo! Como lo explica Shenee:

> Cuanto más trabajes, más rápido lo harás, y empezarás a darte cuenta de cuáles son los problemas que más te gusta ayudar a resolver. Por ejemplo, la Sesión Shazam empezó como una llamada de negocios en general, pero rápidamente detecté que su intención era principalmente saber cómo tener un poco de claridad a la velocidad del rayo. La gente acudía a mí y me contaba dónde estaba atascada, y yo les ayudaba a desbloquearse.

Sea cual sea el tipo de trabajo que haces en la actualidad —ya seas empresario, asesor autónomo o tengas un trabajo tradicional pero quieras encontrar la manera de obtener unos ingresos complementarios—, si te cuesta saber qué es lo que se te da bien y por lo que además la gente te pagaría, plantéate darle una oportunidad al Proyecto de cien personas. Ahora tienes ya las razones y los elementos necesarios para emprender el tuyo.*

EL ARTE DE LLEVAR LAS COSAS A CABO

Una vez que hayas identificado una habilidad por la que crees que la gente te pagaría, ¿qué es lo siguiente? ¿Cómo conviertes esa habilidad en una fuente de ingresos regulares? Todo se reduce a dominar el arte de la realización.

Muchos tienen ideas estupendas para montar un negocio, o al menos creen tenerlas, pero en la mayoría de los casos jamás hacen nada al respecto. Es como lo de escribir un libro: alrededor del 80% de la gente dice que le gustaría escribir un libro algún día, pero menos del 10% lo hace en realidad. (Y si quieres un libro, no es tan difícil... ¡Espero que lleves a cabo tu idea!)

Las personas que has conocido en este capítulo —Sam, Shenee y Wes— triunfaron no solo porque encontraron buenas ideas en su buzón de entrada, sino porque decidieron *actuar* y llevarlas a cabo. Cuando inspecciones tu buzón o tus conversaciones en busca de ideas, ¿qué acciones puedes emprender para llevarlas a cabo? Estas son algunas opciones:

- Enseña a la gente, organizando clases, tutorías o sesiones de asesoramiento.
- Crea un producto, un curso, una guía o una aplicación.

---

* ¿Quieres saber más sobre la logística de programar llamadas, y también qué decir durante la sesión? Consigue un guion gratis y varios ejemplos en BornforThis.com (en inglés).

- Diseña un servicio que le ahorre a alguien una tarea lenta y fatigosa.
- Aplica este modelo a tu trabajo (lee a continuación).

Si no te interesan las aventuras empresariales, no importa; aun así puedes utilizar la estrategia de «buscar la respuesta en tu buzón» para sacar un mayor rendimiento económico a tus aptitudes y conseguir mejores resultados en tu trabajo actual, sea el que sea. En lugar de repasar lo que has aprendido y montar un puesto de limonada o emprender alocadamente un negocio en internet, puedes redirigirlo para ser más eficiente y sentirte más a gusto en el trabajo que ya tienes.

Tomemos las reuniones como ejemplo. En la mayoría de las reuniones hay un orden del día declarado y otro no declarado. La gente no siempre es capaz de expresar con claridad lo que necesita. Si aprendes a prestar atención a los puntos no declarados del orden del día y a las necesidades tácitas, establecerás relaciones más fuertes con tus compañeros. Si puedes ayudar a tu jefe y a tus colegas a resolver detalles de su trabajo, pronto te habrás ganado una magnífica reputación. Si eres capaz de hacer algo por tus clientes más allá del compromiso profesional, te recompensarán por ello. Tanto si eres empresario como empleado, tu objetivo es satisfacer las necesidades que surjan y ofrecer soluciones a los problemas que se presenten. Cuanto más te centres en actividades relacionadas con este objetivo, más éxito tendrás.

● ● ●

La vida de Shenee fue cambiando a medida que hacía una tras otra las cien llamadas telefónicas. Crecieron su confianza y su claridad como estratega. Creó fuertes vínculos personales, gente que ha seguido contratando fielmente sus servicios hasta el día de hoy. Actualmente se gana bien la vida y dedica su tiempo a un trabajo con el que disfruta. ¿Habría sido posible sin el Proyecto de cien personas? Puede que sí. Pero examinar a fondo sus aptitudes y saber con claridad qué podía ofrecer fue como tomar un atajo decisivo hacia el anhelado camino de la libertad.

Por su parte, Sam Hunter creó un próspero negocio en el mundo de las artes textiles gracias a que supo detectar una necesidad a la que nadie había atendido hasta ese momento. Como ocurre con cualquier afición, hay muchos más artesanos principiantes que experimentados, y sin embargo todos los patrones de acolchado que había para principiantes eran aburridos. Con audacia y persistencia, consiguió llegar a los distribuidores y a las tiendas. Después de eso, prestó atención a lo que la gente quería y siguió ampliando el negocio. En cuanto empezó a hacer preguntas, se dio cuenta de que había tenido la respuesta justo delante desde el principio.

Créate el hábito de ser un experto humilde. Interésate más por cómo hacen las cosas los demás que por decirles cómo las haces tú. Tu trabajo hablará por sí solo. Todavía tengo que luchar a veces contra el síndrome del impostor, pero hace tiempo que hago todo lo posible por ayudar a la gente a resolver problemas concretos.

LEON,
47 años, «evangelista» técnico

¿QUÉ PUEDES APRENDER DE JAY-Z?

6

Objetivo:
Expande las opciones; luego, delimítalas

Quizá no estés en el dilema de tener que elegir entre una vida delictiva y una caudalosa fuente de derechos de autor percibidos de una compañía discográfica, pero también tú tienes que elegir en muchos momentos qué rumbo tomar. ¿Quieres saber cuál es el mejor método para elegir entre dos o más caminos u oportunidades viables? Primero, expande las opciones. Luego, vete delimitándolas.

Antes de ser un multimillonario artista de *hip-hop* conocido por el nombre de Jay-Z, Shawn Carter era un traficante de drogas que tenía montado su negocio en un barrio de viviendas sociales de Brooklyn. Al echar la vista atrás a sus años de juventud, hasta a él le parece mentira que su vida diera ese giro casi increíble.

—Por lo que había conocido hasta entonces –le dijo al director de cine Ron Howard–, jamás habría podido imaginar que hoy estaría donde estoy. Hasta el sueño más ambicioso se habría quedado corto.

Las calles de Brooklyn en 1986 eran muy diferentes de los vecindarios aburguesados de hoy. El *hip-hop* estaba en alza, pero era un entorno conflictivo, con las calles llenas de drogadictos y guerras de bandas que se libraban entre edificios contiguos.

A los quince años, Shawn tenía dos actividades principales: una era escribir letras de rap en la cocina; la otra, vender *crack* en las escaleras de los Marcy Projects de Brooklyn. Así que, al pensar en el futuro, en un sitio donde los modelos a seguir y las posibilidades de triunfar en la vida eran más que escasos, las dos únicas opciones reales que veía eran aquellos dos caminos profesionales tan opuestos:

Opción 1: traficante de drogas profesional.

Opción 2: rapero profesional.

Ambas eran apuestas muy arriesgadas, sin garantías de éxito ninguna de las dos. Dejando a un lado los aspectos legal y moral de vender cocaína, quizá la mejor opción a corto plazo fuera seguir con las drogas. El pago era inmediato..., en metálico y libre de impuestos. El estatus social que confería también era más alto: en el Brooklyn de los ochenta, los traficantes de drogas estaban entre los personajes más poderosos (y temidos, si no siempre respetados) de la comunidad. Y por último, ser narcotraficante era fácil. El joven Shawn *sabía* vender drogas y tenía una cartera de clientes que acudían a él una vez tras otra; era un mercado en el que la demanda prácticamente no tenía fin. En este estado de cosas, la decisión más ventajosa, y quizá la más probable, parecía que era seguir vendiendo drogas.

Pero como todos sabemos, no lo fue.

Shawn no se hizo un famoso traficante de drogas..., afortunadamente, teniendo en cuenta que la mayoría de los traficantes de drogas famosos están muertos. En el mundo de la música, aunque el estrellato nunca esté garantizado, las consecuencias del fracaso artístico son mucho menos graves. Si fracasas, tendrás que buscarte un trabajo al uso. Si fracasas en el narcotráfico, o vas a la cárcel o mueres.

Pero incluso dejando a un lado el riesgo de morir, lo más probable es que ninguno hubiéramos oído el nombre Jay-Z si no hubiese elegido la rima en vez de la delincuencia. No tendría una fortuna de 1.000 millones de dólares, probablemente no habría conquistado el corazón de Beyoncé y son muchas las posibilidades de que estuviera en la cárcel o en el cementerio.

Así es como describía su éxito Jay-Z años más tarde:

> Lo que esta música ha hecho por mí es increíble. Claro que la suerte interviene, pero todos los seres humanos tienen un talento genial. No existen los elegidos. Tienes que descubrir en qué eres verdaderamente bueno y aprovecharlo al máximo.

La idea de dedicarse a la música no significaba solo elegir un estilo de vida más ético y mejor. Era también la elección de la carrera profesional para la que estaba hecho..., la elección de hacer algo que le apasionaba (alegría), algo por lo que le pagarían bien (dinero) y para lo que tenía mucho talento (fluidez).

Puede que no estés ante el mismo dilema y tengas que elegir entre el narcotráfico y el estrellato, pero puedes utilizar un método de análisis similar para tomar tus decisiones profesionales.

PRIMERO, EXPANDE LAS OPCIONES; LUEGO, DELIMÍTALAS

Vamos a suponer que no estás planteándote ganarte la vida ni traficando con drogas ni rapeando. Pero aun así, es posible que te encuentres ante un difícil dilema profesional. Hay una táctica infalible que puedes usar, sobre todo al principio de una carrera profesional o incluso en una etapa posterior de la vida en que estés planeando un nuevo comienzo: puedes tratar de expandir tus opciones..., y luego delimitarlas.

Jay-Z tuvo que hacer una elección extrema entre dos vocaciones que potencialmente representaban un gran riesgo y grandes beneficios. Lo más probable es que hubiera podido hacer también infinidad de cosas distintas, solo que no habrían sido para él las mejores opciones. Podría haberse matriculado en una universidad pública, haber conseguido un trabajo común y corriente (es decir, que no entrañara drogas ni música), haberse enrolado en una asociación pacifista, etc.

Es posible que tú también tengas muchas más opciones de las que piensas. Puedes empezar a identificarlas haciendo una lista de todas las posibilidades que se te ocurran; por el momento, no tienen por qué ser prácticas ni realistas. La lista podría incluir opciones como:

- Seguir haciendo lo que haces ahora.
- Negociar con tu jefe un cambio de puesto de trabajo, de responsabilidades o de horario.
- Buscar otro trabajo en el mismo sector.

- Buscar otro trabajo en un sector completamente distinto.
- Volver a la universidad o aprender un nuevo oficio.
- Emprender una actividad laboral complementaria.
- Montar un negocio con un amigo.
- Pedir una excedencia y hacer cruceros por el Mediterráneo a bordo de un yate con Leonardo DiCaprio (puede no estar al alcance de todo el mundo).

Dependiendo de la etapa de tu vida en la que estés, puede que tu lista contenga incluso más opciones y mucho más concretas —varias de las cuales tal vez suenen muy bien—. Pero con tantas opciones, hacer una elección será todavía más difícil. Te resultará de gran ayuda, por tanto, poder eliminar algunas de ellas valiéndote del modelo alegría-dinero-fluidez. Recuerda:

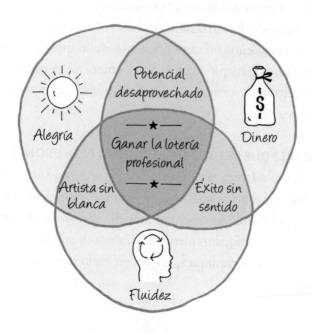

Alegría: lo que te apasiona hacer.

Dinero: lo que te mantiene.

Fluidez: lo que se te da verdaderamente bien.

El primer paso es eliminar las ideas que no te llenan de alegría cuando piensas en ellas. Este debería ser normalmente el criterio inicial para tomar una decisión, porque la vida es muy corta y no quieres dedicarte a algo que no te guste.

A continuación deberías eliminar las ideas que no tengan verdadero potencial de generar ingresos. Esto no significa que no puedas tenerlas como afición, pero este libro no trata sobre aficiones; el objetivo es realizar cambios profesionales que te den felicidad *e* ingresos.

Por último, deberías eliminar las ideas referentes a actividades que no se te den particularmente bien o en las que tu talento no vaya a destacar demasiado.

Recuerda, hay más de un camino. Pero encontrar el trabajo de tus sueños no depende tanto de lo que *eres capaz* de hacer como de lo que *debes* hacer. La meta no es simplemente encontrar un camino, sino encontrar el camino que sea mejor para ti.

LA ACTRIZ QUE SE HIZO ORIENTADORA PROFESIONAL

Cuando Laura Simms estaba en la universidad, le gustaban casi todas las asignaturas, pero no lograba decidirse por una especialidad. Su orientador le dio entonces un consejo bienintencionado, aunque no le sirviera de mucho:

—No te compliques, elige algo en lo que puedas sacar buenas notas.

Se licenció en historia, un tema en el que destacaba, pero mucho antes de licenciarse sabía que no quería trabajar en un museo. La historia le resultaba rancia, mientras que el arte dramático —el teatro— le parecía algo vivo. La atracción que sentía por los escenarios se hizo aún más fuerte después de un viaje a Inglaterra, donde conoció a actores y actrices de la compañía de Shakespeare con los que se estableció una camaradería inmediata. Una vez de vuelta, se presentó a una selección de actores para varias compañías de teatro que estrenarían obras en la temporada de verano. Las pruebas se realizaban a varias horas de donde vivía, y cuando se publicó la lista de actrices seleccionadas para una segunda audición, le decepcionó ver que no había conseguido ni una sola.

Impensadamente, antes de marcharse comprobó una vez más el tablón de anuncios... y esta vez habían añadido su nombre. Se trataba solo de una audición de entre cuarenta, pero era cuanto necesitaba. Consiguió el papel y estuvo de gira por toda la región, y luego siguió representándolo toda la temporada.

Después de varios años de trabajar en el teatro regional, Laura quiso perfeccionar su técnica interpretativa. Consiguió entrar en la Escuela de Artes Escénicas Claire Trevor de la Universidad de California, que por su rigurosa formación académica era para sus graduados una inmejorable carta de presentación al finalizar los tres años de la carrera. Cuando terminó, trabajó varios años como actriz profesional, a veces a jornada completa y a veces como ocupación complementaria que combinaba con otra diversidad de empleos.

Trabajó en televisión, donde apareció en varias series muy conocidas. Con el tiempo, le llegó el éxito. Sin embargo, había algo en la industria del espectáculo que le molestaba.

—En televisión, no importa solo cómo actúes –me dijo–. Importa también a quién conoces, con quién comes, a quién consigues impresionar.

El trabajo era bueno, en otras palabras; eran la cultura televisiva y las condiciones laborales –la necesidad de que se la viera constantemente con las personas adecuadas– lo que no le gustaba. Mientras ocurría todo esto, desde la Universidad de California, en la que había estudiado, le pidieron que volviera para impartir clases durante un semestre, idea que de inmediato la entusiasmó, aunque significaba también un claro punto de inflexión. El trabajo temporal de docente quedaba a una hora de camino y coincidía con la «temporada piloto», crucial porque es cuando los directores de *casting* asignan los papeles protagonistas y de reparto. Si aceptaba la oferta, tendría que llamar a su representante y pedirle que la excluyera de las audiciones como mínimo durante varios meses.

Tenía que resolver el dilema entre dos opciones muy claras: arriesgarse a aprovechar la nueva oportunidad y abandonar la carrera profesional en la que tanto había invertido o quedarse en la actual situación, que ya no le daba alegría.

A veces, lo que hemos hecho durante mucho tiempo no es lo que necesitamos hacer a continuación. Estaba claro cuál era la decisión acertada, pero tardó un poco en aceptarla plenamente. Incluso después de haber aceptado la oferta, tuvo que luchar contra un sentimiento de traición y culpa.

—Llevaba tanto tiempo entregada por entero a actuar... –dijo–. Me había sacrificado por mi profesión. Por no poder desplazarme, me había perdido bodas, nacimientos y funerales de gente a la que quería.

Impartió las clases, pero en cuanto terminó el semestre, se encontró en la misma encrucijada. Después de haber pasado unos meses alejada del mundo del espectáculo, no quería volver. El único problema era que no sabía qué quería hacer en vez de actuar. Para descubrirlo, tuvo que pasar por un periodo que, en palabras suyas, fue como atravesar un desierto. Duró dos años, durante los cuales sencillamente no sabía qué hacer a continuación.

En el curso de esos dos años, expandió las opciones probando cantidad de actividades, y la mayoría no resultaron. Entre otras iniciativas frustradas, hubo una temporada en que se planteó hacerse diseñadora de páginas web. Compró un montón de libros y estudió con ahínco, pero rápidamente se dio cuenta de que no era el trabajo que quería. La siguiente tentativa fue hacerse «consejera artística», y tampoco resultó. Mientras experimentaba con una u otra idea, no se limitaba a quedarse esperando a ver si cuajaba alguna. Durante la transición, trabajó para mantenerse, a jornada completa o a media jornada.

Poco a poco, sin embargo, fue dándose cuenta de lo que se le daba bien. Ayudar a la gente en el plano creativo no era lo suyo, pero orientarles en cuanto a sus *carreras profesionales* le resultaba totalmente natural. En realidad, eso era lo que la gente quería; y en cuanto se dio cuenta de lo fluido que le resultaba, las opciones se redujeron porque cada vez había más personas que le pedían consejo. Laura se formó como orientadora y creó un perfil en internet, lo cual la llevó a hacer nuevos contactos. Empezó una serie de vídeos y mejoró su página web.

Un día mientras se preparaba un bocadillo después de una sesión de orientación, su marido entró en la cocina.

—Siempre sé cuándo acabas de estar hablando con alguien –le dijo–. Tienes una sonrisa de oreja a oreja.

Era verdad: la orientación profesional era algo que a Laura se le daba muy bien. Le hacía *sentirse* diferente de como se había sentido trabajando de actriz. Era además un trabajo bien remunerado, sobre todo cuando pudo ir ampliando su currículum y empezó a ofrecer cursos de grupo. Acababa de tener su primer hijo, y las condiciones laborales eran ideales. Podía trabajar cuanto quería, ni un minuto más, y casi siempre dentro del horario que le resultara más conveniente. El tiempo que pasaba con sus clientes estaba centrado en el trabajo en sí, y no en tener que impresionar a directores o a expertos en el sector. *Este* era el trabajo que llevaba tanto tiempo buscando.

NO PIENSES COMO UN DIRECTOR EJECUTIVO; PIENSA COMO UN CONSERJE

He usado la historia de Jay-Z para ilustrar un caso de elección extrema entre dos caminos profesionales divergentes. Ten cuidado, de todos modos, y no intentes emular literalmente su mismo camino hacia el éxito. Lo típico es que cualquier libro o artículo sobre tácticas empresariales empiece describiendo como modelo el perfil de un conocido empresario, una celebridad u otro triunfador nato. El autor examina la actividad diaria y las prioridades del personaje en cuestión; luego extrapola una serie de lecciones y te sugiere lo que deberías hacer. Todos estos escritos nos dicen que si también nosotros hiciéramos esto, aquello y lo de más allá, tendríamos el mismo éxito que Warren Buffett, Bill Gates o cualquier otro personaje extraordinario. El problema de este consejo es que lo que les ha servido a ellos no necesariamente nos servirá a nosotros. No somos Warren ni Bill, ni tampoco Steve Jobs, Gwyneth Paltrow ni ninguna otra de esas celebridades que conocemos. No somos multimillonarios con grandes fortunas para invertir y no tenemos a miles de subordinados a nuestros pies dispuestos a cumplir nuestras órdenes.

Quizá la lección no sea hacer lo que hace Warren Buffett; él es él, solo hay uno. En vez de eso, deberías descubrir qué es lo que te sirve a ti en este momento.

La culpa de todo la tiene el consejo de marras de «piensa como un director». Eres el director ejecutivo de tu vida, viene a decir, por lo que deberías pensar como lo hace un auténtico director ejecutivo. Y no es que no seas el director ejecutivo de tu vida. El problema es que, además, eres el gerente financiero, el director de operaciones, el asesor jurídico, el presidente del consejo y también el conserje. Así que cuando oigas «piensa como un director ejecutivo», plantéate que tal vez te convenga más pensar como el conserje, o como el proverbial chico de los recados.

El conserje no se sienta en lo más alto y da órdenes; cualquier tarea que piense que se ha de hacer, tiene que llevarla a cabo. Lo mismo te ocurre a ti: tu vida no es una corporación con miles de empleados; tú eres quien tiene que vivir con lo que elijas y llevar a cabo tus decisiones. Además, una vida es diferente de una corporación. Tus metas y principios son distintos. A veces tienes que pensar como un director ejecutivo y otras veces deberías pensar como el conserje, que trabaja por todo el edificio, conoce a todo el mundo y está al tanto de lo que sucede en la empresa en todo momento.

EL MODELO DEL ÉXITO: WARREN BUFFET Y SUS CINCO METAS EN LA VIDA

He dicho que no debías intentar emular a Warren Buffett en cuestión de inversiones, a menos que tengas 70.000 millones de dólares de sobra metidos en un cajón. Pero en lo que a fijar metas se refiere, el sabio de Obama tiene algunos consejos interesantes que quizá le sirvan a todo el mundo.

Cuenta la leyenda que una vez Warren Buffett le pidió a un amigo en apuros que hiciera una lista de objetivos como la siguiente:

1. Primero, escribe una lista de las veinticinco cosas que más te gustaría hacer en la vida.
2. A continuación, rodea con un círculo las cinco cosas prioritarias de la lista. ¡Elige bien!
3. Descarta las otras veinte. Trabaja únicamente en las tareas que guarden relación con las cinco metas principales.

El principio en que esto se basa es que no puedes dedicarte a fondo a veinticinco cosas que sean todas importantes. Quizá pienses que esas veinte que has descartado siguen siendo importantes, solo que no tanto como las cinco preferentes. Pero no, el consejo de Warren Buffett es que te alejes de todo lo que no has rodeado con un círculo lo antes que puedas. Al elegir solo cinco metas en la vida, tendrás muchas más probabilidades de lograrlas.

EXPANDE LAS CESTAS; LUEGO, DELIMÍTALAS

Probablemente hayas oído el clásico consejo: «No pongas todos los huevos en la misma cesta». Cuando se trata de construir una vida de libertad, ¿cómo elegir qué huevos tomar en consideración... y cómo saber en qué cesta hipotética poner esos huevos proverbiales? (Advertencia: casi nadie sabe la respuesta sin mucha experimentación previa).

Hay dos teorías principales y contrarias sobre el tema. Por un lado, está la corriente del «haz una sola cosa», que te anima a dedicarte de lleno a tu camino profesional, tu proyecto o tu negocio. Según esta teoría, los proyectos complementarios y las formas híbridas de trabajo no son más que distracciones. Cuando intentas mezclarlo todo y realizar un sinfín de actividades distintas, la atención está dividida y cada ocupación o proyecto sufre las consecuencias.

La teoría contraria es la promesa de «tenerlo todo», que te alienta a emprender múltiples proyectos y negocios. Esta teoría argumenta que la mayoría de la gente no quiere ceñirse a una misma tarea todo el tiempo. Y lo que es igual de importante, esta teoría asegura que, en última instancia, es más seguro y menos arriesgado dividir el tiempo entre diferentes actividades lucrativas.

Si es sensato o no poner todos los huevos en la misma cesta es una interesante cuestión de debate, porque, aunque es fácil encontrar argumentos para defender cualquiera de las dos perspectivas, la cuestión que debatimos no es hipotética o abstracta; las decisiones que tomes tendrán consecuencias reales en tu vida. Sin haber entendido cómo elegir entre proyectos e ideas en pugna, forzosamente vacilarás, y sea cual sea el lado por el que te inclines, *está claro* que una vacilación continua no te hará ningún bien.

Afortunadamente, hay un método concreto que te ayudará a tomar decisiones, y consiste en examinar la cuestión desde las siguientes perspectivas:

1. **Concentración.** ¿Eres el tipo de persona que se concentran por entero en una sola actividad en cada momento? Este es el argumento típico de la perspectiva del «haz una sola cosa», que establece que únicamente «arrasarás» de verdad cuando dediques toda tu atención a un solo proyecto u objetivo. ¿Crees que tu oportunidad de triunfar está en abandonar todo lo demás que te interesa y entregarte en cuerpo y alma a trabajar para alcanzar un único objetivo?

2. **Diversificación.** ¿Tiendes a saltar de un proyecto al siguiente? ¿Tienes fama de intentar hacer tantas tareas que las dejas todas sin terminar? El argumento clásico de la promesa del «tenlo todo» es que disfrutarás de más seguridad si tus ingresos provienen de distintas fuentes. El argumento en contra es que acabarás descuidando inevitablemente todas esas fuentes de ingresos, así que cabe la posibilidad de que obtengas mucho mejores resultados centrándote en un solo negocio, proyecto o «huevo» principal.

Pero ¿qué pasa si no sabes responder a estas preguntas todavía? ¿Qué ocurre si la concentración y la diversificación te suenan las dos igual de bien? Sencillamente, a menos que tengas una bola de cristal, en un principio ¡no sabes qué va a funcionar! Tienes ideas y teorías, pero no es ningún secreto que los cajeros automáticos prohíben terminantemente depositar ideas y teorías en la cuenta bancaria.

¿Podría haber otra solución? Sí, la hay.

La respuesta es empezar con muchas cestas distintas. Prueba todo lo que se te ocurra. Con el tiempo, descubrirás algo que te exigirá que le dediques más tiempo y atención..., y entonces es cuando empiezas a concentrarte más y más en esa sola actividad. Es decir, expandes las opciones, y luego las delimitas.

Probablemente, tratarás de llevar a cabo muchas ideas y proyectos distintos, o al menos muchas versiones diferentes de una idea o proyecto, antes de encontrar lo que de verdad funciona. Puede que durante un tiempo no sepas qué es. Más adelante, en determinado momento, tal vez lo encuentres, o al menos encuentres algo que sea en verdad prometedor. ¡Es entonces cuando das el salto! Es entonces cuando vas a por todas. Es entonces cuando comienzas a recoger todos esos huevos y a ponerlos en la misma cesta.

Y para terminar, he aquí un consejo que se ha atribuido a numerosas personas, entre ellas Mark Twain y Andrew Carnegie: «Pon todos los huevos en la misma cesta; luego, vigila la cesta con mucha atención».

EJERCICIO: HAZ EL CURRÍCULUM DEL FUTURO

Si te está resultando difícil encontrar tu particular combinación de alegría, dinero y fluidez, dedica unos minutos a pensar cómo te gustaría que fuera tu currículum dentro de unos años. Lo llamaremos «currículum del futuro».

Por ejemplo, supongamos que acabas de terminar la carrera y estás iniciándote en el mundo laboral trabajando de analista adjunto en una compañía eléctrica. El trabajo es interesante, pero de nivel muy elemental, así que quieres ascender y avanzar lo antes posible. Este podría ser tu currículum del futuro.

Tu nombre

Sumario: previamente analista adjunto, que con su dedicación ha contribuido a un importante avance de la empresa en su primer servicio, busca ahora un puesto de mayor responsabilidad, como comandante en jefe o similar

Educación: doctorado por la Universidad de Stanford (con matrícula de honor), por la Universidad de Oxford (*on line*) y muchas otras que sería demasiado largo enumerar.
Experiencia: cambió el mundo, y planea seguir haciéndolo.

Aptitudes: experto en el funcionamiento de cinturones cohete y vuelos con gravedad cero, domina cinco idiomas y cruza de un rascacielos a otro de un solo salto.

Requisitos salariales: $$$$$$$ (contantes y sonantes).

Requisitos de horario: flexible.

Condiciones de trabajo ideales: un puesto que ofrezca el equilibrio justo entre trabajo independiente y trabajo en colaboración, con la dosis justa de desafío.

Quizá no quieras incluir lo de los cinturones cohete o los vuelos con gravedad cero en tu currículum del futuro, y tal vez solo hables cuatro idiomas para entonces. Pero una vez que hayas reunido unas cuantas ideas, el siguiente paso es elegir las opciones profesionales que más probabilidades tengan de hacer realidad tus sueños futuros. Por ejemplo, si tu currículum del futuro incluye una titulación superior o cualquier otra formación, piensa si hay algo que puedas hacer para empezar el proceso en este momento. O si te parece que las condiciones de trabajo ideales incluyen tener un puesto de mayor responsabilidad, no esperes a que te lo ofrezcan para abordar a quien sea necesario.

Está bien mirar al futuro cuando se toman decisiones en el presente. Al mirar al futuro que imaginas, puedes usar el presente para emprender acciones que hagan lo imaginario realidad.

Cuando descubrió para lo que estaba hecho, Jay-Z se entregó a ello por entero. No hizo lo que se esperaba de él; en vez de eso, se le ocurrió la manera de darse una oportunidad.

Laura encontró una forma de vida que le permitía aprovechar al máximo sus aptitudes. No fue un viaje rápido ni lineal, y cuando las primeras ideas no dieron fruto, no dudó en hacer otro trabajo para mantenerse. Aun así, siguió intentándolo, y finalmente descubrió un particular tipo de asesoramiento profesional que llenó su vida de alegría por poder ayudar a los clientes a mejorar la suya. Había aumentado las opciones para encontrar la solución ideal; luego las delimitó, pues estaba claro que aquel trabajo estaba hecho a su medida.

No restrinjas tus opciones a la formación que has recibido o a lo que has hecho hasta este momento. Tal vez haya algo mucho mejor esperando a que experimentes y explores.

• • •

LOS SIGUIENTES PASOS: MENÚ DE OPCIONES

La siguiente sección del libro trata sobre estrategias concretas para distintos tipos de trabajo. Este es un breve resumen de lo que vendrá a continuación:

Una ocupación complementaria: en términos generales, creo que todo el mundo debería tener algún tipo de trabajo complementario. El capítulo 7 te ayudará a ganar más dinero emprendiendo un micronegocio, incluso aunque no tengas pensado trabajar nunca para ti exclusivamente.

Tú, S. L.: hay quienes tienen alguna clase de ocupación complementaria y deciden entregarse a ella de lleno. El capítulo 8 te ayudará a dar el salto y a hacer de tu pequeño proyecto un gran (o al menos mediano) imperio.

Cómo encontrar el trabajo de tus sueños: olvídate de actualizar tu currículum; la mayoría de los trabajos soñados se fundan o crean por métodos poco tradicionales. El capítulo 9 te ayudará a «actuar fuera de los moldes convencionales» y a coincidir con el mejor jefe posible.

El empleado autónomo: reconfigura tu trabajo haciéndote primero inestimable para la empresa; luego, aprovecha el nuevo estatus para garantizar que ese puesto de trabajo seguirá satisfaciéndote por completo.

La estrella de rock hecha a sí misma: los músicos, artistas visuales y escritores de hoy en día saben bien quién es el que paga el alquiler, y no es ni la compañía discográfica ni los mecenas de antaño. El capítulo 11 examina el nuevo orden mundial que te permite ganarte la vida a través de la relación directa con tus seguidores.

Cómo hacer más de una cosa: hay quienes alcanzan el éxito especializándose y quienes prefieren mezclar actividades e intentar lograr múltiples objetivos a un tiempo. Sea cual sea tu caso, aprenderás a forjarte una vida en torno a todas las actividades que te interesan.

Los triunfadores abandonan continuamente: los verdaderos triunfadores no vacilan en dejar atrás una empresa infructuosa. El capítulo 13 te ayudará a dominar el arte de seguir adelante y empezar de nuevo, aprendiendo cuándo abandonar y cuándo persistir.

Por cierto, espero que te esté gustando el libro. Si quieres consultarme sobre algo que hayas leído, escríbeme a hello@chrisguillebeau.com.

Era una sensación increíble ver entrar dinero adicional en la cuenta bancaria. Conservé el trabajo del estudio, pero la nueva ocupación era lo que tenía ganas de hacer cada vez que sacaba un poco de tiempo. Me daba confianza y esperanza.

HASSAN,
42 años, arquitecto y empresario a tiempo parcial

UNA OCUPACIÓN COMPLEMENTARIA

7

OBJETIVO:
Gana más dinero

Antes de seguir adelante, vamos a procurarte un respaldo económico fuera del marco de lo que es un empleo convencional. Tanto si quieres dedicarte por entero a trabajar por tu cuenta como si no, todo el mundo debería tener ciertos ingresos complementarios independientes, que le llegaran a la cuenta bancaria preferiblemente con regularidad. Estos son varios planes concretos y viables de hacer que ocurra... de inmediato.

Fue una larga noche en vela. Elle se pasó la noche entera dando vueltas sin parar intentando conciliar el sueño.

En realidad, no fue así. Se metió en la cama a las diez y durmió de un tirón. Por la mañana, nada más despertarse, consultó en el móvil el saldo de su cuenta bancaria. Durante la noche, le habían llegado 170 dólares. «No está mal», pensó.

Seis meses antes, Elle había puesto en marcha un negocio de ropa en el que vendía sus creaciones de accesorios de fantasía. Tras varios experimentos fallidos, encontró una manera fácil de crear sus diseños sin que le ocuparan una enormidad de tiempo. Dedicaba aproximadamente una hora al día a responder a los mensajes de correo de los clientes. Una vez a la semana iba a la estafeta de correos a enviar los encargos que tuviera y pasaba una parte del fin de semana dedicada a comercializar los productos. El resto del tiempo, tenía otro empleo de media jornada y cuidaba de su hija, que acababa de empezar la educación preescolar.

En otro lugar, David estaba inmerso en su trabajo de ingeniero industrial construyendo semiconductores para una gran empresa. De vez en cuando, desde la privacidad de su cubículo, echaba un vistazo a las estadísticas de su sitio web. Había iniciado un servicio de suscripción para equipos deportivos virtuales hacía unos meses, y el negocio iba bien. El dinero que ganaba con ello no le bastaba para vivir, pero era un buen sobresueldo, gracias al cual acababa de pagar algunas deudas y había hecho un viaje al Caribe. El futuro se presentaba prometedor.

Entretanto, Maya trabajaba para una organización sin ánimo de lucro. Se entregaba en cuerpo y alma a promover la alfabetización de niños en situaciones de riesgo, y le encantaba contribuir así a cambiar el mundo. El único inconveniente era el dinero. Se sentía emocionalmente recompensada por su trabajo, pero ganaba poco. Tenía que pagar los plazos del coche, el alquiler no era barato y luego estaban los dichosos préstamos estudiantiles de los años que había pasado en una prestigiosa (pero carísima) escuela de artes liberales.

Maya siempre había sido una experta en tecnología. Se hizo ella misma una página web siendo aún estudiante de secundaria y en la universidad codificó una aplicación para uno de los muchos clubs académicos en los que participaba. En colaboración con su hermana, que también realizaba un trabajo en el ámbito no lucrativo, escribió un libro electrónico para ayudar a los cooperantes a aprender a hacer mejor uso de la tecnología. El libro supuso unas ganancias de 500 dólares el primer mes y 700 el segundo. No era una fortuna, pero sí unos ingresos complementarios para las dos, que recibieron con gusto. Hicieron planes de dedicar un fin de semana al mes a escribir una secuela y posiblemente a organizar un curso *on line*.

Las historias que acabo de contar son reales, además de representativas de muchísimas otras personas que han encontrado una manera de suplementar sus ingresos con algún proyecto de su interés que desarrollan en su limitado tiempo libre. El principio fundamental: no necesitas dejar tu trabajo para iniciar una ocupación complementaria, y esta no tiene por qué ocuparte la vida entera a menos que sea eso lo que quieres.

MÁS DINERO, MENOS PROBLEMAS

El objetivo de este capítulo es procurarte un respaldo económico fuera del marco de lo que es un empleo convencional. Tanto si quieres dedicarte por entero a trabajar por tu cuenta como si no, *todo el mundo* debería tener unos ingresos complementarios independientes, que le llegaran a la cuenta bancaria preferiblemente con regularidad. No me canso de oír a todo tipo de gente hablar de la satisfacción tan desproporcionada que sienten al recibir una remuneración procedente de una fuente de ingresos independiente de su trabajo principal, sobre todo cuando esa fuente de ingresos ha nacido de un proyecto o una idea comercial suya.

Lo llamaremos «ocupación complementaria», por tratarse de algo en lo que normalmente trabajarías además de dedicarte a tus estudios o a tu trabajo de jornada completa. Claro que también puedes montar un negocio complementario en un periodo de excedencia de otro trabajo, de transición antes de empezar algo nuevo o incluso una vez que ya has comenzado a buscar otra oportunidad laboral.

¿Te parece que estás demasiado ocupado como para plantearte emprender otra actividad? Ocupado o no, pregúntate: «¿Hay en mi vida un equilibrio ideal de alegría, dinero y fluidez?». Si quieres algo distinto, tendrás que sacar tiempo de donde sea. Puede que estar ocupado se haya convertido en la nueva moneda social, pero los verdaderos triunfadores consiguen sacar tiempo para hacer lo que les importa.

Si todavía no estás convencido de que es bueno ganar un dinero extra, probablemente te hayas equivocado de libro.

Hay muchas, muchísimas razones por las que un trabajo complementario puede ser una ayuda. Vamos a ponernos manos a la obra para que suceda.

TRES, DOS, UNO... ¡YA!

Digamos que estás convencido de que es buena idea tener una ocupación complementaria. ¿Cómo lo haces?

Primero, debes tener presente lo que ya comenté en un capítulo anterior: en el trabajo soñado, quieres encontrar la intersección ideal de alegría, dinero y fluidez, y llegarás a ello satisfaciendo las necesidades de la gente y aportando soluciones prácticas. Lo mismo podemos decir en el caso de las ocupaciones complementarias. Y para conseguirlo en este contexto, hay cinco tipos generales de ocupaciones entre las que puedes elegir. Vamos a examinar detalladamente cada una de ellas.

Vende algo

Amber siempre había tenido destreza para la artesanía y solía vender su obra textil en los mercados semanales de su ciudad, Myrtle Beach, en Carolina del Sur. Pero las ventas eran lentas y los clientes, reducidos.

—Excepto en temporada alta —me dijo—, venía prácticamente la misma gente todas las semanas.

Hace varios años, Amber descubrió Etsy, un mercado *on line* para objetos de artesanía. Después de anunciar varios artículos y obtener una buena respuesta, probó a ampliar las oportunidades de venta y pronto tuvo en funcionamiento más de trescientos catálogos de productos. (No es tan difícil de manejar como parece, ya que reutiliza gran parte del contenido en catálogos similares.)

Amber gana en la actualidad 450 dólares adicionales al mes, con muy poco trabajo de más. Como madre sola que trabaja de enfermera durante el día, ese dinero representa una importante ayuda.

¿Qué puedes vender *tú*? Echa un vistazo a qué compra la gente. Observa en qué gastan dinero tus amigos. Presta atención; con un poco de experimentación y esfuerzo, es casi seguro que darás con algo.

Si nunca has vendido absolutamente nada y de verdad no tienes ni idea de por dónde empezar, haz la prueba de anunciar algunos objetos en una página web de subastas *on line*, aunque sean cosas viejas que tengas por casa, para adquirir un poco de experiencia. Tal vez no sea el mejor plan a largo plazo (llegará un momento en que te quedarás sin objetos que vender), pero puede ayudarte a adquirir confianza (y a deshacerte de lo que no necesitas) en muy poco tiempo. En el recuadro de la página 177 encontrarás algunas indicaciones sobre cómo hacerlo.

Ofrece un servicio de orientación

Desde que escribí por primera vez en mi blog y en libros anteriores sobre la idea de hacerse «orientador instantáneo», he tenido noticia de cientos de historias de personas que se han propuesto dominar una técnica determinada o adquirir ciertos conocimientos y luego han hecho dinero ofreciéndose a enseñar a otros lo que ellas han aprendido.

Mi ejemplo favorito, que he mencionado muchas veces en charlas públicas y conversaciones, es Gary Leff, un eterno viajero que creó varios negocios muy rentables mientras seguía trabajando de director financiero. Tras años de orientar a amigos y colegas sobre cómo usar los «puntos» para reservar extensos y complicados itinerarios, inició un servicio de pago en el que ofrecía hacer eso mismo por cualquiera que estuviera demasiado ocupado o que careciera de los conocimientos suficientes para hacerlo personalmente.

Otro magnífico ejemplo es Harry Campbell, un ingeniero estructural de veintisiete años que, con la idea de ganar un poco de dinero extra, empezó a conducir un vehículo para la empresa de transporte compartido Uber por las noches y los fines de semana (te hablaré más sobre el transporte compartido dentro de un momento). Muy pronto se dio cuenta de que, dependiendo de la hora a la que trabajara, el número de clientes variaba muchísimo, y lógicamente también lo que ganaba a la hora. Por curiosidad, entró en internet para ver si otros conductores tenían experiencias parecidas, pero no encontró demasiado..., así que empezó a escribir sus comentarios sobre las que le parecían las mejores horas para conducir y los publicó, primero en un blog y luego en un *podcast*.

Rápidamente hubo quien advirtió su información. Había decenas de miles de conductores en su misma situación, pero como era un negocio de creación reciente, no existían demasiados sitios donde pudieran encontrar consejos o información independientes. A petición de muchos conductores, Harry empezó a ofrecer consultas de pago para ayudarles a ganar más dinero «conduciendo con más ingenio, no más horas». Este negocio es ahora *otra* fuente de ingresos para él, aunque sigue conduciendo a las horas punta.

Hazte intermediario

Si no quieres ofrecer un servicio y no tienes algo tuyo que vender, puedes vender algo en nombre de otra persona y ganar dinero por ello. A esto se le llama «marketing de afiliación», y es un negocio de inmensa magnitud y potencialmente muy lucrativo.

Marie Forleo es una empresaria que ha convertido el marketing de afiliación en algo semejante a una forma de arte. Todos los años lanza un curso *on line*, extraordinariamente popular, denominado B-School. El curso consta de una sesión intensiva de ocho semanas y tiene el objetivo de enseñar a las mujeres (y a algunos hombres también) las técnicas básicas de un negocio *on line*. Decenas de miles de personas han completado el programa, y se arma siempre un gran revuelo en el momento de las inscripciones una vez que «la temporada de la B-School» empieza cada primavera.

La B-School es genial independientemente de cómo te inscribas en ella, pero si ha crecido con tanta rapidez ha sido en buena parte porque Marie ha conseguido contactar con un pequeño ejército de afiliados que, a cambio de una comisión, remiten al programa a sus suscriptores. Muchos antiguos alumnos creen tan firmemente en él que dedican gran cantidad de tiempo e imaginación a planear cómo promocionarlo..., y algunos de ellos obtienen de esas promociones unos ingresos muy sustanciosos. Pero es verdad que hace falta tiempo y dedicación; no es suficiente con pegar un enlace en tu sitio web y esperar un milagro. Para conseguirlo, ¡tienes que trabajar!

La clave para ganar dinero como afiliado está en disfrutar de al menos una de dos fuerzas del mercado: bien alguna ventaja tecnológica (obtener mejores resultados con los motores de búsqueda, por ejemplo) o bien «autoridad» en la mente de las personas interesadas en comprar algo siguiendo tus recomendaciones.

Uno de mis negocios, CardsforTravel.com, gana comisiones por remitir a los lectores interesados a las mejores tarjetas de crédito para viaje. Es un negocio redondo, en el que todos nos beneficiamos, ya que la gente que contrata las tarjetas obtiene por el hecho de inscribirse grandes bonificaciones que puede usar para viajar por el mundo.

Dependiendo de lo que te interese y del tamaño de la localidad en la que vivas, el marketing de afiliación puede ser una estupenda ocupación complementaria. Solo una advertencia: suelo tener el buzón de entrada del correo electrónico lleno de mensajes de gente que me habla del último y más formidable programa de marketing de múltiples niveles; estas no son casi nunca oportunidades que valgan la pena. Puede haber excepciones, pero la mayoría de estos programas benefician a quienes los crearon mucho más que a nadie que llegue después. A menos que hayas obtenido resultados cuantificables que demuestren lo eficaz que puede ser el programa *para ti*, elúdelos y dedícate a otra cosa.

Únete a la economía del compartir, como proveedor

Las modas y determinados servicios generalmente vienen y van, pero la «economía del compartir» —plataformas y servicios que permiten a la gente común poner en alquiler cosas que no utilizan— va a ser mucho más duradera. Toda una oleada de contratistas independientes proporcionan el trabajo (y a veces los vehículos, las herramientas y las viviendas) necesario para esta forma de vida, y tú puedes ser uno de ellos. La mayoría de estas oportunidades son a tiempo parcial, por su propia naturaleza, y muchas de ellas pueden adaptarse a un horario flexible de tu elección.

Las siguientes ideas pueden darte que pensar:

Transporte compartido. Jaime me recogió con su coche de camino al trabajo. No nos conocíamos, pero usé la aplicación Uber del teléfono móvil para solicitar un servicio de transporte, y unos minutos después allí estaba él. Tenía un trabajo de jornada completa, así que el de conductor autónomo lo hacía solo a tiempo parcial. Y tenía además una estrategia muy clara: todas las mañanas, salía de casa con una hora de antelación y se dirigía al aeropuerto, ya que los trayectos desde el aeropuerto normalmente tenían una tarifa más alta de la habitual. Allí recogía a los pasajeros recién llegados y, después de depositarlos en la ciudad, por lo general todavía tenía tiempo para hacer uno o dos viajes más. Cuando salía de trabajar, de camino a casa hacía lo mismo que por la mañana. Ganaba 260 dólares a la semana con esta ocupación complementaria.

Red social de servicios. Rachel llegó a mi casa poco después de que contratara sus servicios usando un portal de internet llamado TaskRabbit. Aquella mañana había enviado una solicitud diciendo que necesitaba a una persona que recogiera en mi domicilio varios productos y los devolviera por mí a cierto establecimiento. Rachel aceptó la tarea y se presentó puntual, devolvió los artículos e inmediatamente se efectuó un cargo en mi tarjeta de crédito por la cantidad acordada en pago por su tiempo. Yo quedé contento y ella también, y luego nos dimos mutuamente una buena valoración en el sitio web.

Cuando volví a entrar en TaskRabbit, vi que Rachel había completado más de cien tareas para otros usuarios. Me pareció mucho, así que más tarde le envié un mensaje de correo electrónico preguntándole qué tal le iba el trabajo. Me contó que era profesora a jornada completa, pero tenía el verano libre y cierta flexibilidad de horarios durante el curso. En su tiempo libre, gana algo de dinero haciendo toda clase de recados para desconocidos, desde devolver artículos a cierto establecimiento hasta hacer cola para sacar entradas para un concierto. Todo lo que ganaba con TaskRabbit lo ahorraba para viajar, y su objetivo en aquel momento era hacer un largo viaje a Islandia con su novio.

Compartir vivienda. Después de vivir durante años en un pequeño apartamento, Maylene y Charity compraron una casa mucho mayor. ¿Era porque necesitaban más espacio? La verdad es que no; querían alquilar una habitación a los viajeros que utilizan Airbnb, el sitio web de alquiler de alojamiento en casas particulares que se ha hecho tan popular en el mundo entero. Alquilar una vivienda era divertido y rentable, pero pronto se dieron cuenta de que había otra gran necesidad: muchos propietarios estaban encantados con la idea de conseguir unos ingresos adicionales pero no querían tener que ocuparse de las incomodidades que conllevaba alquilar su casa. Maylene y Charity montaron entonces un nuevo negocio complementario, en el que ofrecían hacerse cargo de todo lo relacionado con la llegada y salida de los viajeros de las viviendas de los particulares. En este caso, el proyecto complementario acabó convirtiéndose en un negocio en toda regla.

Es posible, desde luego, que no todos estos servicios y plataformas de trabajo estén disponibles en el lugar donde vives, y algunos de ellos probablemente cambiarán con el tiempo. Es normal. Quería que vieras simplemente que todas las personas de los ejemplos anteriores perciben por su trabajo unos ingresos por hora superiores a la media, además de conservar la flexibilidad que necesitan para dedicarse a todo lo demás. ¡Es genial!

Hazte propietario digital

Hay todo un sector dedicado a los libros y seminarios sobre la compra y mantenimiento de propiedades en alquiler. ¿Cuál es el problema? Bueno, de entrada, normalmente se necesita un gran capital. También hay que dedicarle cantidad de tiempo, y son muchas las cosas que pueden salir mal. A menos que sepas de verdad lo que haces, acabo de darte tres buenas razones para descartar la idea.

La alternativa es invertir y crear propiedades digitales que sean rentables (es decir, *que den dinero*) desde el primer momento.

	INVERSIONES INMOBILIARIAS TRADICIONALES	CREAR ACTIVOS DIGITALES
Capital necesario	Alto	Bajo
Crecimiento previsto	Variable	Variable
Mantenimiento necesario	De moderado a alto	De bajo a alto

Nota: siempre habrá excepciones, y las inversiones en bienes raíces son un buen negocio para mucha gente que tiene suficiente capital para invertir. Pero casi todo el mundo puede experimentar con activos digitales, y a menos que vayas a invertir los ahorros de toda una vida (advertencia: no lo hagas), el riesgo es normalmente mucho menor y el plazo para obtener beneficios mucho más corto.

De adolescente, trabajé repartiendo pizzas. Lo que ganaba a la hora sumado a las propinas era mucho dinero para mí en aquel tiempo, pero no podría vivir de aquel trabajo siendo una persona adulta con facturas que pagar. El mundo siempre necesitará repartidores de pizzas, pero probablemente sea más inteligente (y más rentable) inclinarse por servicios con los que obtener mayores ingresos, como los que he enumerado hasta ahora. Con tener un *smartphone* y una cuenta de PayPal —y a veces sin lo uno ni lo otro—, todo el mundo puede acceder a una gama más ventajosa de oportunidades de ganar dinero.

GANA DINERO MIENTRAS DUERMES, DECIDE TU SALARIO MÍNIMO Y MANTÉN UNA REPUTACIÓN ESTELAR

Volvamos a los breves relatos del principio de este capítulo. ¿De verdad podemos ganar dinero mientras dormimos?

Es indudable que mucha gente lo hace, así que ¿por qué no podrías ser tú una de esas personas?

Si decides hacer la prueba, puede que te sean de utilidad estas indicaciones:

Establece el salario mínimo que quieres ganar. Si decides introducirte en el laberinto de ideas que contiene este capítulo, probablemente no te faltarán oportunidades. Hay un ejercicio en la página 186 para ayudarte a decidir cuál puede ser la mejor en tu caso, pero conviene que decidas también cuál es la cantidad de dinero mínima que quieres ganar. Esto te servirá para decidir a qué opciones vale la pena dedicarles tiempo y a cuáles no. A veces elegirás hacer cosas no demasiado lucrativas, y es una elección muy respetable, pero por definición, una ocupación complementaria debería ser lo bastante lucrativa como para que merezca la pena.

Basa el precio en la utilidad del producto. Si te decides por una solución empresarial en vez de sumarte a un servicio ya existente, no le pongas precio al producto que ofreces basándote en el tiempo que te cuesta proporcionarlo; basa el precio en la utilidad del producto. Con algunas excepciones, la cantidad de tiempo invertida no debería ser el factor más importante a la hora de decidir el precio. Lo más importante es en qué medida mejora la vida de tus compradores o clientes. Piensa en el valor que tiene en ese sentido, cuando vayas a decidir un precio.

Por último, recuerda que tu reputación es tu activo más valioso. Sobre todo cuando se trata de servicios en el ámbito del consumo colaborativo, donde prácticamente todas las plataformas ofrecen a sus clientes la posibilidad de publicar abiertamente una valoración de los servicios recibidos, tener una buena reputación (y puntuación, si es el caso) resulta crucial. Haz cuanto esté en tu mano para asegurarte de que la gente queda satisfecha. Siempre habrá cascarrabias que encontrarán algo por lo que quejarse aunque reciban un servicio casi perfecto; eso es inevitable. Pero cualquier respuesta o valoración negativa que recibas debería estar sobradamente compensada con muchas más valoraciones y puntuaciones positivas.

DOCE LECCIONES APRENDIDAS GANÁNDOSE LA VIDA EN EBAY

Hace mucho tiempo en una lejana galaxia, me inicié en el mundo de los negocios comprando y vendiendo cosas en eBay y otros sitios web de subastas. No era el único; toda una generación de emprendedores empezamos a trabajar por nuestra cuenta gracias a los sitios de subastas. Una de esas personas fue Amy Hoy, una estratega afincada en Filadelfia que luego montó varios negocios más.

Como yo y otra gente, Amy encontró una manera de ganarse la vida simplemente comprando objetos en un sitio y revendiéndolos en otro. Al cabo de miles de subastas, había aprendido lo que funcionaba y lo que no. Las orientaciones que te muestro a continuación son las que escribió para ayudar a la gente que confía en poder hacer algo similar (yo también puse en práctica la mayoría de ellas, pero ella se tomó además la molestia de anotarlas, así que vamos a quedarnos con su lista. ¡Gracias, Amy!):

- Empieza por un precio de salida muy bajo (unos 99 centavos). Los precios de salida más altos no generan el mismo frenesí de apuestas; las apuestas bajas hacen que participe más gente y crean una sensación de esperanza y aventura.

- Sáltate el precio de reserva, o si has decidido uno, dile a la gente cuál es; nada quita tanto las ganas de apostar como que el vendedor haya fijado en secreto un precio mínimo de venta y no saber cuál es ese precio ni si lograremos superarlo con nuestra oferta.

- Cuantas más fotografías, mejor; no importa que no muestren nada «nuevo».

- Aunque se trate de un artículo producido en serie, incluye fotos del tuyo en particular.

- Si tienes muchas unidades del mismo artículo, escalona los anuncios a lo largo de un periodo de tiempo.

- Habla sobre el artículo, sobre cómo se usa, para qué sirve y por qué es una buena elección (e incluso en qué casos no sería la elección perfecta).

- Haz que los anuncios sean personales y simpáticos. Cuenta por qué tienes el artículo; si pertenece a una categoría de productos en la que abunde el fraude (material fotográfico, por ejemplo), di desde cuándo lo tienes, por qué lo vendes y cuándo lo enviarás.

- Habla un poco sobre cómo podría utilizar ese artículo el comprador y lo que le ofrecería. Si crees que esa lámpara de papel de arroz de estilo Noguchi le daría a su sala de estar un aire cálido y sofisticado, ¡díselo!

- Incluye siempre las medidas, los años que tiene, el fabricante...

- Emplea siempre términos (sobre todo en los campos de búsqueda) que los compradores suelan valorar y probablemente utilicen. ¡No tienes ni idea de cuánta gente llama a algo «arte» en vez de «pintura al óleo» o «paisaje» (aunque sea una marina, un cuadro de un bosque o similar).

- Si tiene alguna tara, señálala abiertamente y con todo detalle, y explica cómo afecta o no afecta al artículo.
- Sé escrupulosamente honesto en todo momento.

Nota: como en el caso de otras tácticas y mercados, es posible que no tengas acceso a eBay en el sitio donde vives, o que tenga menos relevancia para cuando leas esto. Las reglas generales siguen siendo válidas en otros contextos.

NOCIONES BÁSICAS SOBRE CÓMO ENCONTRAR UNA MINA DE ORO

Tiempo atrás, en los días de la fiebre del oro, los ambiciosos buscadores de oro abordaban trenes en dirección a California con la esperanza de hacerse ricos. Muchos fracasaban, pero algunos lo conseguían. En tiempos modernos, sigue habiendo equivalentes de aquella fiebre del oro, con la ventaja de que es más fácil que den fruto y suponen además una inversión y un riesgo mucho menores; no hace falta que vendamos todas nuestras posesiones y abordemos un tren.

Benny Hsu, sobre el que te contaré más detalles en el capítulo siguiente, ganó más de 100.000 dólares diseñando camisetas y vendiéndolas a través de Facebook. Gracias a una nueva tecnología y a muchísimo trabajo creativo, nunca tuvo que almacenar ni una sola camiseta; otra empresa se encargaba de eso, dándole con ello la libertad de dedicarse enteramente al diseño.

En Vancouver (Canadá), un imaginativo empresario fundó Pirate Joe's, una tienda «pirata» de reventa de comestibles de la cadena de alimentación Trader Joe's adquiridos a una hora de distancia, al otro lado de la frontera con Estados Unidos, en Bellingham (Washington). Infinidad de habitantes de Vancouver son entusiastas de los productos Trader Joe's, que se han ganado una reputación por su calidad y bajo precio, pero la cadena de supermercados no tiene representación alguna en Canadá. De modo que Mike Hallatt, el fundador de esta tienda pirata, hace con regularidad rápidos viajes al sur de la frontera para invertir decenas de miles de dólares en productos. No es ilegal, pero la compañía Trader Joe's tiene tanto miedo a la competencia que lleva tiempo intentando cerrarle el negocio. (Aprovecha la buena racha mientras dure, Mike.)

Una vez yo también encontré una mina de oro con la publicidad de internet. Mientras experimentaba con un pequeño negocio que monté en el tiempo en que cooperaba como voluntario en África occidental, se me ocurrió una manera de ganar de forma continuada más dinero del que gastaba; solo tenía que comprar anuncios en Google y enviar el tráfico a un sitio web generador de clientes potenciales, que me pagaba una comisión.

Lamentablemente, las posibilidades no eran infinitas. Podía gastar con regularidad 300 dólares y ganar 350 (o sea, obtener un beneficio de 50 dólares), y había días en que invertía 1.000 dólares y ganaba 1.200 (con un beneficio de 200 dólares), pero no podía subir mucho más que eso. Aun así, fue increíble aquello de gastar una cantidad por la noche y encontrarme una cantidad mayor al despertarme por la mañana. Al cabo de un año, la oportunidad dejó de serlo, porque otros la habían descubierto también y el mercado estaba de pronto abarrotado, pero antes de que esto ocurriera pude ahorrar los beneficios y usarlos para costearme un programa de posgrado bastante caro.

Siempre estamos rodeados de oportunidades, y cuando la puerta de una «mina de oro» se cierra, otra se abre. ¡Entra por ella!

PARA ENCONTRAR UNA MINA DE ORO, NO PIENSES DE FORMA DISTINTA, PIENSA EN PONER MANOS A LA OBRA

Mucha gente se queda atascada en buscar una «idea genial». Pero, como viste en el capítulo 5, no necesariamente hace falta una buena idea para obtener grandes beneficios. Hace falta tener una idea útil. Piensa en la persona que inventó el soporte para vasos. De acuerdo, no es tan sexi como fabricar el último modelo de *smartphone*, pero si vas conduciendo y llevas una bebida, el soporte para vasos te viene de maravilla.

Piensa también en otros ejemplos que has visto en este capítulo. Harry Campbell, el tipo que hacía trayectos compartidos con su coche, les proporcionó unas indicaciones muy provechosas a los conductores primerizos que intentaban sacarle el máximo partido a la actividad. Mike Hallatt fundó Pirate Joe's en Canadá para importar comestibles de una marca que sabía que tenía un mercado garantizado. Te recuerdo una vez más que *ofrecer algo útil* es lo más productivo.

Estas cualidades son buenas señales de una posible mina de oro:

- Un gran mercado sin explotar.
- Una nueva tecnología o avance que mucha gente no sepa cómo usar o en los que no sepa cómo introducirse.

- La confusión o incertidumbre sobre cómo participar en algo nuevo.
- Algo que la gente quiera pero no sepa cómo conseguir (por ejemplo, comestibles «ilegales» del otro lado de la frontera).
- Algo que se considere escaso o en lo que intervenga el miedo a estar quedando excluido de algo importante.

Recuerda, procura siempre satisfacer las necesidades de la gente y solucionar problemas. Y también, cuando detectes una posible mina de oro, actúa de inmediato; empieza el experimento incluso aun no sabiendo a ciencia cierta qué ocurrirá. Si resulta, siempre podrás mejorarlo; si no resulta, bueno, no habrás invertido demasiado tiempo y podrás pasar fácilmente a otra cosa.

DIECINUEVE DÍAS PARA MONTAR UN NEGOCIO COMPLEMENTARIO: CALENDARIO SUGERIDO

La primera vez que se lanza un negocio complementario, puede ser difícil saber cómo empezar. Te sugiero a continuación un calendario que te ayudará a ponerte en marcha. Con dedicarle una hora diaria durante diecinueve días, habrás despegado en menos de un mes.

Día 1. ¡Lo primero es lo primero! Decide cuál será la actividad. ¿Qué habilidades vas a utilizar? ¿En qué sector vas a introducirte? ¿Qué problema vas a resolver?

Día 2. ¿Qué vas a ofrecer exactamente? Toma una decisión: ¿será un producto, un servicio o alguna clase de híbrido? ¿Cómo ganarás dinero con ello?

Día 3. Piensa en cuál sería el comprador o cliente ideal para tu idea. ¿Quién es y qué dificultades tiene? Si fuesen cinco compradores o clientes, ¿qué tendrían en común?

Día 4. Haz un presupuesto. Calcula el coste de todo lo necesario y procura que sea lo más bajo posible.

Día 5. Escribe tres beneficios principales que ofrezca la nueva actividad. Esto es particularmente importante, ya que los beneficios que ofreces son mucho más relevantes que cualquier otro detalle o característica.

Día 6. Decide cuánto vas a cobrar por lo que ofreces.

Día 7. Crea un sitio web sencillo, de una sola página. No hace falta que sea complicado ni demasiado vistoso. Hay innumerables sitios en internet donde encontrarás instrucciones sobre cómo crear una página web en menos de una hora. Si quieres, consulta BornforThis.com (en inglés).

Día 8. Escribe una sencilla «página de ventas» para tu sitio web. Tampoco en este caso tiene por qué ser complicada; bastará con que pienses qué vas a ofrecer y lo que le aportará a la gente. Ah, y explícales lo que tienen que hacer para adquirir lo que ofreces o para registrarse.

Día 9. Escribe la sección de «Preguntas frecuentes» para tu sitio web. Piensa en qué preguntas *tendrías tú* la primera vez que oyeras hablar del producto o servicio que ofreces. ¿Qué querrías saber?

Día 10. Añade a tu sitio web de una sola página un botón de PayPal (u otro método de pago). Recuerda, si no tienes una manera de cobrar por lo que ofreces, será una afición, un *hobby*, no un negocio.

Día 11. Otra alternativa es facturar tu servicio a los clientes. Si eliges esta opción, antes de dedicar tu tiempo a darles el servicio que sea, asegúrate de que haya una forma sencilla de que se comprometan a hacer el pago.

Día 12. Muéstrales el borrador del proyecto a tres personas y pregúntales qué les parece. Si quieres obtener resultados fiables, no preguntes solo a tus amigos; pregunta a gente que se corresponda con el perfil que has definido en el día 3. Pídeles su sincera opinión y asegúrate de que te cuenten si hay algún detalle que no les ha quedado claro al primer golpe de vista.

Día 13. ¡Lanzamiento! Publica tu oferta o tu página web. ¡Enhorabuena! Pero no te pases celebrándolo, porque todavía te queda trabajo por hacer.

Día 14. Cuéntaselo a tus amigos. Explícales lo que estás haciendo y cómo pueden ayudarte a correr la voz.

Día 15. Cuéntaselo a otra gente que conozcas —amigos de tus amigos, colegas, antiguos compañeros de estudios...—. No intentes venderles nada directamente; pídeles solo que informen de tu servicio o producto a cualquiera que conozcan a quien le pueda interesar.

Día 16. Comenta en las redes sociales lo que ofreces. Tampoco en este caso te esfuerces demasiado por vender, pero muéstrale a la gente lo que has creado.

Día 17. Pídele a tu primer comprador o cliente que te dé su sincera opinión: qué le ha gustado y qué se podría mejorar.

Día 18. ¡Nuevo lanzamiento! Con todo lo que has aprendido hasta el momento, haz algunos retoques. ¿Necesitas cambiar el precio? ¿Conviene que pongas más información en la página de ventas? Relanza la página con la nueva oferta.

Día 19. Al igual que los comercios minoristas enmarcan el primer dólar que ganan, encuentra una forma de celebrar el comienzo de tu trabajo complementario conmemorando el primer cheque que cobres, el correo electrónico de notificación de tu primer cliente o algo por el estilo. La cuestión es alegrarte del éxito conseguido y, más aún, ¡de saber que lo mejor está todavía por llegar!

Nota: que cumplas o no cada uno de estos pasos día a día no tiene demasiada importancia, pero sí el proceso general. Tenlos en cuenta y adáptalos a la creación de tu propio negocio complementario.

¿CUÁNTO DINERO TE APORTARÁ TU NUEVA OCUPACIÓN?

Sería estupendo saber exactamente a cuánto ascenderán esos ingresos complementarios. Pero hasta que los servicios que ofreces o las ventas estén rematados de un modo u otro, no podrás hacer un cálculo preciso..., y está bien que sea así, porque si el negocio sale adelante, te encantará llevarte una agradable sorpresa.

Sin embargo, probablemente puedas hacer *algún* tipo de estimación. Dado que estarás evaluando distintas opciones e ideas, saber los ingresos potenciales que obtendrás con cada una de ellas te ayudará a tomar decisiones.

En el capítulo 4 conociste a Daniel Vleck, el inmigrante checo que se sorprendió al saber que podía ganarse la vida bastante bien con solo un pequeño número de clientes. Esta fue una revelación clave, porque antes de empezar a trabajar por su cuenta, siempre había imaginado que necesitaría tener una tonelada de clientes para poder lograr su sueño.

Así es como puedes hacer tus estimaciones.

INSTRUMENTOS PARA HACER ESTIMACIONES DE BENEFICIOS

Ejemplo de proyecto 1: hacer un cepo para ratones más eficaz

Al estimar la rentabilidad de este negocio basado en la venta de un producto, se da por hecho que has encontrado una manera de hacer algo (en este caso un cepo) que tiene un coste fijo por unidad.

- Costes iniciales: 250 dólares.
- Precio de venta por unidad: 50 dólares.
- Gastos por unidad: 10 dólares.
- Beneficios por unidad: 40 dólares.
- Venta de un cepo al día= 40 dólares.
- Venta de tres cepos al día= 120 dólares.
- Cantidad máxima de cepos vendidos al día= 300 dólares (técnicamente, el número de unidades de un producto físico que podrías vender no tiene límite. Ahora bien, en muchas aventuras comerciales,

solemos encontrar un «techo» natural después de un tiempo de experimentación. Si no estás seguro de cuál puede ser, haz una estimación a la baja).

En resumen: si vendes un cepo al día, tendrás una media de beneficios de 1.200 dólares al mes. Cada cepo que siga a la primera venta, añade otros 40 dólares al día.

Ejemplo de proyecto 2: «revisor de currículums»

En este proyecto, basado en la oferta de un servicio, se da por hecho que cuentas con que habrá un número regular de personas que necesiten el servicio que ofreces. En este caso, el tiempo de dedicación tiene especial importancia, puesto que es un recurso limitado.

- Costes iniciales: 100 dólares.
- Precio de venta por servicio: 200 dólares.
- Tiempo de dedicación por servicio: 90 minutos.
- Venta de un servicio de revisión a la semana: 200 dólares.
- Número máximo de servicios de revisión al día= 1.

En resumen: si vendes un servicio de revisión de currículum a la semana, ganarás una media de 800 dólares al mes por seis horas de trabajo. Contando un promedio de veintidós días laborables al mes, lo máximo que podrías ganar en esta situación son 4.400 dólares al mes por treinta y tres horas de trabajo.

Por supuesto, hay métodos de análisis mucho más detallados si necesitas ser más preciso. En este, he tratado fundamentalmente de *simplificar* las cosas. En la mayoría de los casos te bastará con tener una idea general de lo que es posible y de si los beneficios te compensan el tiempo que dedicas. La realidad es que normalmente no sabes cuáles de los proyectos prosperarán y cuáles no. Este ejercicio te mostrará cuáles vale la pena probar.

Tal vez esto parezca obvio, pero cuando elijas entre distintas ideas que te atraen por igual, decídete por la que tenga posibilidad de generar más ingresos. En mi caso, una vez tuve que tomar una decisión entre hacer una serie de carteles de una marca o crear un curso *on line*. Ambos proyectos me parecían interesantes, pero no tenía tiempo de desarrollar los dos. Después de hacer un análisis de ingresos, la respuesta estaba clara: hacer carteles sería divertido pero la ganancia potencial era muy limitada. El curso *on line* también sería divertido, y además cabía la posibilidad de que generara ingresos mucho más altos. Elegí el curso.

DESAFÍO: CREAR UN PRODUCTO EN VEINTICUATRO HORAS

Después de pasarse varios años diseñando una serie de proyectos de *software*, Nathan Barry, natural de Idaho, sabía bastante sobre la creación de productos. Incluso había escrito y publicado todo un libro sobre el tema en solo sesenta días. Pero aunque se había comprometido a dedicarse de lleno a un proyecto que confiaba en que superaría sus éxitos anteriores, seguían asaltándole de vez en cuando las ganas de emprender una actividad nueva.

Había una idea en concreto que tenía en mente desde hacía mucho tiempo, pero no quería apartar la atención del trabajo principal. ¿Qué podía hacer? Quizá hayas adivinado la respuesta por el título del apartado: Nathan decidió crear el producto completo que le rondaba la cabeza: una guía para aprender a hacer mejores diseños en diez días... en solo veinticuatro horas.

Realizó el experimento publicando en su blog vídeos con actualizaciones aproximadamente cada hora a lo largo de todo el día. En el primer par de horas, hizo una exposición concisa de la guía y pidió ideas para los nombres a un público compuesto de entusiastas seguidores. Para cuando se fue a dormir, tenía escrita buena parte de la guía. A las cinco y cuarto de la madrugada estaba de nuevo en pie y creando en el ordenador una página web básica.

Como había prometido, Nathan debutó con la guía al cumplirse las veinticuatro horas de plazo. No la había terminado *completamente*, pero le faltaba muy poco. Más de noventa personas la compraron de inmediato, lo cual supuso en total unos beneficios de algo más de 1.000 dólares. Día y medio después, una vez que mucha más gente se había enterado del experimento, había superado los 3.000 dólares. ¡No está mal, por un día de trabajo!

CUATRO PREGUNTAS Y MEDIA A LAS QUE RESPONDER AL CREAR TU PRODUCTO EN VEINTICUATRO HORAS

Llámalo tu «hackatón» particular, popular evento de los círculos tecnológicos en el que una serie de pequeños equipos compiten en el desarrollo de nuevo *software* o en la resolución de un determinado problema en un periodo de tiempo limitado (estimulados normalmente por la cafeína y alguna interrupción ocasional para jugar al ping-pong). También tú puedes usar este modelo para crear un producto rápido e informal en un lapso muy breve. Solo necesitas veinticuatro horas y, para ser sinceros, un poco de preparación previa para saber en lo que te metes.

El plan de ataque no se diferencia mucho del plan «diecinueve días para montar un negocio complementario» que viste en la página 182, solo que es mucho más acelerado. Y si lo vas a hacer en un solo día, tendrás que decidir varias cosas desde el primer momento.

¿Cuál es el producto?

Si vas a hacer algo en veinticuatro horas, lo más probable es que sea un producto basado en los conocimientos que tengas. Piensa en qué tipo de conocimientos tienes que puedan transmitirse por escrito, por medio de audio, vídeo u otro formato.

¿Cómo vas a venderlo?

No te compliques. A menos que tengas una manera fácil de hacer llegar tu producto a la gente, distribúyelo por internet.

¿Cuál será el precio?

Siempre es conveniente basar el precio en el valor real, o sea, la utilidad del producto, pero posiblemente no deberías cobrar una fortuna por algo que has hecho en poquísimo tiempo. Además, siendo un producto rápido, podrías intentar que lo adquiriera tanta gente como fuera posible.

¡Ah! Y otra cosa importante...

¿Cómo vas a hacer que la gente se interese por él?

El proyecto de veinticuatro horas de Nathan fue un éxito porque invitó a la gente a seguirle y a participar. De hecho, les pidió su opinión, y con su colaboración creó un documento público y compartido; todo el mundo podía hacer preguntas e incluso aportar sugerencias para el nombre final del producto. Fue una experiencia compartida que a los demás les resultó interesante y a Nathan, motivador, más aún al recibir comentarios como: «Es genial, y compraré lo que quiera que sea esto en cuanto esté terminado».

Pregunta de regalo: ¿a qué esperas?

UN DÍA DE «MÁS DINERO»
(o cómo ganar pequeñas sumas de dinero siempre que quieras)

Y ahora, una actividad muy divertida: de tarde en tarde, reserva un bloque de horas, normalmente la mayor parte de una jornada laboral, y dedícalas a pensar en qué podrías hacer para mejorar tu actual flujo de efectivo. Yo solía llamarlo «día personal de finanzas», pero luego tuve una idea mejor: un bloque de tareas como este puede ser en esencia un día de «más dinero», un día que reservas para ordenar el trabajo y las finanzas, todo ello con el propósito de ganar más dinero.

Estas son algunas de las cosas que hago habitualmente a lo largo de ese día. Lo que tú hagas puede ser distinto, desde luego:

Vende cosas que no has llegado a estrenar. Hace poco me di cuenta de que tiempo atrás había comprado un par de zapatos que nunca me había puesto. Era demasiado tarde para devolverlo, pero los pude vender en una tienda cercana de artículos de segunda mano por 44 dólares.

Ya, podrías decirme que en realidad perdí dinero, porque pagué más por ellos cuando los compré. Es verdad, pero la cuestión es que no los usaba. Metidos en una caja al fondo del armario no tenían ningún valor, y tras un paseo de cinco minutos se convirtieron en 44 dólares.

Repasa los extractos de la tarjeta de crédito. Cuando lo hice recientemente, vi que la compañía telefónica me había cobrado más de 100 dólares de más por llamadas desde el móvil durante un viaje a Canadá. Me di cuenta también de que aparecía duplicado el cargo de otro proveedor. Seguí los pasos pertinentes y se anularon los cargos que no correspondían. De acuerdo, no gané nada, el dinero ya era mío, pero si no hubiera repasado el extracto, habría desaparecido de la cuenta.

Cancela los servicios que no utilices. ¿Hay algo por lo que pagues y que no uses? Cancélalo y conseguirás que aparezca en tu cuenta bancaria la cantidad de dinero equivalente todos los meses. Así de fácil.

Tal vez quieras también...

- Llamar a tu proveedor de telefonía móvil o televisión por cable y pedirle una oferta mejor que la actual.
- Revisar el tipo de interés y otra información de cualquier tarjeta de crédito o cuenta de inversión y llamar luego a la compañía de la tarjeta de crédito e intentar negociar una reducción.
- Hacer un nuevo balance de tu cartera de inversiones (si la tienes).
- Abrir una cuenta de ahorro para beneficiarte de una bonificación.
- Decidir objetivos financieros, a largo y a corto plazo.

¿Qué añadirías a la lista?

¿DÓNDE ENCAJA UNA OCUPACIÓN COMPLEMENTARIA EN EL TRABAJO PARA EL QUE ESTÁS HECHO?

Es posible que lleves rato preguntándote: «¿Qué tiene que ver revender comestibles con encontrar el trabajo para el que estoy hecho? ¿Cómo contribuye a mi felicidad llevar pasajeros de un lado a otro a través de Uber o limpiar las casas de gente desconocida a través de un servicio *on line*?». Recuerda el punto de partida: los trabajos complementarios generan un volumen de satisfacción desproporcionada a cambio de una inversión de tiempo o esfuerzo relativamente pequeña. Te permiten continuar haciendo lo que mejor haces en tu trabajo principal a la vez que exploras otros intereses y ambiciones en tus horas libres.

Añaden además un poco de variedad a tu vida laboral. Incluso en el caso de que el trabajo que haces ahora te satisfaga por completo y hayas encontrado el empleo hecho justo a tu medida, a todos nos gusta combinarlo con otras actividades de vez en cuando. No solo eso, sino que además muchos trabajos complementarios acaban convirtiéndose en algo más importante. A veces te dan la chispa de motivación o inspiración necesaria para ese cambio de profesión que siempre habías querido hacer o ese negocio que siempre habías querido montar. Pueden ser la red de seguridad económica que te permita arriesgarte a hacer algo nuevo o poner en práctica un plan genial.

Aunque no sea así, es una sensación magnífica ver entrar dinero extra de algo que has creado. En resumen, un trabajo complementario es una manera poco arriesgada de tantear el terreno que podría depararte algo suculento y, sin comprometerte demasiado, ganar al mismo tiempo un poco de dinero adicional. No hay ninguna razón de peso para no hacer la prueba y muchas por las que intentarlo podría tener magníficas consecuencias.

No dejes que la indecisión te paralice. Decide el salario mínimo que quieres ganar y ¡empieza a buscar oro!

Gano mucho más que en el trabajo anterior, y probablemente más de lo que nunca habría ganado si hubiera seguido trabajando en mi profesión. Puede ser difícil crear de la nada una fuente de ingresos, pero una vez remontadas las dificultades iniciales, tienes el potencial de ganar mucho más que antes.

ALEXIS,
34 años, fundador de una compañía
de marketing de contenidos

TÚ, S. L.

OBJETIVO:
Crear un pequeño imperio

8

A veces, el trabajo que querrías encontrar no existe, y normalmente cuando esto ocurre es porque en realidad no quieres encontrar un trabajo, lo que quieres es tener pleno control de tus ingresos y tu carrera profesional. Mucha gente que trabaja por su cuenta cree que este es de hecho el camino profesional más seguro. Este capítulo va dirigido a quienes queréis dejar de trabajar para otro y empezar a ocuparos personalmente de vuestros asuntos... sin estudiar ciencias empresariales y sin endeudaros.

Hay un principio empresarial ya clásico denominado «la ventaja de ser el primero». Significa que, cuando las demás variables sean iguales, la compañía u organización que primero entre en el mercado será la líder indiscutible. Atendiendo a esta teoría, no es necesariamente *imposible* desbancar al primero en actuar, pero el primero en actuar llevará integrada la ventaja inicial.

La ventaja de ser el primero rige para muchas grandes empresas y mercados, pero cuando se trata de montar un pequeño o mediano negocio (Tú, S. L.), quizá en realidad sea mejor ser el segundo, el tercero o el décimo en entrar en el mercado.*

Piensa en el famoso dicho del pájaro tempranero. Siempre se nos ha contado que el pájaro que madruga se lleva la lombriz, y quizá sea cierto. Pero ¿y si la lombriz eres tú? Si eres la lombriz y te despiertas y asomas la cabeza demasiado temprano, ten por seguro que te van a comer. Si quieres asomar la cabeza y hacerte visible en un nuevo mercado o iniciativa, mucho mejor ser la lombriz más calmada. El pájaro madrugador tal vez sea el que se lleva la lombriz, pero es la lombriz dormilona la que sobrevive.

CÓMO GANAR 101.971 DÓLARES VENDIENDO CAMISETAS

Benny Hsu encontró una mina de oro a los treinta y siete años, y no fue por ser un gusano madrugador. Era un diseñador de aplicaciones que tenía curiosidad por saber cómo vender algo a gente que no conocía y que se había puesto como meta introducirse en una línea de trabajo enteramente nueva. Siempre le había interesado la moda, y en particular los diseños de camisetas. La tentativa anterior de serigrafiar varias camisetas había supuesto una gran inversión inicial, y además tenía que ocuparse de enviarlas por correo si recibía algún encargo. Ahora, gracias a una nueva tecnología, le bastaba con tener diez pedidos para poder crearlas, y no necesitaba contar con todo un inventario.

Solo había un problema: no tenía clientes. Después de ver a otra gente utilizar los anuncios de internet para

---

* «Mover primero es una táctica, no un objetivo. Es mucho mejor ser de los últimos en mover», Peter Thiel.

identificar a compradores potenciales basándose en grupos demográficos y ocupaciones específicos, decidió hacer la prueba y ver si conseguía agrandar su cartera de clientes publicando anuncios personalizados. Veintiuna veces intentó vender sus diseños de camisetas a usuarios específicos de Facebook, con el objetivo de recuperar los costes de la publicidad y obtener unos beneficios razonables..., y ninguna de las veintiuna veces consiguió hacer una sola venta.

De todos modos, los fracasos no habían sido costosos; había gastado un máximo de solo 10 dólares en cada experimento, y todas y cada una de las veces había tomado nota detallada de lo que había fallado. Finalmente, en el vigésimo segundo intento, tuvo una victoria: antes de llegar al tope de los 10 dólares, por fin hizo su primera venta. Esta vez dejó que la campaña publicitaria siguiera su curso. Cuando terminó, había gastado 81,72 dólares y había ganado 112,25, lo cual significaba unos beneficios de 30,53 dólares.

Experimentos fallidos (número 1-21)	Experimento satisfactorio (número 22)
10 $ x 21 = 210 $ (Costes de lanzamiento)	Ingresos (112, 25 $) – Costes de publicidad (81, 72 $) = Beneficios: 30, 53 dólares

Poco más de 30 dólares no era lo que se dice haber dado con el negocio del siglo, pero Benny estaba animado por las ventas. Ahora sabía que las tentativas fallidas habían estado bien encaminadas desde el principio, de modo que siguió haciendo mejoras y afinando en cada nueva campaña. Todas las mañanas, nada más despertarse, comprobaba el saldo de su cuenta para ver qué había ocurrido durante la noche. Todas las noches publicaba nuevos anuncios, impaciente por ver lo que ocurriría al día siguiente. Tuvo más éxitos, y más fracasos también; pero dejaba rápidamente atrás los fracasos y seguía entusiasmándose con los éxitos.

En un solo mes, había ganado lo suficiente para cubrir los gastos de todas las campañas fallidas; había gastado y ganado casi 1.000 dólares. Después de eso, todo fue sobre ruedas.

Al cabo de cinco meses, había gastado más de 50.000 dólares en anuncios... ¡pero había ganado más de 150.000! Fue entonces cuando se dio cuenta de que aquello no era solo una ocupación complementaria; era un negocio de verdad. El «experimento» de Benny lleva ya más de dos años funcionando, y él sigue dedicado de lleno a diseñar camisetas.

—Es increíble la libertad que me ha dado este negocio —me dijo—. Trabajo en algo que me gusta, lo hago desde donde quiero y gano dinero mientras duermo.

Benny no ha sido la primera persona de la historia en vender camisetas, y cuando él llegó, había mucha otra gente que publicaba anuncios en Facebook. No fue el pájaro madrugador, en otras palabras. Pero a base de refinar una y otra vez el procedimiento tras estudiar con atención cada tentativa fallida, consiguió crear un negocio sólido y muy lucrativo.

EL TRABAJO AUTÓNOMO ES LA PENSIÓN DE NUESTROS TIEMPOS

En *100$ Startup* expuse el modelo que han usado miles de empresarios independientes para crear iniciativas lucrativas, normalmente sin ninguna formación empresarial previa. El modelo, en resumen, es el siguiente:

1. Haz lo que más te guste, dentro de lo que cabe. Digo «dentro de lo que cabe» porque no puedes hacer *cualquier cosa* que se te ocurra y esperar ganar dinero con ella, pero probablemente haya *algo* que puedas hacer y que cumpla ese objetivo.

2. Encuentra una convergencia entre lo que tú valoras y aquello por lo que otra gente está dispuesta a pagar. Benny creía que había un mercado para las camisetas serigrafiadas a mano, porque a él (y a muchos de sus amigos) les gustaba llevar camisetas con diseños exclusivos. Para verificar su teoría, la puso a prueba en un mercado real.

3. Lánzate sin titubear y haciendo una inversión mínima. Cuando Benny pudo serigrafiar camisetas por encargo, los costes iniciales fueron insignificantes: solo 10 dólares por cada una de las campañas fallidas.

4. Una vez que empieces, espera a ver qué pasa, y si es necesario, cambia el rumbo. Benny utilizó Facebook como gigantesco laboratorio en el que experimentar con sus diseños, y los fue adaptando a lo que su clientela quería.

Este modelo se puede poner en práctica tanto si has emprendido un negocio anteriormente como si no, y tanto si tienes como si no el deseo de ganarte la vida con un trabajo independiente. En el capítulo anterior te hablé sobre cómo iniciar una ocupación complementaria con la que obtener algunos ingresos; en este, voy a hablar de cómo convertir una ocupación complementaria o un trabajo informal en algo más serio.

En el capítulo 7 aprendiste a hacer una estimación aproximada de los beneficios potenciales que puede generar un trabajo complementario (está en la página 186, por si lo quieres repasar). Cuando has llevado a la práctica un proyecto y ves que va bien y que podría alcanzar una nueva dimensión si le dedicaras más tiempo, es cuando debes plantearte seriamente darle un empujón y hacer de él un negocio en toda regla. Pero ¿cómo?

Convertir en un auténtico negocio una actividad a la que hasta ahora te dedicabas en tus ratos libres es en realidad mucho más sencillo de lo que parece. Sea cual sea el producto o servicio, solo hay dos formas de hacerlo crecer:

1. Venderlo más a tus actuales clientes.
2. Venderlo a más clientes.

Es así de fácil, y el tipo de negocio que tengas te indicará posiblemente cuál es la mejor estrategia que debes seguir. Por ejemplo, con el negocio de camisetas, no es muy probable que Benny se haga rico vendiéndoselas a los mismos clientes una y otra vez. Es fenomenal que alguien compre más de una camiseta (si los clientes son los mismos, es un ahorro en publicidad), pero en general la gente no necesita renovar por entero su colección de camisetas todos los meses. En este caso, por tanto, el crecimiento dependerá de llegar a más gente.

En muchos otros negocios, en cambio, es mucho más fácil vender más a los actuales compradores, y la mejor manera de hacerlo es creando productos adicionales o extensiones de los servicios ya existentes. Es bastante probable que los clientes que ya te conocen se interesen por los nuevos productos o servicios que ofrezcas, y cualquier *nuevo* cliente que aparezca será esencialmente un regalo añadido.

SÉ TU PROPIO «CAPITAL DE RIESGO»

Si tú no inviertes en ti, ¿quién lo va a hacer? Heath Padgett, un joven de Austin (Texas), cámara profesional y capaz de hacer además un poco de todo, en principio quería tener cierta seguridad económica antes de dejar su trabajo en una empresa emergente. Pero después de intentar materializar un proyecto en sus horas libres, se dio cuenta de que el plan no iba a funcionar:

> Quizá haya gente capaz de empezar un negocio a base de trabajar noches y fines de semana, pero yo no tenía suficiente presión como para entregarme de lleno a mis proyectos. Tenía un trabajo cómodo y agradable con el que mantenerme, así que si un día no le dedicaba nada de tiempo al negocio que quería montar, seguía cobrando. Sabía que si quería darme una verdadera oportunidad y que el negocio fuera un éxito, iba a tener que lanzarme de cabeza. Si me estrellaba, me iba a estrellar de verdad. Pero me di cuenta también de que solo parecemos unos inconscientes si fracasamos; si ganamos, la gente nos da la enhorabuena y piensa que somos inteligentísimos. Me quedé con esta última idea y decidí que era hora de emprender viaje.

Heath adoptó una estrategia que consistía en incrementar su valía y su dignidad en todos los aspectos de su vida. Continuó perfeccionándose profesionalmente, aprendiendo sobre nuevas tecnologías y estudiando lo que hacían otros cámaras. Estableció contactos, por ejemplo con un escritor novel que había escrito un libro muy interesante sobre la importancia de asumir riesgos pero que quería hacer un vídeo para comercializarlo y necesitaba ayuda. Se aventuró a probar de todo, viajando por el país en una autocaravana con su esposa, Alyssa, haciendo trabajos ocasionales en distintos estados y escribiendo una crónica de sus aventuras.

Y durante todo el viaje, invirtió además en sí mismo aprovechando cada oportunidad que se le presentaba. El riesgo no era demasiado alto, a fin de cuentas; si no resultaba, siempre podría volver a hacer un trabajo convencional. Heath decidió dar el salto y ver qué pasaba por el camino.

Si decides que tú también estás listo para invertir en Tú, S. L., hay cuatro sectores que debes tener en cuenta:

1. **Conocimientos:** perfecciona tanto los aspectos técnicos de tu trabajo (lo mismo que Heath se dedicó a aprender sobre la nueva tecnología videográfica) como los aspectos sociales: escritura, lectura, habilidad negociadora... (consulta el capítulo 4 si quieres repasar los consejos sobre el tema).

2. **Contactos:** comprométete a relacionarte a través de internet y a conocer a tanta gente como te sea posible (acuérdate del escritor novel, que le dio a Heath el primer trabajo de su nueva etapa de vida).

3. **Experimentos:** prueba cosas nuevas y exponte a nuevos lugares, personas e ideas (como hizo Heath durante el año que viajó de punta a punta del país).

4. Oportunidades: di «sí» a las propuestas y oportunidades de negocio (Heath dijo «sí» a casi todas las oportunidades que se le presentaron, incluso aunque no estuvieran totalmente relacionadas con lo que quería acabar haciendo algún día).

Al tiempo que te ocupas de todo esto, acuérdate de prestar atención a tu buzón de entrada —o cualquiera que sea el medio por el que se comunican contigo tus compradores, clientes y socios—, porque tal vez encuentres en él más respuestas e ideas que te ayuden a impulsar esa ocupación complementaria y elevarla al siguiente nivel.

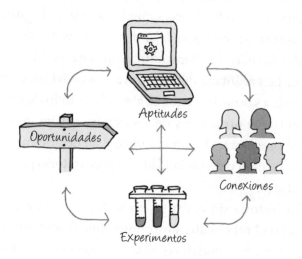

PASSION PLANNER: UNA AGENDA MUY SINGULAR

¿Puede un estudiante universitario vivir una crisis de la mediana edad? Tal vez no, pero Angelia Trinidad tuvo una experiencia en su segundo año del ciclo preparatorio que le hizo tener que replanteárselo todo. Se había criado en una familia asiaticoamericana muy estricta, en la que sacar un notable significaba en cierto modo haber fracasado, así que iba a tener que colmar expectativas muy ambiciosas en el ciclo preparatorio si quería ingresar en la Facultad de Medicina de la Universidad de California en Los Ángeles. Hasta aquí, no había problema; el problema era que no estaba contenta.

Por suerte, era una experta en el juego de estudiar con determinación, memorizar listas interminables de reacciones químicas a nivel molecular y hacer bien los exámenes, de modo que sacar buenas notas le resultaba bastante fácil. Pero aunque sus padres probablemente estuvieran encantados, ella no era feliz. Y no es que la ciencia no le gustara, la cuestión era que no podía dejar de pensar en algo que le gustaba mucho más. En el instituto, el arte había sido su vía de escape. Le encantaba dibujar, y era una actividad en la que «se sentía a salvo», en la que se abstraía de todos los trabajos que tenía que presentar y de los exámenes para los que tenía que prepararse. En un impulso, y sin decirles nada a sus padres, cambió de especialidad: del preparatorio para medicina, al arte.

La historia sin embargo no acaba aquí. El arte como especialidad presentaba sus propias dificultades, entre ellas responder a la temida pregunta que todo el mundo hace: «Sí, muy divertido, pero ¿qué vas a hacer luego con un título como ese?».

Cuando se licenció, Angelia no tenía todavía una respuesta demasiado convincente para esa pregunta. En vez de sentirse inspirada, se sentía abrumada.

—Estaba estancada y asustada –dijo, recordando aquel momento en que supo que no iba a dedicarse a la medicina pero no estaba segura de lo que debía hacer.

Era la clásica estudiante de matrícula de honor que de repente no tenía ya más exámenes a los que presentarse ni tampoco ningún proyecto artístico en el que zambullirse con entusiasmo. Y lo que es más, aunque estaba contenta de haberse licenciado en bellas artes, en realidad no quería ser *Artista*, con mayúscula. Se dio cuenta de que aquel no era el trabajo para el que estaba hecha. ¿Y cuál era?

Encontró parte de la respuesta considerando no solo sus aptitudes (la capacidad para estudiar con determinación, hacer bien los exámenes y organizarse la vida) o simplemente su pasión (el arte), sino la intersección de ambas. Al combinar su amor por el dibujo con su ingenio y su extraordinaria capacidad de preparación para hacer frente a una agenda repleta de exámenes, trabajos académicos y actividades extracurriculares, se le ocurrió la idea de crear un prototipo para una nueva agenda interactiva, un diario impreso que ayudaría a estudiantes y no estudiantes a cumplir todas las actividades fijadas, instándolos a la vez a ser creativos y a disfrutar. La llamó *Passion Planner*, y no tenía nada que ver con ningún almanaque que hubiera visto antes (y como mujer organizada y siempre en busca de lo más práctico, había visto muchos).

Desde luego, no era medicina, y tampoco se puede decir que fuera arte. Se trataba de un singular maridaje que combinaba distintas aficiones, intereses y habilidades de Angelia... y que fue todo un éxito. La verificación de que era además algo por lo que la gente *pagaría* la tuvo la primera vez que la ofreció al público en una campaña de la plataforma Kickstarter, que recaudó más de 48.000 dólares cuando la meta inicial era de 19.000. Volvió a hacerlo unos meses después, y obtuvo más de 100.000 dólares por una versión distinta, más estilizada.

Pero espera, aún hay más: la tercera campaña de Kickstarter se extendió como la pólvora, propulsada por críticas más que favorables de toda la gente que había comprado una versión anterior. Cuando finalizó la última cuenta atrás, Angelia y su creciente equipo de colaboradores se reunieron en torno a un portátil y actualizaron la pantalla una vez más. Los resultados eran increíbles: veintiséis mil seiscientos veintiséis partidarios prometían 658.434 dólares para ayudar a hacer realidad el proyecto.

Para entonces, lo emocionante no era solo el enorme número de partidarios (que en este contexto eran en esencia clientes), sino que pronto Angelia y compañía pudieron donar agendas a escuelas, bibliotecas y organizaciones. A continuación, la empresa de videojuegos Electronic Arts hizo un pedido de agendas al por mayor, para todos sus empleados. La Passion Planner había dejado de ser un proyecto; se había convertido en un verdadero negocio.

EL TEST DE CERO A UNO

Peter Thiel, el inversionista de riesgo y fundador de PayPal, ha propuesto un modelo para comprender la clave del crecimiento empresarial a gran escala, sobre todo entre las compañías tecnológicas. Lo llama *De cero a uno*, y diferencia un negocio *de cero a uno* de otra clase de negocios:

Progreso horizontal significa copiar cosas que funcionan (ir de uno a *n*). Es fácil de imaginar porque ya sabemos el aspecto que tiene. El progreso vertical significa hacer cosas nuevas (ir de cero a uno). Este es más difícil de imaginar porque implica hacer algo que nadie ha hecho antes. Si coges una máquina de escribir y construyes cien, has hecho un progreso horizontal. Si coges una máquina de escribir y construyes un procesador de textos, has hecho un progreso vertical.

Quizá la siguiente ilustración te ayude a entender la diferencia:

La mayoría de la gente que lee este libro no creo que se plantee crear un negocio tecnológico de ámbito mundial (aunque igual tú sí te lo plantees y lo consigas). Aun así, es interesante tener en cuenta el test *de cero a uno* cuando intentes decidir si pasar o no de ser dueño de un pequeño negocio complementario a ser todo un empresario.

Muchos pequeños negocios que se emprenden en los ratos libres son esencialmente proyectos de «uno a *n*», y no hay problema. Ser útil a los demás nunca pasará de moda. Pero si tienes la oportunidad de pasar de cero a uno, creando algo verdaderamente nuevo y diferente, tal vez quieras salirte de esa modalidad de «ocupación complementaria» y prepararte para algo mucho más serio.

Por temible que sea lanzarte solo a lo desconocido, intenta resistir la tentación de sustituir una situación semisegura por otra, copiando una idea ya existente o simplemente sumándote a un negocio que ya exista. En vez de eso, busca la seguridad en crecer *de cero a uno* y crear tu propio pequeño (o no tan pequeño) imperio empresarial empezando de la nada.

CUÁNDO DEJAR TU TRABAJO Y CUÁNDO CONVERTIR UNA OCUPACIÓN COMPLEMENTARIA EN UN NEGOCIO EN TODA REGLA

Una vez que hayas decidido lanzarte de cabeza, ¿cómo saber cuál es el momento oportuno? Desgraciadamente, no hay una única respuesta a esta pregunta. He visto a gente dejar su trabajo para dedicarse a hacer realidad sus proyectos en momentos muy diversos. A Heath Padgett, el joven cámara, y quizá a otros como él, emprender un negocio por su cuenta y seguir trabajando como empleado a jornada completa no le pareció que en su caso fuera a funcionar. Es posible que no tengas tiempo o el ancho de banda necesarios para hacer prosperar un negocio mientras realizas otro trabajo de ocho horas. Sin embargo, hay quienes prefieren contar con la seguridad que les da tener unos ingresos fijos mientras experimentan con su proyecto complementario, aun cuando signifique dormir menos y trabajar en ese negocio noches y fines de semana.

Hay una manera infalible de tomar una decisión si estás indeciso. *Deja el trabajo cuando tu negocio te dé suficiente dinero para vivir*; no cuando sea prometedor y tenga potencial, sino cuando realmente te esté proporcionando el dinero que necesitas para mantenerte y pagar las facturas, aunque sea menos de lo que ganas en tu trabajo de cuarenta horas semanales.

Hasta entonces, resístete al impulso de dejarlo, a menos que estés absolutamente seguro de que tu imperio en ciernes irá viento en popa.

BREVE (¡PERO COMPLETA!) GUÍA PARA UTILIZAR LA TECNOLOGÍA QUE NECESITAS

En general, damos por sentado que para poner en marcha una empresa y que prospere hace falta tener muchísimos conocimientos y experiencia tecnológicos. Pero, hoy en día, nada más lejos de la realidad. Actualmente, con herramientas como Wordpress y Squarespace, cualquiera puede elaborar una página web, poner un producto en venta en internet o crear una comunidad de seguidores en las redes sociales, incluso aunque no haya escrito ni una sola línea de código en su vida.

Como comentaba en el capítulo 4, quienes estén familiarizados con la nueva tecnología jugarán generalmente con ventaja en la economía emergente. Pero eso no significa que tengas que ser un experto, hacerte programador o apresurarte a comprar todos los meses el último artilugio tecnológico. No es necesario que domines cada innovación que aparece; simplemente debes utilizar la tecnología para conseguir tus objetivos.

Voy a darte unas cuantas pistas rápidas para que te hagas una idea de los conocimientos tecnológicos básicos que necesitarás para poner en marcha tu pequeño imperio y hacerlo prosperar:

- **No te estreses porque las redes sociales cambien constantemente.** Aparece una nueva red social a diario; ¿cómo mantenerte al día? Respuesta: ni te lo plantees. En vez de intentar estar *en todas partes*, esmérate en estar presente y en contacto con tus seguidores en un par de redes; con eso basta.

- **Estate al corriente de las principales formas de comunicación.** La tecnología de la comunicación cambia con más lentitud que las redes sociales, y aquí sí es importante que estés al día. Si utilizas el correo electrónico para comunicarte cuando todo el mundo emplea los mensajes de texto, o usas una dirección de correo electrónico de AOL cuando todo el mundo está en Gmail, vas a tener la sensación de que te has quedado atrás.

- **Asegúrate de que dispones de un medio para cobrar lo que vendes.** Ya he hablado de esto anteriormente, pero no está de más repetirlo aquí: no puedes ganar dinero si no ofreces una forma de pago. Por suerte, las nuevas tecnologías han conseguido que cobrar sea más fácil que nunca. Puedes recibir el dinero que cuesten los productos o servicios que ofreces con solo crear una cuenta gratuita de PayPal, Square o varios otros sistemas. Lo más importante es que te acuerdes de facilitarle todo lo posible al comprador el envío de dinero. Conocí una vez a una persona que odiaba PayPal y rechazaba pedidos continuamente porque se negaba a aceptarlo. Aunque te parezca una locura, escucha bien: no importa lo que *tú* pienses de un determinado método de pago; importa lo que tus clientes prefieran.

- **Necesitas algún tipo de sitio web.** Te guste o no, si Google no es capaz de encontrarte, tampoco van a encontrarte tus clientes o compradores potenciales. Lo bueno es que puedes crear un sitio web o un blog *en una hora o incluso menos* usando Wordpress, un *software* gratuito que está disponible para cualquier ordenador. Si quieres, para saber cómo funciona, entra en BornforThisBook.com y descárgate una guía gratuita de la sección de recursos (en inglés).

MÁSTER EN ADMINISTRACIÓN DE EMPRESAS EN SOLO TRES MINUTOS

La gente tiene una serie de ideas bastante equivocadas sobre la carrera de ciencias empresariales, y la mayor de ellas es que si tienes una licenciatura en administración de empresas, sabrás cómo montar un negocio. Si quieres ser directivo de nivel medio en una gran corporación, quizá una licenciatura en administración de empresas te sea de utilidad, porque en realidad es una carrera de carácter administrativo, y lo que se enseña es a administrar el negocio de otro. Si ese es el trabajo para el que has nacido, o si la mención del título en tu currículum te servirá para conseguir automáticamente un ascenso o un incremento salarial, quizá estudiar esta carrera sea una buena inversión.

Pero en todos los demás casos, y sobre todo si quieres montar y llevar un negocio por tu cuenta, tal vez sea mucho mejor que no vayas a la universidad.

Si no sabes con seguridad si la facultad de ciencias empresariales es o no lo más indicado en tu caso, esta hoja de referencia compara lo que aprenderás allí con lo que necesitas saber para trabajar por tu cuenta. Fíjate en lo diferentes que son las áreas de conocimiento.

Dirección

Lo que aprenderás en la facultad de ciencias empresariales:

- Casos prácticos de cómo dirigen los ejecutivos a los cientos o miles de empleados que trabajan a sus órdenes.

Lo que necesitas saber:

- Cómo trabajar con toda clase de gente y cómo negociar para conseguir lo que quieres.

Operaciones

Lo que aprenderás en la facultad de ciencias empresariales:

- Cómo dirigir fábricas, hospitales, aerolíneas, instalaciones de petróleo y de gas y otras empresas similares a gran escala.

Lo que necesitas saber:

- Cómo dirigir aquello que te hace ganar dinero.

Finanzas

Lo que aprenderás en la facultad de ciencias empresariales:

- Modelos de valoración bursátiles y de bonos, pronóstico y evaluación de proyectos, cómo generar beneficios a corto plazo para elevar los precios.

Lo que necesitas saber:

- Cómo ganar dinero suficiente –lo que quiera que «suficiente» signifique para ti– con regularidad.

Contabilidad

Lo que aprenderás en la facultad de ciencias empresariales:

- Cómo preparar informes financieros corporativos, la amortización y depreciación de activos intangibles y otros.

Lo que necesitas saber:

- Cómo pagar las facturas y ajustar los gastos al dinero que ganas.

Marketing

Lo que aprenderás en la facultad de ciencias empresariales:

- Cómo gastar millones de dólares pertenecientes a otra gente en campañas publicitarias.

Lo que necesitas saber:

- Cómo llegar a la gente que quiere comprar tu producto, servicio u oferta.

Estadística

Lo que aprenderás en la facultad de ciencias empresariales:

- Cálculos diferenciales, programación lineal, algo llamado «derivados» y algo sobre la «distribución de frecuencias».

Lo que necesitas saber:

- No demasiado.

Bonificación: si todavía estás indeciso, asegúrate de consultar el tratado ya clásico de Josh Kaufman *The Personal*. Por menos de 20 dólares aprenderás más o menos lo mismo que con cualquiera de los diez programas de formación empresarial típicos y ahorrarás aproximadamente 59,98 dólares.

Lo importante es que crear un negocio *on line* no es complicado, ni siquiera para los poco versados en tecnología. Y, por cierto, la mayor parte de lo que necesitas saber, puedes aprenderlo fácilmente en internet. ¡Tecléalo en Google y estate al día!

Si el momento es el oportuno y tienes verdaderas ganas, plantéate ir a por todas con Tú, S. L. Solo una cosa: acuérdate de que el modelo alegría-dinero-fluidez esté siempre en el centro de tu punto de mira. Si falta alguno de los tres elementos, te costará mucho más crear tu pequeño (o no tan pequeño) imperio. Cuando *finalmente encuentres* el equilibrio ideal, el salto a la libertad te hará aterrizar en terreno firme. No te asocies con una entidad que opere en beneficio propio; crea paso a paso tu propia seguridad.

Nunca tuve una revelación instantánea. Tuve un proceso de descubrimiento, y me condujo a algo rentable que me dio además la autonomía que tanto deseaba.

Kelly,
35 años, administradora de una comunidad *on line*

CÓMO SER BOMBERA
(o lo que quieras)

OBJETIVO:
Apuesta al juego que hará aumentar tus probabilidades

Deja de apostar al juego de los números y nunca vuelvas a enviar un currículum. En vez de apostar por las probabilidades actuales, apuesta al juego que las aumenta.

Es muy difícil llegar a ser bombero profesional. Teniendo en cuenta que el porcentaje de candidatos aceptados es inferior al 1%, se podría decir que en el cuerpo de bomberos de muchas ciudades hay más rivalidad que en las universidades de Stanford o Harvard. Cada vez que salen plazas a concurso, se presentan cientos o miles de candidatos, y solo unos pocos superan las pruebas. Para ser bombero, debes tener además el certificado de primeros auxilios, el permiso de conducción de camiones, el título de técnico de ascensores y otras cualificaciones más. El trabajo entraña también un importante esfuerzo físico; se ha de poder levantar grandes pesos en condiciones extremas. Básicamente, hay que ser muy listo y muy fuerte, y tener además toda clase de conocimientos específicos que sirvan para salvar vidas. Por consiguiente, ocurre como en cualquier otro trabajo para el que se requiera una alta cualificación: muchos son los llamados pero pocos los elegidos. O lo que es lo mismo, hacerse bombero profesional no es solo difícil; es muy, *muy* difícil. Pero no imposible.

A los veinte años, Shelli Rae Varela era, según sus propias palabras, «una artista bohemia» que vivía en Ontario (Canadá). Se daba maña para la mecánica, ya que había crecido ayudando a su padre a arreglar camiones. Y tenía además un lado creativo. Había aprendido a dibujar siendo muy pequeña y empezó a hacer fotos en cuanto pudo sostener una cámara. Algo más: Shelli medía uno cincuenta y ocho y pesaba cuarenta y ocho kilos. De pequeña, esto le valió el apodo de Cacahuete. Por su aspecto, era la última persona a quien se habría esperado ver convertida en bombera.

De joven, había pasado mucho tiempo con un amigo de la familia que atravesaba un mal momento. Se llamaba Steve y era bombero en Toronto, y Shelli se quedaba fascinada con las historias que contaba de rescates y situaciones de peligro. Cada vez que Steve tenía unos días libres, ella se acercaba a su casa a charlar. Cuando se quedó sin historias que contar, empezó a instruir a Shelli en el trabajo en sí.

Un día, yendo juntos en coche, Shelli vio en un camión un rótulo que decía «Material peligroso» y, recordando las cosas que Steve le había enseñado, comentó de inmediato que el rótulo no era el que correspondía. Steve se quedó impresionado.

—¿Por qué no solicitas un puesto en la estación de bomberos? —le preguntó.

En aquellos tiempos, las bomberas eran muy escasas en Canadá. Además, Shelli *Cacahuete* Varela no tenía precisamente el aspecto físico de una persona fuerte, del sexo que fuera. De entrada, las posibilidades eran remotas, pero ella se identificó de inmediato con la idea: «Eso es lo que quiero hacer —pensó—. Voy a ser bombera».

Para ser bomberos, son muchísimas las pruebas que han de superar los candidatos. Del pequeño número de ellos que consigue aprobar el examen escrito, muchos fallan en el examen físico, quedan descartados en la entrevista por no considerárselos aptos para el puesto o simplemente acaban claudicando. Para ser aceptado y conseguir un contrato, es necesario estudiar y prepararse con dedicación exclusiva durante meses, si no años.

Shelli era una luchadora nata. Si quería algo, iba a por ello. Ser bombera, sin embargo, no era tan fácil. Se inscribió para las pruebas en Toronto; luego, se presentó y vio esperando en la sala de convenciones a otras cinco mil personas. ¿Qué hacía allí toda aquella gente? ¡Ah!, cayó en la cuenta, *todos querían ser bomberos.*

El examen en cuestión, que en Canadá se conoce como «Prueba nacional de selección para la extinción de incendios», no es algo que se pueda preparar de la noche a la mañana. Shelli contaba con que sus aptitudes para la mecánica y todo lo que había aprendido con Steve le servirían para aprobarlo, pero no tenía ni idea de cuánto más había que aprender. No hace falta decir que los resultados del primer examen fueron pésimos.

De todos modos, podía volver a presentarse tantas veces como quisiera, y estaba dispuesta a hacer lo que fuera necesario para mejorar aquella puntuación. Durante los meses siguientes, se enteró detalladamente de cuáles eran los requisitos físicos y técnicos y se propuso adiestrarse en cuanto hiciera falta. Pronto, había un montón de títulos acumulados en la carpeta que llevaba consigo a todas partes. Se ganaba la vida trabajando en un salón de manicura, pero con la vista puesta siempre en su sueño: «Eso es lo que quiero hacer. Voy a ser bombera».

Tardó más de tres años (mil ciento sesenta y dos días, para ser exactos) en hacer su sueño realidad. Sabe el número con exactitud porque, desde que tuvo aquella revelación a los veinte años, nunca dejó de pensar en ella. Todos los días, mientras se afanaba en prepararse o estudiar para la siguiente prueba, visualizaba la llamada telefónica que recibiría para comunicarle que finalmente había sido seleccionada. Pensar en esa llamada la ayudaba a seguir motivada y centrada en los estudios.

Se presentó al examen ocho veces más, por toda la provincia. La mayoría de ellas, aprobó, pero con una puntuación inferior a la de los otros pocos que habían conseguido pasar a la segunda ronda. En una ocasión, obtuvo una puntuación del 92,5%, rozando casi el 93% que se necesitaba para superar la primera fase. ¡Había estado tan cerca! Pero lo importante es que cada vez conseguía una puntuación mejor.

Finalmente, obtuvo la puntuación necesaria para pasar a las fases de selección finales. Aun con todo, le quedaban todavía algunos obstáculos que superar. Entre otras cosas, los supervisores dudaban de su capacidad física (recuerda que muy pocas mujeres optaban por ser bomberas en aquel tiempo, y Shelli era además diminuta), pero les demostró que se equivocaban, ya que superó los resultados exigidos en el examen de aptitud física.

Y después, un día, recibió la llamada. Había aprobado todo con nota, y el cuerpo de bomberos de Mississauga, el sexto más grande de Canadá, le ofreció trabajo.

Resultó ser justo la labor con la que siempre había soñado. Aceptó el puesto, empezó el entrenamiento oficial la semana siguiente y nunca miró atrás. A pesar de que las probabilidades de fracasar habían sido muchas —la competencia feroz, el implacable proceso de selección y su tamaño diminuto—, lo consiguió. Cuando hablé con ella, acababa de terminar su vigésimo primer año de bombera profesional.

CÓMO CONSEGUIR EL TRABAJO DE TUS SUEÑOS

Vamos a empezar por quitar de en medio una idea bastante desalentadora. La mayoría de los consejos que nos dan referentes al trabajo de nuestros sueños son muy engañosos e incluso dañinos. Mientras investigaba para escribir este capítulo, pensé que no estaría de más ver cuál sugerían los expertos que era la mejor táctica para conseguir un trabajo que de entrada podía parecer una fantasía inalcanzable, y lo que encontré era o falso o desalentador... o ambas cosas.

El popular columnista del *New York Times* Thomas Friedman aconsejaba a los licenciados que «destacaran». A los empresarios de hoy en día les da igual en qué universidad hayas estudiado, decía, y a continuación citaba a un experto en educación licenciado por Harvard y a la fundadora de una empresa emergente que había estudiado en Yale. Esta última había trabajado para McKinsey, una de las empresas de consultoría más relevantes a escala internacional, y su compañero para Goldman Sachs, quizá el más poderoso banco de inversión del mundo.

> Genial. Lo único que tienes que hacer es ir a una de las ocho universidades de la Ivy League [las ocho más antiguas y elitistas de Estados Unidos] —es de suponer que ya irá alguien en tu lugar a recoger el recibo de los 40.000 dólares que has pagado cada año—, y luego conseguir un puesto de lo más selecto y bien remunerado. Después de eso, estarás en condiciones de «destacar».

La mayoría de los expertos, al parecer, tratan la cuestión de encontrar trabajo como un mero juego de números. Cuantas más solicitudes de trabajo envíes, aseguran, más oportunidades tienes de conseguir un empleo. Pero en realidad no funciona así, al menos no directamente. ¿Por qué no? Una razón es que las solicitudes de trabajo, sobre todo para puestos de nivel elemental o medio, han creado una situación de inflación de solicitudes muy seria en los últimos años. Al hacerse más y más competitivo el mercado laboral, los aspirantes —no solo gente recién licenciada, sino gente de todas las edades que busca trabajo— normalmente se asustan y envían tantos currículums como pueden, con la esperanza de conseguir así una entrevista al menos. La realidad es que esta estrategia de solicitud masiva rara vez funciona, ya que, como muestran las encuestas, la mayoría de la gente a la que se contrata accede a los puestos de trabajo por una vía diferente al proceso de solicitud convencional.

El mayor problema es que el razonamiento en que se fundamenta esta táctica de «lanzar espaguetis contra la pared y ver si alguno se queda pegado» tiene un error de base. Piénsalo. Si cada solicitante de empleo envía, digamos, setenta y cinco currículums adicionales, significa que los empresarios reciben, como mínimo, setenta y cinco solicitudes adicionales para cada trabajo disponible. Es un problema que lleva creciendo desde finales de los años noventa, cuando empezaron a ser comunes las ofertas de trabajo *on line* y los aspirantes ya no tenían que comprar un periódico impreso (¿te acuerdas de cómo eran?) e ir recorriendo las listas de anuncios de empleo. Quizá en la secretaría de la facultad donde estudiabas siguieran teniendo a disposición del alumnado unas cuantas carpetas gruesas de tres anillas con información de negocios locales, pero la mayoría de los estudiantes iban derechos al ordenador, se registraban y empezaban la búsqueda.

En algunos sentidos, las ofertas de trabajo *on line* les han facilitado las cosas a los buscadores de empleo. Ahora se puede buscar en cualquier parte cualquier tipo de trabajo, y muchas veces solicitarlo al instante en el mismo sitio web, sin necesidad de imprimir ni enviar los currículums que se pedían. Pero en otros, las ofertas tan accesibles y los procesos de solicitud instantáneos han *empeorado* las cosas, pues han hecho que aumente desorbitadamente el número de aspirantes para cada puesto de trabajo. Parece mentira hasta que te das cuenta de lo poco que cuesta solicitar la mayoría de los empleos. Si no tienes más que hacer clic en un botón y teclear tu nombre, ¿qué le va a impedir a nadie pulsar botones una y otra vez?

Hay dos maneras de adaptarse a un entorno de estas características: intentando ser más competente y trabajar con más ahínco que todos los demás (¡envía setenta y seis currículums en vez de setenta y cinco! ¡Sigue pulsando el botón de solicitud!) o enfocando el problema desde un ángulo totalmente distinto. Lo más probable es que no puedas hacerte mejor pulsador de botones que todos los demás buscadores de empleo. Y por otra parte, ¿quieres decir que esa educación superior tan cara no te enseñó nada más productivo que a pulsar botones?

DEJA YA DE APOSTAR AL JUEGO DE LOS NÚMEROS

Si quieres enfocar el problema desde una perspectiva distinta, tienes que dejar de apostar al juego de los números y empezar a apostar a uno que realmente aumente tus probabilidades. Volvamos al casino en el que nos detuvimos brevemente en el capítulo 3. La mayoría de las personas que van al casino son jugadores, es decir, son gente que esencialmente acaba regalándole su dinero a la casa. Indudablemente, la casa se encargará de que tengan las copas siempre llenas y quizá incluso consigan un buffet gratis a cambio de su donación, pero con el tiempo, la mayoría de la gente que apuesta en los juegos de casino pierde.

Hay excepciones, sin embargo. En Atlantic City, conocí a un tipo, al que llamaremos Dan, que es jugador profesional de videopóker. Es una persona de carne y hueso, no un personaje virtual, pero me pidió que no utilizara su verdadero nombre. Lleva los últimos dos años perfeccionando una estrategia que le da una ventaja, minúscula pero provechosa, de un 0,02 %.

La estrategia consiste, en pocas palabras, en *elegir la máquina adecuada*. Todas las máquinas de juego están calibradas de tal modo que cada una de ellas le proporcionará al casino una mayor o menor cantidad de ganancias. Dan había ingeniado una estrategia para la selección óptima de máquinas, que combinada con un juego casi perfecto (habilidad que no es tan difícil adquirir, puesto que uno toma siempre las mismas decisiones una vez que sabe qué hacer) le reportaba unas ganancias medias de 200 dólares cada turno de ocho horas que hacía en Atlantic City.

Aplicar la estrategia de Dan a la búsqueda de empleo vendría a decir que la clave no está en enviar solicitudes para la mayor cantidad de puestos de trabajo posible; la clave está en enviar solicitudes a los trabajos *adecuados*. ¿Cómo hacerlo para elegir la «máquina» que te dará mayores probabilidades de ganar?

QUE EMPIECE EL JUEGO: PASOS 1 A 5

Como en cualquier negociación, cuando intentes encontrar y conseguir el trabajo de tus sueños, conviene que tengas en cuenta la perspectiva de la otra parte. ¿Crees que las empresas quieren tener que leer miles de currículums para cubrir una sola vacante? Por supuesto que no. Cuando buscan a alguien para un puesto de trabajo, las compañías y organizaciones florecientes desean encontrar únicamente a la mejor gente posible y en la menor cantidad de tiempo posible.

Expresado de otro modo, podría decirse que tus objetivos y los suyos están en consonancia.

Cuando llega el momento de buscar trabajo, la mayoría de la gente sigue un camino más que trillado. Hacen cosas como:

- Consultar una bolsa de trabajo o presentarse a una sesión de selección.
- Consultar los sitios web de ofertas de empleo.
- Pulir su currículum.
- Registrarse en sitios web de empresas y redes de antiguos alumnos.
- Actualizar su perfil de LinkedIn.

Toda esta clase de actividades contribuyen a hacerte creer que estás progresando, cuando en realidad quizá no te estén llevando a ninguna parte. ¿Por qué? Piensa en cuántos solicitantes inteligentes y cualificados deben de estar haciendo exactamente lo mismo que tú. Tal vez tengas la sensación de que son actividades productivas, pero no es muy probable que te ayuden a encontrar el trabajo de tus sueños. En un entorno tan competitivo, no basta con avanzar al ritmo de los demás; tienes que hacer algo que te dé verdadera ventaja.

Estos son algunos pasos que te ayudarán realmente a aumentar tus probabilidades.

Paso 1: decide el nombre del trabajo que quieres

Si quieres conseguir el puesto de trabajo llamado «director de recursos humanos», eso es lo que obtendrás..., bueno, al menos si eres la persona afortunada que logra superar las sucesivas rondas de filtrado de currículums. Pero ¿y si decidieras tú mismo el nombre del trabajo que quieres hacer y buscaras una empresa o una organización que estuviera dispuesta a darle cabida? El número de candidatos contra los que competir sería de repente muchísimo menor.

Hablando con gente que ha sido imaginativa al pensar en el nombre del trabajo que querían hacer, supe de un «primer oficial de felicidad», puesto de trabajo que se ha incorporado ya a varias empresas emergentes pero cuya creación se remonta en realidad a 2003, cuando McDonald's le asignó a su mascota oficial, el payaso Ronald McDonald, la tarea de hacer feliz a la gente. Supe también del «alcalde» Tony Bacigalupo, que dirige uno de los primeros espacios de trabajo compartidos de Nueva York.

Si pudieras tener el puesto de trabajo que más quisieras del mundo, ¿qué nombre tendría?

Paso 2: crea una declaración de artista que describa a la persona que serás en el futuro

En vez del típico currículum, muchos pintores, escultores y otros representantes de las artes visuales crean una «declaración de artista» que describe su trabajo y su propósito. Es fácil diferenciar una declaración fuerte de una débil. La débil está llena de palabras rimbombantes, utiliza la voz pasiva en lugar de la activa y es interminable.[*] Las declaraciones de artista fuertes van directas al grano y dejan muy poco lugar para la confusión:

- Las acuarelas que pinto son nostálgicas y sentimentales.
- Creo esculturas e instalaciones escultóricas para mostrar la evolución de la humanidad y su impacto en el medio ambiente.
- Los *podcats* que publico semanalmente estudian cómo está cambiando el mundo laboral, sobre todo desde el punto de vista de los mayores de cincuenta años y la gente acostumbrada a las profesiones tradicionales.

Naturalmente, la mayoría de las declaraciones de artista se redactan con fines creativos, no como solicitudes de empleo, pero ¿por qué no modificar el concepto y darle una orientación más profesional? La clave está en dedicar la mitad de la atención a los logros pasados y la otra mitad a lo que esperas conseguir en el futuro. La concisión es buena, pero no hace falta que te vuelvas loco intentando utilizar el mínimo número de palabras posible. Te muestro algunos ejemplos:

---

[*] Por desgracia, las declaraciones de artista «débiles» son más que comunes. Si quieres leer algunas particularmente ridículas, entra en artibollocs.com (en inglés).

- Ser una profesora de enseñanza media competente ha significado desarrollar aptitudes comunicativas y de liderazgo. Mi objetivo es aplicar esas aptitudes a un nuevo futuro profesional en el ámbito de las relaciones públicas.

- Utilizando las aptitudes que he demostrado durante los cinco años que he trabajado desarrollando interfaces de usuario, quiero ayudar a alguna organización a hacer mejoras sustanciales en sus sistemas y redes.

- Me licencié con matrícula de honor (desgraciadamente, tuve un sobresaliente bajo en cálculo integral). Estoy preparada para ayudar a cualquier empresa a aumentar sus beneficios y a crear nuevas fuentes de ingresos.

Paso 3: *pide ayuda a cinco personas*

Manda una serie de correos electrónicos personalizados pidiendo ayuda sobre un tema determinado. No envíes correos a todos tus contactos de una red social y no utilices el campo CCO, de copia oculta, pues la mayoría de la gente elimina directamente esos mensajes. La clave está en ser todo lo concreto que puedas en cuanto a la ayuda que solicitas a cada persona y que ella en particular puede ofrecerte. Pide sugerencias para encontrar el trabajo que quieres, o incluso que te presenten a alguien que quizá pueda encaminarte hacia él. Comprueba los resultados. Luego, pídeselo a otras cinco personas.

Cuando te presenten a alguien influyente, haz lo posible por quedar con él, aunque sea solo para un encuentro breve. No siempre será posible, pero cuando lo sea, trata de causarle buena impresión y de escuchar más que hablar. A menos que sea evidente que esa persona quiere prolongar el encuentro, ponle fin una vez transcurrido el tiempo que habías solicitado. Después, envíale un breve correo en el que le agradeces su interés. Si es oportuno, plantéale de forma clara la posibilidad de un encuentro, oportunidad o entrevista ulteriores.

Paso 4: utiliza un «interés manifiesto» como estrategia general, no meras solicitudes académicas

Como las universidades siguen estando desbordadas de solicitudes de plaza, han empezado a tomar en consideración un nuevo factor, además de los resultados de exámenes y la nota media. En pocas palabras, quieren saber si los solicitantes tienen *verdadero* interés en estudiar en el centro al que envían la solicitud o si es solo una de tantas solicitudes que envían. Este factor, que los encargados de admisiones denominan «interés manifiesto», puede ser difícil de cuantificar, pero se refiere a detalles como:

- ¿Ha visitado el solicitante el centro y ha hecho un recorrido oficial de sus instalaciones?
- ¿Por qué cree el solicitante que este centro en particular sería el idóneo para él?
- ¿Qué tipo de contribución puede hacer el solicitante a la cultura del centro?

Lo mismo que los estudiantes que reúnen los requisitos necesarios para solicitar una plaza hacen hoy en día todo lo posible por demostrar ese interés manifiesto por el centro que más les interesa, tú puedes aplicar esa estrategia a la búsqueda de empleo. Por ejemplo, cuando Shelli decidió ser bombera, fue a enterarse de todo lo que entrañaba el trabajo. Cada vez que se topaba con técnicas o conocimientos que le resultaban extraños, hacía preguntas con interés, leía o incluso hacía cursos para asegurarse de que estaba plenamente cualificada. Ella quería *de verdad* ser bombera, y lo demostraba.

Empecé a trabajar con la que hoy es mi asistente, Ashley, cuando inesperadamente recibí un correo suyo en el que se ofrecía a asistirme en lo que necesitara. Nos habíamos conocido un par de meses antes, y en aquel breve encuentro me había dado la impresión de que era una mujer trabajadora y digna de confianza. Cuando recibí su correo electrónico, tenía entre manos una tarea tremendamente aburrida: estaba ante una gigantesca hoja de cálculo de Microsoft Excel en la que eran miles las entradas de datos de direcciones que tenía que organizar. Sabía que era un trabajo de al menos varias horas, si no más. Casi me disculpé cuando se lo ofrecí:

—Um, ¿te gustaría pasar quizá ocho horas contemplando una hoja de cálculo de Excel?

Me sorprendió su respuesta:

—¡Me encantaría!

Pero no solo aceptó con entusiasmo terminar lo que yo había empezado, sino que incluso dedicó tiempo a leer por su cuenta sobre hojas de cálculo e incluso a ver vídeos formativos en YouTube. Aquello era interés manifiesto como nunca había visto, y al cabo de varios meses y varias tareas de prueba, le ofrecí trabajar conmigo a jornada completa... Y me sentí afortunado cuando aceptó.

Paso 5: *decide sencillamente empezar a trabajar y comprueba qué sucede*

¿Que no tienes tiempo para todo ese papeleo tan tedioso de las solicitudes? En ese caso, tal vez lo que deberías hacer es sencillamente presentarte en un sitio y empezar a trabajar. ¡Hay gente que de verdad lo ha hecho!

Mark Suster trabajaba en una consultoría londinense cuando oyó hablar de un nuevo proyecto empresarial que estaba a punto de iniciarse en Tokio. Mark había tenido debilidad desde niño por la cultura asiática y siempre había querido trabajar en Japón, pero sabía que las probabilidades de que le asignaran el proyecto al azar eran muy escasas. Sabía también que si solicitaba el encargo y lo desestimaban —lo cual era bastante probable, dado que su área de especialización era otra—, no podría desobedecer las órdenes y presentarse en Tokio.

Así que buscó un término medio: no solicitó el proyecto, simplemente se «autoaceptó». Compró un billete de avión (un billete que no estaba seguro de que fuera reembolsable), voló a Tokio el fin de semana y el lunes por la mañana se presentó en la oficina en cuestión.

—¿Qué hace aquí? —le preguntó el encargado.

—He oído que necesitan a alguien para el proyecto —respondió, aunque él mismo admite que parte de la conversación pudo *perderse en la traducción*.

La empresa le dio algo para hacer durante la semana —ya estaba allí, así que, ¿por qué no?— e hizo un trabajo excelente. Al terminar la semana, le pidieron que volviera el lunes siguiente. Mark acabó quedándose seis meses. Antes de marcharse de Japón, el socio principal le pidió que considerara la posibilidad de un traslado permanente a la oficina. Para entonces, él tenía otros planes, pero no hay duda de que la arriesgada apuesta que hizo había dado sus frutos.

ELIGE LA MÁQUINA TRAGAPERRAS EN LA QUE HAYA MENOS COLA

¿Y si el problema no fuera necesariamente *encontrar* o *conseguir* trabajo, sino avanzar hacia el nivel o puesto que quieres? No siempre es posible *autoaceptar* una promoción o saltarse los peldaños de la escalera corporativa. Piensa, por ejemplo, en la clásica carrera militar, en la que los oficiales y los soldados enrolados tienen que atenerse a un rígido proceso de avance lineal, con muy pocas oportunidades de saltarse ningún escalón. Para quien empiece por el peldaño más bajo de la escalera, los primeros veinte años de servicio son a grandes rasgos como sigue:[*]

Soldado: los primeros seis meses.

Soldado de primera clase: al cabo de un año.

Especialista: a los dieciocho meses.

Sargento: a los cuatro años y dos meses.

Sargento de segunda clase: a los ocho años y cinco meses.

Sargento de primera clase: a los trece años y seis meses.

Sargento maestro/ Sargento primero: a los diecisiete años.

Sargento mayor: a los veinte años y ocho meses.

Por supuesto, este sistema jerárquico tiene ciertas variantes. Hay cuerpos en que los ascensos pueden ser más rápidos

---

[*] Según la *U.S. Army Recruitment Guide, 2015* (Guía de reclutamiento del ejército de Estados Unidos, 2015).

y divisiones militares en que el desempeño de cada rango tiene una duración menor. Y superados los rangos iniciales, los ascensos posteriores supuestamente estarían basados por entero en el mérito. En general, sin embargo, este es el calendario aproximado. Normalmente se puede predecir con poco margen de error cuánto podrá avanzar alguien considerando su edad de alistamiento y el tiempo que lleve en el ejército.

Digamos que estás pensando en alistarte, pero no sientes una particular vocación por ningún cuerpo ni división. Siendo así, ¿por qué no alistarte en el que permita ascender más rápido? Y si estás cualificado para más de una división y todas te parecen atractivas, ¿por qué no entrar en la que permita un mayor avance en menos tiempo? Dicho de otro modo, si estuvieras ante cinco máquinas tragaperras, cada una de ellas con una cola de distinta longitud, y en todas tuvieras las mismas probabilidades de ganar, lo más inteligente sería elegir la que tiene la cola más corta.

Muchas empresas son también así. Cuando puedes elegir entre un puesto que tiene un potencial de avance lineal y limitado y uno que podría ofrecerte una recompensa mayor y más rápidamente, igual quieres echarle un vistazo a la opción más acelerada. Si estás cualificado para más de un sector laboral, ¿por qué no optar por el que ofrece la posibilidad de avanzar más rápido?

Avance profesional lineal   Avance profesional acelerado

CÓMO CONSEGUIR UN CONTRATO DE PUBLICACIÓN Y CÓMO LOS «VÍNCULOS DÉBILES» PUEDEN AYUDARTE MÁS QUE LOS BUENOS AMIGOS

Incluso aunque lleves tiempo viviendo en un sótano, subsistiendo a base de tallarines y sin apenas salir a ver la luz del día, lo más probable es que ya conozcas a bastante gente que te pueda ayudar a conseguir tus objetivos profesionales. Pero si cultivas deliberadamente relaciones con ese propósito concreto —no como astuta maniobra, sino con naturalidad—, podrás contar con ellas para buscar trabajo, montar un negocio o incluso recibir consejo y apoyo personales.

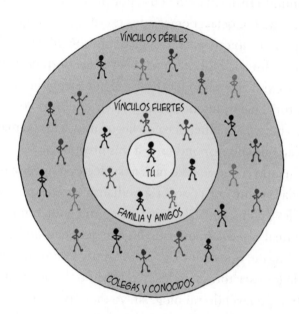

Hay en sociología un principio muy popular denominado «la fuerza de los vínculos débiles». La versión abreviada de este principio es que *nuestros conocidos pueden abrirnos la*

puerta a más gente nueva, y presentarnos por tanto más oportunida-
des, que nuestros amigos. Esto se debe a que solemos movernos
en los mismos círculos que nuestros amigos, mientras que
la gente con la que mantenemos solo una relación ocasional
(los «vínculos débiles») suele tener círculos muy diferentes
de amigos, y tienen también sus conocidos. Por esta razón,
se ha visto que los vínculos débiles son increíblemente valiosos a la hora de buscar trabajo. Pero más importante todavía
que tener multitud de vínculos débiles es tener los vínculos
débiles *pertinentes.*

Voy a poner un ejemplo de cómo actúa este principio
en el mundo real. Cuando pensé por primera vez en escribir
un libro, no conocía a demasiados escritores a los que pedir
consejo. Hice lo que parecía lógico: busqué información en
internet y fui a la biblioteca para ver si encontraba algún libro que explicara cómo localizar a algún agente literario o a
un editor. Luego, intenté ponerme en contacto con varios
de ellos personalmente, pero no llegué muy lejos (la mayoría
sencillamente no respondieron a mis preguntas).

Cuando vi que aquello no surtía efecto, empecé a pedirle a toda la gente que conocía si podían aconsejarme o a pre-
guntarle si conocían a alguien a quien me pudieran presentar. Al final conseguí ponerme en contacto con un hombre,
David Fugate, que pronto sería mi agente literario, gracias a
otro de los escritores con los que David trabajaba y que llevaba tiempo leyendo mi blog, sin yo saberlo. En los últimos
siete años David y yo hemos colaborado en cuatro libros, y
he podido además recomendarle a mi vez a varios escritores,
hoy día conocidos. De algún modo, David es el equivalente
humano del infalible juego de casino de Dan. Hoy tenemos

una relación muy fuerte, nacida originalmente de un «vínculo débil».

Este ejemplo es relevante no solo para escribir libros. Enlaza con el principio en que se basa este capítulo: que el éxito no depende solo de persistir, sino que se fundamenta en trabajar con dedicación e inteligencia. Prueba una vez, y otra, por supuesto... pero prueba de una manera estratégica. Quiero decir que, lo mismo a la hora de solicitar un puesto de trabajo que a la hora de entablar relaciones, la calidad importa más que la cantidad.

El objetivo, en otras palabras, no es necesariamente conectar con más gente, sino conectar con *más de esas personas que te conviene conocer.*

LAS REDES SOCIALES DE LA VIDA REAL: LECCIÓN DE LA ABUELA UNA

Ya sea para buscar trabajo, para ascender profesionalmente o para crear un negocio, continuamente se nos aconseja «utilizar las redes sociales». Pero ¿cómo? Hoy en día, decirle a alguien que utilice las redes sociales es como decirle «utiliza tus palabras»... ¿Qué podrías utilizar, si no, para comunicarte?

Las redes sociales son algo muy curioso. Casi cada semana, oyes de alguna que acaba de aparecer, por lo cual puede resultar todo ello un poco confuso. ¿Deberías crear cien perfiles en cien redes distintas y luego dedicar todo el tiempo que tienes a publicar actualizaciones? ¿Deberías contratar en un asistente virtual en Twitter que finja que eres tú? Probablemente sepas ya que ni lo uno ni lo otro son muy buena idea. Lo importante es averiguar cuál es *tu* gente y qué sitios frecuentan. Ahí es donde debes estar, que no tiene por qué ser necesariamente la red social más en boga; y lo que por supuesto no debes hacer es empeñarte tanto en estar al día con todo que no te quede tiempo material para hacer el verdadero trabajo por el que estás intentando que se te conozca.

Sea cual sea la red social, la plataforma o la herramienta que uses para llegar a la gente, lo más importante es que seas auténtico, genuino. Solía bromear contando que, cuando empecé a publicar en mi blog, solo tenía cinco lectores, y mi abuela Una era uno de ellos. Luego descubrí que se había suscrito a mi boletín utilizando dos direcciones de correo electrónico distintas..., o sea, que mi abuela representaba en realidad el 40% de mi público.

Otra anécdota que a la familia nos hizo reír fue que, cuando empezó a recibir el boletín que yo enviaba, no cayó en la cuenta de que era un envío a múltiples destinatarios; pensó que se lo escribía solo a ella. Cuando mis padres fueron a hacerle una visita, les dijo:

—Chris me escribió el otro día una nota larga, muy bonita.

Mi padre trató de explicarle que el boletín iba dirigido a un montón de gente al mismo tiempo, pero la siguiente vez que fue a verla, mi abuela le dijo lo mismo que la vez anterior:

—He recibido en mi dirección de correo electrónico otra nota muy bonita de Chris.

Todos nos reímos hablando de ello durante un tiempo, pero cuando volví a sentarme a escribir el boletín, me acordé de la anécdota. Un buen escritor no escribe en realidad para las masas, aunque es posible que las masas acaben leyéndole. Un buen escritor quiere crear una conexión con el lector, y esto empieza por tener en cuenta a esa persona que está al otro lado de la pantalla o de la página.

Igual mi abuela estaba en lo cierto: esencialmente, solo le escribía a ella. Se había registrado en mi página web. Cuando el boletín aparecía en su buzón de entrada, era algo que ella había solicitado. El siguiente paso dependía de mí: ¿enviaría algo que tuviera algún valor, o fuera al menos interesante? Fue entonces cuando me juré intentar escribir siempre como si le estuviese escribiendo solo a mi abuela o a otra persona querida..., una norma que me ha ayudado mucho desde entonces.

No hace falta ser escritor profesional para seguir este consejo. Incluso aunque no tengas un blog ni publiques un boletín, puedes hacer todo lo posible por mantener el mismo grado de autenticidad en las redes sociales, sea lo que sea lo que hagas —o aspires a hacer— por tu carrera profesional o tu trabajo.*

CÓMO GANAR LA ÚLTIMA MANO
(Qué preguntas hacer en una entrevista de trabajo)

Y por fin has conseguido esa importante entrevista tan esperada. ¿Cómo hacer para continuar inclinando la balanza a tu favor y, contra todo pronóstico, conseguir el trabajo? La mayoría de los consejos relacionados con las entrevistas de trabajo son elementales y aburridos, pero hay algo en lo que coinciden los expertos en asuntos laborales: es importante que cuando llegues traigas preparadas las preguntas que quieres hacer tú,

---

* Afortunadamente, no ha cancelado su suscripción todavía. Abuela, si estás leyendo esto, quiero decirte que los mensajes van dirigidos solo a ti.

tanto para satisfacer tu necesidad de tener información sobre el trabajo como para dar una imagen de persona curiosa y perspicaz. Al fin y al cabo, lo que quieres no es solo ser una pieza más de una máquina ajena, sino asegurarte de que el trabajo te ofrecerá el equilibrio justo de alegría, dinero y fluidez. Estas son algunas preguntas que puedes hacer (empleando tus propias palabras):

- ¿Cuál es el mayor problema que tiene su equipo en este momento?
- ¿Cuál es la contribución más importante que podría hacer a este puesto de trabajo?
- ¿Podría describir cómo es en general la jornada laboral de la persona que ocupa este puesto? ¿Cómo dividiría su tiempo y organizaría sus responsabilidades alguien a quien se considerara eficaz?
- ¿Qué criterios se utilizarían para evaluar mi trabajo? ¿Cómo sabría que el trabajo que hago coincide con lo que se espera de mí y cómo sabría en qué aspectos puedo mejorar?
- Si quisiera tener otras áreas de responsabilidad aparte de las que conlleva el puesto oficial, digamos que tal vez durante el 15% del tiempo, ¿qué le parecería a usted?

Con este tipo de preguntas se consiguen varios objetivos de distinta índole. Primero, las respuestas deberían ayudarte a ti, el candidato, a decidir si el trabajo es el que quieres. Segundo, las preguntas demuestran interés: el deseo de contribuir, así como el de reivindicar tu independencia o autonomía.

Mejor aún sería que combinaras un par de preguntas de estas con otro par de preguntas tuyas más concretas, directamente relacionadas con la empresa u organización y también con las aptitudes e intereses que más te importen.

ACTUAR CON MÁS INTELIGENCIA NO
SIGNIFICA NO TRABAJAR CON AHÍNCO

Cuando a los veinte años Shelli decidió ser bombera, consideró lo que le costaría conseguirlo y averiguó exactamente qué condiciones debía reunir. Tardó siete años en lograr el trabajo, pero en la actualidad lleva más de dos décadas desempeñándolo. No hay duda: era el trabajo para el que había nacido.

Durante una de las entrevistas que le hice, Shelli tuvo que cortar bruscamente la conversación para responder a una llamada de emergencia. Le comunicaron que una mujer presentaba ausencia de signos vitales. Su equipo se dirigió a toda velocidad al domicilio y, para cuando se fueron, la mujer había recuperado el pulso. Al retomar la conversación, me contó, con alegría manifiesta en la voz, lo encantada que está de que sea esto a lo que dedica cada uno de sus días. No es un trabajo fácil, pero esa es precisamente la cuestión. Lo que hace importa, y se siente bien haciéndolo.

Para Shelli, los mil ciento sesenta y dos días de estudio, entrenamiento y exámenes habían valido la pena. ¿Cuánto estás dispuesto a esforzarte tú por conseguir el trabajo de *tus* sueños?

No esperé a saber cómo empezar; simplemente empecé. La mayor parte del tiempo estaba muy asustado, pero he descubierto que no hay nada que pueda reemplazar a lo que se siente al actuar para hacer realidad un sueño. Nadie quiere que se le conozca por ser una persona con buenas ideas, sino por ser la persona que hizo que algo ocurriera de verdad.

HEATH,
24 años, escritor y realizador

EL EMPLEADO AUTÓNOMO

Objetivo:
Hacerte imprescindible

10

> No hay nada de malo en trabajar para un jefe o una empresa, sobre todo si puedes diseñar el trabajo a tu medida. Reconfigúralo. Hazte inestimable para la empresa al tiempo que forjas el trabajo de tus sueños.

Cuando, refiriéndose a su trabajo, Leon Adato dice ser una especie de «evangelista» tecnológico en una empresa de *software*, el título que con orgullo asigna al puesto que ocupa y a lo que hace es el de «friki informático jefe». «¿Quién no querría un trabajo como el mío?», preguntaba en respuesta a una de mis encuestas lleno de entusiasmo. Cuando después quedé con él en Cleveland (Ohio), para seguir hablando, me explicó cómo había conseguido el empleo ideal.

El puesto de friki informático jefe le obliga a estar y hablar en conferencias a las que de todos modos querría asistir en su tiempo libre y a escribir sobre temas sobre los que ya escribía antes sin cobrar. Como ya podrás imaginar, el trabajo no le llegó de la nada, y todo empezó con un cambio de carrera siendo joven.

Se crio en Cleveland, y era hijo de un percusionista de la orquesta sinfónica de esta localidad. En su familia se propiciaba el estudio de las artes interpretativas, y desde pequeño Leon quiso trabajar en el teatro. Después de licenciarse en arte dramático en la Universidad de Nueva York, pasó una temporada trabajando sin descanso. Consiguió un trabajo en el Teatro para Sordos que le ocupaba setenta horas a la semana, y por el que cobraba solo 10.000 dólares al año. Cierto, era teatro —y los actores suelen hacer sacrificios por subirse a un escenario—, pero aquella forma de vida no era compatible con los objetivos de Leon. Quería casarse y tener hijos, y reconocía que las probabilidades que tenía de triunfar como actor eran muy pocas.

Por desgracia, el título de arte dramático no le permitió acceder más que a una serie de trabajos en el sector alimentario y de control de pesticidas, que obviamente no eran su objetivo en la vida. Pero luego, en un trabajo temporal de auxiliar administrativo que encontró en 1988, descubrió que la informática se le daba asombrosamente bien. Se ofreció voluntario para enseñar al resto de la gente de la oficina a pasar de los procesadores de texto de la vieja escuela a los PC más vanguardistas, y pronto le ofrecieron un «trabajo de verdad» enseñando a utilizar el *software* a los auxiliares administrativos ocho horas al día.

Se sentía útil haciendo este trabajo, aunque básicamente solo les llevara una página de ventaja a sus *alumnos* en los manuales que utilizaba para enseñarles.

—En aquellos tiempos –me dijo–, había dos requisitos para encontrar un trabajo en el mundo de los ordenadores. Uno era: «¿Respiras?» y el otro: «¿Tienes un traje?». Uno de los dos era opcional.

El trabajo de instructor de *software* duró cinco años y fue una experiencia de aprendizaje extraordinaria, en la que le pagaban por hacerse un experto en manejar un centenar de programas distintos. No solo iba siendo cada vez más inestimable para la empresa, sino que iba acumulando una lista cada vez más larga de aptitudes que incorporar a su currículum, ya de varias páginas. Además, adaptó sus conocimientos dramáticos a las clases, y me contaba que la jornada diaria de docencia consistía esencialmente en hacer de monologuista durante ocho horas.

Un Leon Adato mucho más cualificado ascendió entonces en el mundo de los ordenadores a la sección de asistencia al usuario, luego a la de asistencia de servidores y después al nuevo mundo de la monitorización de sistemas, donde era el responsable de asegurarse de que las redes funcionaran en todo momento y los bloques de datos se mantuvieran *on line* –un puesto de importancia crucial–. Hizo otra serie de trabajos, cambiando de compañía cada dos o tres años, no porque estuviera descontento, sino porque, como me explicó, en muchas profesiones no está bien visto saltar de un trabajo a otro cada dos o tres años, pero en el mundo de la informática, si *no* cambias de empleo con frecuencia, tus jefes empiezan a dudar de tus aptitudes.

Cada uno de los trabajos significaba generalmente un paso adelante en cuanto a ingresos y responsabilidades. Entre los puestos que ocupó, trabajó durante un tiempo para

Nestlé, dedicado a instalar un complejo sistema en Norteamérica y luego en Suiza, adonde se trasladó con su familia
para pasar un año.

Durante muchos de estos años había trabajado además
por su cuenta, diseñando páginas web para clientes y amigos
y escribiendo sobre la evolución del mundo de la tecnología.
Me decía bromeando que era «el turno de medianoche a cinco de la madrugada», pero que prefería dedicarse a aquello
en sus ratos libres que como trabajo a jornada completa. A
Leon le encantaba trabajar desde casa, y era lo suficientemente disciplinado como para trabajar por su cuenta, pero
también le gustaba formar parte de una gran organización y
relacionarse con los demás empleados.

El trabajo de sus sueños asomó en el horizonte mientras
participaba en un foro de la comunidad de SolarWinds, una
compañía de *software*. Después de aportar sus conocimientos
en los foros de usuarios de esta compañía durante muchos
años, le ofrecieron un puesto remunerado de jefe de frikis
informáticos, un puesto de lo más singular, que pudo diseñar
a la medida de sus conocimientos e intereses así como de las
necesidades de la empresa.

De joven, en Nueva York, Leon había querido ser actor.
Ahora da conferencias, una actividad que, en sus propias palabras, es como «ponerte de pie delante de grupos de gente y hacer alarde de todo lo que sabes». En la época en que
empezó a aprender sobre informática, escribió y distribuyó
artículos por diversión; ahora, aquello que solía hacer gratis
es parte de su trabajo.

Sería un tema de debate si todo el mundo querría o no
tener un trabajo como el suyo, pero no hay duda de que él

ha encontrado el trabajo para el que está hecho. Lo hizo sin tener que enfrentarse al riesgo y la incertidumbre de dejar su trabajo anterior sin una red que lo protegiera y sin tener que intentar convertir una ocupación complementaria en un negocio a jornada completa o emprender un nuevo negocio por su cuenta. Lo hizo reconfigurando su trabajo para que le permitiera vivir como quería... y haciéndose imprescindible para sus jefes al mismo tiempo. Después de haber cambiado de trabajo más o menos cada dos años durante tanto tiempo, Leon espera quedarse ahora una buena temporada donde está.

DE UN MODO U OTRO, TRABAJAS PARA TI

Oímos hablar a diario de personas competentes que han perdido buenos puestos de trabajo. En la actual *gig economy*, o economía basada en la contratación esporádica de profesionales autónomos —también conocida como la economía del «talento a demanda»—, a un empleado cualificado y competente, ningún empresario le garantizará ya un trabajo y un salario de por vida. Ni siquiera trabajos que tradicionalmente se han considerado «seguros», gubernamentales, por ejemplo, o académicos, ofrecen demasiada seguridad hoy en día. Conocí a un hombre que llevaba en el ejército casi veinte años y, de repente, lo despidieron sin ninguna explicación, justo antes de la fecha en que habría empezado a cobrar la pensión de jubilado.

Esto significa que, aunque tengas unos ingresos fijos, en realidad trabajas para ti, eres autónomo en cuanto a que tu carrera profesional es responsabilidad tuya. Debes aumentar tus conocimientos, perfeccionar tus aptitudes continuamente y velar por ti. Y hay dos razones principales por las que es importante que lo hagas: primero, para salvaguardar el puesto que tienes en la actualidad, y segundo, para seguir avanzando.

Si Leon pudo avanzar profesionalmente, pasando de un puesto de trabajo a otro en varias compañías distintas, fue gracias a un aprendizaje tecnológico continuo y a intentar aportar más de lo que se esperaba de él. El esfuerzo tuvo su recompensa, pues acabó siendo tan imprescindible para sus jefes que, en su último trabajo, le permitieron diseñar a su antojo el puesto que quisiera desempeñar.

En general, la gente cree que para ser empresario hay que crear una red social en el sótano de casa o montar una empresa de informática en el garaje. Nada más lejos de la realidad. Hoy en día, ni siquiera hace falta crear una empresa para denominarse a uno mismo empresario; se puede ser igual de empresarial trabajando dentro de una compañía u organización tradicionales; el truco está en hacer lo que hizo Leon e idear un puesto de trabajo que te permita incluir todo lo que te interesa y ser todo lo innovador que podrías ser si *de verdad* trabajaras por tu cuenta.

Pero ¿cómo? La clave está en hacerte imprescindible para tu jefe actual. Cuando el equipo, la empresa o el negocio en el que trabajas sencillamente no pueda funcionar sin ti, tendrás la mejor baza del mundo para negociar cuando te presentes ante tu jefe y le pidas que te deje diseñar tu puesto de trabajo (el puesto premiado en la lotería laboral). Para ser imprescindible no basta con desearlo, claro, pero puedes conseguirlo con el tiempo si adaptas las cuatro estrategias que te explico a continuación.

CUATRO ESTRATEGIAS PARA SER EL EMPLEADO IMPRESCINDIBLE

Estrategia número 1: sé más imaginativo, eficiente y responsable de lo que se espera que seas

Todos conocemos a alguien que en el trabajo no se limita a cumplir con sus responsabilidades; hace bien lo que le corresponde, por supuesto, pero no solo no se conforma con cubrir el expediente sino que, además, mira a ver dónde puede ser de ayuda.

Te ocurrirá, por ejemplo, que de tarde en tarde llegues a una reunión en la que no esté claro quién está al mando. Cuando suceda, evalúa la situación para determinar qué dotes de liderazgo pueden tener los demás asistentes. Recuerda que tu objetivo es que las cosas se lleven a cabo con la mayor eficiencia posible y contribuir a la buena imagen de los demás. Luego, toma la iniciativa y hazte cargo de la situación. Sé cordial, haz preguntas y ofrécete a aceptar tareas en nombre del grupo.

VÍA	HORA	DESTINO	ESTADO
B13	11:00	OCÚPATE	PUNTUAL
A26	12:45	DE QUE	PUNTUAL
A40	2:00	CADA TREN	PUNTUAL
A28	4:15	LLEGUE Y SALGA	PUNTUAL

Al final de la reunión, haz un resumen rápido de las actividades que el grupo ha acordado realizar: «Vale, o sea, que

John llamará al proveedor para que compruebe la mercancía en el momento de la entrega, yo haré otras averiguaciones y os tendré informados...», etcétera. Por último, si ves que nadie toma notas, hazlo tú. Pásalas luego al ordenador y envíaselas a los participantes dentro de las siguientes veinticuatro horas.

Quizá hayas oído el dicho: «Si necesitas que se haga algo bien y pronto, pídele a una persona ocupada que lo haga». Para ser imprescindible, sé la persona ocupada que termina el trabajo bien y pronto..., y cuida de que progrese también según lo previsto el trabajo del resto del grupo.

Estrategia número 2: impide el rent-seeking, o captación de rentas, y cualquier otro comportamiento indebido en el lugar de trabajo

Si alguna vez has tenido un puesto de trabajo del tipo que fuera, o incluso si trabajas por tu cuenta, probablemente te hayas dado cuenta de que no todos los minutos de una «hora de trabajo» son altamente productivos. En realidad, gran parte del tiempo es improductivo. Es difícil eliminar *por completo* el trabajo improductivo y siempre habrá cierta dosis inevitable de «pérdida» en las reuniones y la realización de las tareas cotidianas. Sin embargo, la mayor parte del trabajo improductivo es simple consecuencia de la mala costumbre que tiene mucha gente de aceptar ciertas tareas o proyectos para crearse una buena imagen o elevar su estatus en la oficina sin aportar ningún valor real.

Los economistas llaman «captación o búsqueda de rentas» a las actividades cuyo objetivo es una extracción de valor sin hacer ninguna contribución a la productividad.

Es lo que hacen los cabilderos al intentar convencer a los líderes gubernamentales de que tomen medidas concretas que favorezcan a la industria. Es también lo que hacen los empleados prescindibles cuando se entretienen con tareas inútiles durante el tiempo que corre por cuenta de la compañía. Sea cual sea el puesto de trabajo que hayas tenido, probablemente recuerdes algún ejemplo que hayas visto personalmente.

Viví un caso extremo de captación de rentas cuando crucé la frontera entre Benín y Nigeria, en África occidental. Nigeria es un país precioso, y muchos de sus habitantes son gente encantadora, pero ellos mismos serían los primeros en admitir que su gobierno es increíblemente corrupto. Los sobornos son el modo general de hacer negocios y forman parte natural de la vida cotidiana. Cuando hice este viaje, ya había vivido un par de años en África occidental, donde la corrupción es endémica, pero hasta yo me quedé anonadado de la magnitud y desfachatez de las exigencias que me hicieron en este paso fronterizo. Para cruzar, tuve que presentarles el pasaporte al menos a ocho tipos distintos, todos alineados en un despacho al aire libre. Supuestamente, estaban todos allí para cumplir una función importante, aunque yo no supe cuál podía ser. Algunos de ellos me hicieron un gesto para que pasara, sin decir palabra; otros me hicieron una pregunta o dos, y otros se quedaron inmóviles con mi pasaporte en la mano, haciéndome esperar. Por lo que pude ver, ninguno hacía otra cosa que intimidar a los viajeros e intentar *extraerles* una sobretasa.

IMPIDE UNA
CONDUCTA DE
CAPTACIÓN DE
RENTAS

TAREAS
☑ VALOR CERO
☑ PERDER EL TIEMPO
☑ MOVIMIENTO
EN CÍRCULO

Confiemos en que no te encuentres con un grado de captación de rentas tan apabullante en tu oficina. Puede que haya ocasiones, sin embargo, en que adviertas alguna clase de actividad inherentemente circular que no esté dirigida a alcanzar los objetivos de la organización. Siempre que te sea posible, actúa en contra de este comportamiento y, sobre todo, asegúrate de no ceder a la tentación de caer en él tú también.

Estrategia número 3: haz cuanto esté en tu mano por ayudar a la organización a alcanzar sus principales objetivos, aunque no estén directamente relacionados con tus funciones oficiales

Hay muchos puestos de trabajo distintos en una gran empresa, y no todos son directamente responsables de obtener beneficios o alcanzar otras metas tangibles. Tal vez tu labor forme parte esencial del trabajo que se realiza en segundo plano, pero encuentra la manera de trascender tus funciones oficiales. No te limites a ser un trabajador dedicado, encuentra el modo de aumentar los beneficios o, cuando menos, busca una conexión directa entre tus esfuerzos y una mayor prosperidad de la organización.

Conocí una vez a un cooperante cuya ocupación era aumentar la ayuda económica que personalmente se prestaba a la organización humanitaria para la que trabajaba como voluntario a jornada completa. Cada tres meses, escribía cartas a los colaboradores para agradecerles su contribución y recordarles educadamente las necesidades más acuciantes. El problema es que esta persona hacía el papel de contable para la organización, uno de esos papeles fundamentales que no necesariamente parecen demasiado emocionantes vistos desde fuera. Así que para inspirar a los simpatizantes a hacer mayores contribuciones, ideó una forma más sugestiva de describir su trabajo. En vez de hablar de sus responsabilidades cotidianas, que eran básicamente hacer cuadrar las cifras y pasarse horas sentado delante de hojas de cálculo, contó detalladamente lo que estaba llevando a cabo la organización y luego habló de cómo contribuía a cumplir los objetivos generales el trabajo particular que hacían él y los demás cooperantes. «¡Esto es lo que se está consiguiendo gracias a ti!», venía a decir la carta, y resultó muy efectiva.

Ayuda a tu organización a conseguir sus objetivos

Estrategia número 4: tu trabajo corre el peligro de quedar obsoleto, no te aferres a él con uñas y dientes... ¡Cambia lo que haga falta!

Todos los años, hay un día que al llegar a mi despacho me quedo mirando con incredulidad los montones de listines telefónicos repartidos por el vestíbulo. Y todos los años, veo cómo acto seguido un inquilino tras otro tira su listín al cubo de reciclaje (yo hago lo mismo). Los restantes pisapapeles de quinientas páginas se quedan allí, hasta que finalmente aparece alguien y se los lleva, es de suponer que a un vertedero o, con suerte, a una planta de reciclaje.

No solo es esta tradición un derroche increíble, sino que es señal evidente de un negocio al borde de la extinción. Los teléfonos móviles son las líneas fijas de hoy, y sin embargo se siguen imprimiendo cientos de miles de listines de teléfonos que no sirven para nada. Es de suponer que si el negocio de los listines telefónicos todavía existe es porque los anunciantes siguen pagando para costearlos, pero en cuanto dejen de pagar, el negocio habrá terminado.

Imagina que estás a cargo de las operaciones de una de las empresas que hace guías de teléfonos impresas. ¿Qué harías? En primer lugar, quizá quieras empezar de inmediato a buscar otro trabajo. Pero suponiendo que estés relativamente contento en el que tienes, harías bien en pensar cómo podrías ayudar a devolverle la vida a este producto cada vez más irrelevante, o al menos cómo apoyar la transición de la compañía a algo que tenga más sentido en los tiempos modernos.

Independientemente de lo que piensen la empresa o tu jefe, hazte estas preguntas sobre el negocio y plantéate qué puedes hacer para favorecer un cambio positivo:

- ¿Seguirá la gente queriendo nuestros productos y servicios dentro de cinco años?
- ¿Cómo puede el nuestro seguir siendo un negocio relevante en estos tiempos de cambio?
- ¿Qué podemos hacer de cara al futuro?

DE CONSULTORA A CREADORA DE UNA EMPRESA EMERGENTE Y LUEGO A EMPLEADA, PONIENDO ELLA LAS CONDICIONES

Incluso aunque no tengan demasiado valor para ti las tradicionales ventajas de un trabajo tradicional (una paga fija, beneficios complementarios y cierto grado de seguridad), hay cantidad de profesiones que no te permiten trabajar como solista. Shelli, la bombera a la que conociste en el capítulo anterior, es un buen ejemplo. Sencillamente, no puedes ser bombera en solitario, por mucho que lo intentes. La clave es hacerte con el timón del trabajo y adaptarlo para sentirte cómodo en él..., y probablemente seas entonces mejor empleado.

Chiara Cokieng creció en Filipinas y siempre quiso hacer algo por su cuenta. A su alrededor veía a microempresarios hacer dinero de formas originales e imaginativas, gente común que se ganaba la vida vendiendo productos en el mercado y conduciendo *yipnis* (los populares taxis colectivos filipinos), y aquella forma de vida le resultaba atractiva. Era emprendedora por naturaleza, y a los ocho años descubrió su primera oportunidad de hacer negocio distribuyendo canicas en la escuela elemental. Se dio cuenta de que podía comprar canicas al por mayor a solo 1 peso (2 centavos) cada una y revenderlas por 5 pesos (10 centavos), y embolsarse la diferencia.

Tras finalizar un prestigioso programa de posgrado en la Universidad de Filipinas, entró a trabajar en una consultoría global, el camino más seguro para los licenciados de élite filipinos. Era un trabajo interesante, y le permitía pasar varios meses en Estados Unidos. Aunque estaba destinada en Atlanta, solía viajar los fines de semana a San Francisco, Nueva York y otras ciudades. En el vuelo de vuelta al despacho del cliente, el domingo o el lunes por la noche, muchas veces coincidía con otros consultores que iban de camino al trabajo del que debían encargarse esa semana. Le daba la impresión de que la mayoría de ellos tenía un aspecto triste, y decidió que aquello no era lo que quería hacer el resto de su vida.

Chiara había estado informándose y trazando un plan para un nuevo negocio de creación de textos publicitarios que quería montar, y cuando regresó a Filipinas, dio el salto.

En un acto de fe, incluso publicó una entrada un tanto optimista en su blog titulada «Cómo dejé el trabajo y dupliqué los ingresos». El único problema fue que la segunda parte no llegó a ocurrir. No es que el negocio publicitario fuera un fracaso absoluto —consiguió varios clientes de inmediato y un considerable número de seguidores en internet—, pero tampoco fue el rotundo éxito con el que había soñado.

Encontró una alternativa mejor después de ponerse en contacto con uno de sus mentores para pedirle consejo. El hombre había fundado una empresa bastante interesante, que no era como la gran consultoría para la que Chiara había trabajado pero sí indudablemente mayor que una diminuta tienda creada, dirigida y operada por una sola mujer. De repente, supo que quería ayudarle a hacer que la empresa prosperara, tanto por el hecho en sí de verla crecer como por prepararse para un nuevo intento empresarial.

—Hay algo que me gustaría ayudarle a mejorar— le dijo a su mentor—. Si lo consigo, quizá quiera contratarme.

—De acuerdo –le contestó–. Pero ¿qué es ese «algo»?

Sin pensarlo mucho, Chiara le dijo que tenía algunas ideas para mejorar la web analítica de la empresa. Cómo iba a hacerlo, era algo que tendría que aprender sobre la marcha. Tomó los objetivos iniciales de un libro sobre analítica que encontró en internet; aprendió con rapidez, y luego *simplemente lo hizo*, sin esperar a tener permiso oficial ni tampoco ninguna garantía de que lo que estaba haciendo fuera a valerle un puesto de trabajo. La respuesta no se hizo esperar. Pronto, el fundador de la compañía creó un puesto de trabajo de jornada completa expresamente para ella, con un horario totalmente flexible.

Dos años más tarde, continúa apoyando a esta empresa emergente, pero tiene la vista puesta también en una nueva versión del negocio que montó en su día. Su sueño es conseguir a la larga ambos objetivos: ayudar a esta empresa emergente a escalar y volver a las ideas que tiene para montar su propio negocio.

HAZ UNA DEMOSTRACIÓN PRÁCTICA

Una vez que te hayas hecho inestimable para tu jefe o para la empresa, ¿cómo los convences de que te dejen transformar tu trabajo actual en el trabajo para el que has nacido? La estrategia de Chiara fue hacer lo que se denomina «prueba de concepto», es decir, le demostró a su jefe potencial lo que era capaz de hacer, simplemente haciéndolo y relacionándolo además directamente con el valor que su trabajo podía aportar.

No pidió permiso, ni tampoco esperó a tener un contrato formal. Tomó la iniciativa de saltar de cabeza y demostrar lo que podía ofrecer a la compañía, y funcionó. Es una estrategia que puede serte útil si quieres tanto que te contrate el jefe soñado como cambiar de responsabilidades en tu trabajo actual. En pocas palabras, si eres capaz de demostrar que eres imprescindible para algo concreto, ¿por qué *no iban a querer* tu jefe o la empresa que te hagas cargo de ello?

SÉ UN HÉROE CON PERSPECTIVA

Hace mucho tiempo viví en el pequeño país de Togo, en África occidental. Residía en un buque hospital atracado en Lomé, la capital del país, y trabajaba con un equipo implementando un proyecto educativo en un poblado situado a tres horas al norte. Lori, una de las integrantes del equipo, tenía que quedarse en el poblado durante la semana, pero no el fin de semana. Como nos ocupábamos de tareas muy diversas, los medios de transporte de que disponíamos estaban siempre muy solicitados, y no podíamos asignarle un vehículo solo para ella. Podía haberse quedado en el poblado también durante el fin de semana, pero la vida allí acaba volviéndose un poco monótona al cabo de unos días. No hay nada que hacer.

Resolví el problema ofreciéndome a llevarla y traerla cada vez que lo necesitara. De este modo, el vehículo estaría siempre a disposición de los demás durante la semana, pero ella no tendría que quedarse en el poblado la semana entera.

—¡Es una locura! –dijo otro colega al oír la propuesta–. No puedes conducir tres horas de ida y tres de vuelta dos veces a la semana durante tres meses.

Pero eso fue lo que hice, y no fue tan terrible. Lo único que tenía que hacer era... conducir.

Una semana tras otra, conducía el Land Rover en dirección norte durante tres horas, dejaba allí a Lori y luego hacía el camino de vuelta solo. Los jueves, hacía el mismo recorrido, la recogía y volvíamos juntos al barco.

A mí no me parecía que fuera para tanto: había que resolver algo, no veía otra forma de resolverlo, así que lo hacía yo mismo. ¿Fui un héroe? En cierto modo fui servicial, y tenía buenas intenciones, pero si echo la vista atrás, quizá no fuera la decisión más inteligente. Por prestarle «tanta ayuda» a Lori, los demás no podían contar conmigo durante esas horas. Había tareas que se quedaban sin hacer, y como siempre me llovían las críticas cuando regresaba del largo viaje de ida y vuelta, me costaba luego trabajar con entusiasmo.

Por otra parte, hacer el viaje un par de veces fue genial; siempre es un placer ayudar a tu equipo y ser el primero en ofrecerse para hacer algo. Pero quizá en vez de ser yo el que la llevara siempre, podía habérseme ocurrido alguna otra alternativa. Podía haberles propuesto a otro par de voluntarios compartir la responsabilidad. Podía haber organizado algo para recaudar fondos con los que alquilar un coche con conductor para que hiciera algunos de los viajes, de modo que ningún miembro del equipo tuviera que abandonar durante seis horas otras tareas también cruciales.

Queremos ser imprescindibles y dignos de toda confianza. Los auténticos héroes, sin embargo, son capaces de tener una visión de conjunto y encontrar soluciones que de verdad beneficien a todos los interesados.

«HOLA, JEFE, HABLEMOS DE PRIORIDADES: LAS SUYAS Y LAS MÍAS»

Tiene un inconveniente, sin embargo, hacerse imprescindible. Y es que, una vez que seas un empleado valorado y de confianza, es posible que tus jefes quieran que te ocupes de más y más tareas cada vez. Cuando llegue el momento de hacerte cargo de un proyecto o responsabilidad más, quizá sea mejor pedirle a la gente con la que trabajas (y para la que trabajas) que consideren la petición teniendo en cuenta el resto de tus actuales tareas y responsabilidades.

Lo mejor es plantear la conversación como si les estuvieras ofreciendo ayuda. Puede que tu jefe o tus colegas no estén al tanto de todo lo que tienes ya entre manos, así que acuérdate de llevar una lista preparada. Podrías empezar diciendo: «En este momento estoy ocupado en un par de proyectos de alta prioridad. ¿Cuál de ellos tiene más importancia para usted?».

También podrías pedir más recursos para poder hacer bien el trabajo. Prueba a plantear, por ejemplo: «De acuerdo, entiendo que este proyecto es importante, pero estoy ocupándome también de un montón de asuntos más. Para poder hacer lo que ahora me pide, esto es lo que voy a necesitar».

Y por último, comenta el beneficio potencial de aceptar la tarea y hazlo de un modo que permita que otros intervengan en ella también. Esto podría ayudarte de verdad: «¿Quiere que me ocupe de la tarea entera yo solo, o debo contemplar la posibilidad de que otra persona vaya a ocuparse de ella en el futuro?».

Al fin y al cabo, ser imprescindible solo te servirá de algo si no te sientes abrumado hasta el extremo de dejar de ser de ninguna utilidad. Asegúrate de que eres capaz de hacer un trabajo excelente en tus actuales ocupaciones antes de levantar la mano y ofrecerte para hacer un sinfín de tareas de otra índole.

PIDE UNA EXCEDENCIA, AUNQUE SIGAS EN TU PUESTO DE TRABAJO

A veces, sabes con exactitud qué es lo que te gustaría hacer en tu actual trabajo o empresa. Otras veces, puede que no estés tan seguro. ¿Entonces, qué?

Supongo que sabes lo que es pedir una excedencia, hacer un alto en el trabajo, bien para descansar, o bien para hacer algo muy distinto antes de volver a lo que hasta ahora hacías. Una excedencia puede ser una magnífica manera de revitalizarse, para volver a tu puesto con energía renovada y ganas de trabajar. También puede ser una gran oportunidad para reflexionar sobre lo que no te satisface de tus funciones actuales, para poder mirar las cosas con perspectiva y quizá intentar definir qué cambios podrías hacer para convertir tu actual ocupación en el trabajo para el que has nacido. Los profesores universitarios, por ejemplo, muchas veces se toman un año sabático para dedicarse de lleno a la investigación o publicar algún estudio. Tradicionalmente, una excedencia o un permiso puede durar desde un mes hasta tres meses o más, lo cual quizá sea difícil de conseguir hoy en día. Aun así, hay gente que encuentra la manera de incorporar a sus compromisos laborales periodos de descanso de cierta duración.

Rachael O'Meara, empleada veterana de Google, empezó a tener dificultades para desempeñar su trabajo. Seguía creyendo en la misión de la compañía y las condiciones laborales eran excelentes, pero necesitaba un descanso. Se dirigió a su jefe con una petición:

—¿Puedo tomarme tres meses de permiso sin sueldo?

No fue fácil convencerlo. Rachael le explicó que tenía un compromiso con Google y que pensaba volver, pero que necesitaba alejarse de todo durante un tiempo. Después de algunos cambios de impresiones con el director de recursos humanos, se aprobó la petición a condición de que antes preparara a alguien para que la sustituyera.

No tenía planes de dedicarse a nada en concreto durante el permiso. Hizo un par de viajes cortos con miembros de su familia y con algunos amigos y luego se instaló en la casa que una amiga suya tenía para alquilar en Tahoe. Se dedicó a descansar y a realizar una serie de cursos *on line* por ver si encontraba algo que le gustara y que además se le diera bien.

La última semana, se fue a Burning Man, un festival de artes y cultura que se celebraba todos los años en el desierto de Nevada. A su regreso a Google, ocupó un puesto enteramente nuevo; empezó a trabajar de ejecutiva de cuentas en el departamento de ventas, revitalizada y llena de energía.

En Alexandria (Virginia), una empresa de asesoramiento financiero a inversores particulares tiene un sistema de permisos poco común. The Motley Fool, que cuenta con unos trescientos empleados, todos los meses envía a uno de ellos de «vacaciones obligadas». En consonancia con el nombre de la empresa (traducido, El bufón de colores),* estas vacaciones se llaman «mandato del bufón» (*Fool's Errand*), y cada mes se elige al empleado afortunado mediante un juego de lotería, para el que los trabajadores veteranos reciben múltiples participaciones, dependiendo del número de años trabajado. El ganador recibe como premio dos semanas libres y 1.000 dólares para gastar en lo que quiera, con una sola condición inamovible: debe marcharse de inmediato y no establecer contacto con nadie de la empresa durante esas dos semanas. Se alienta además a los ganadores a hacer algo que contribuya a la misión global de la empresa («ayudar al mundo a invertir mejor»), pero aparte de no poder contestar a los mensajes de correo relacionados con el trabajo ni participar en las teleconferencias, no tienen ningún tipo de restricción.

Tal vez tu empresa no reparta entre sus empleados premios tan generosos y flexibles como este, pero saber de él puede inspirarte para proponer algo similar en tu lugar de trabajo. ¿Hay algún «mandato del bufón» que te gustaría

---

* Personaje de la obra cómica de Shakespeare *Como gustéis* (N. de la T.).

poner en práctica? Si no es posible hacerlo durante dos semanas, ¿podrías ausentarte del trabajo para hacer algo distinto durante solo un día?

Finalmente, si no te es posible disfrutar de un permiso y ausentarte de tu puesto de trabajo en este momento, considera la posibilidad de disfrutar de un tiempo de asueto dejándolo a un lado y probando a asumir una función distinta o distintas responsabilidades. Podrías solicitar trabajar a la sombra de otros empleados que se ocupen de tareas que desconoces, o incluso intentar que se te permita colaborar en un departamento o una sección diferente durante una semana. Eso te dará la oportunidad de saber cómo funcionan las cosas en otros puestos o departamentos, lo cual posiblemente te dé ideas para mejorar los tuyos.

Como siempre, cuanto más valor aportes a la organización, más fácil te resultará negociar un acuerdo favorable. Quizá a tu jefa le cueste sobrevivir unos días sin ti, pero recuérdale que volverás al trabajo descansado y te harás más imprescindible que nunca…, y una jefa inteligente se dará cuenta de que, con tu proposición, todo el mundo saldrá beneficiado.

Leon, Rachael y mucha otra gente se hicieron empleados imprescindibles y, gracias a ello, pudieron reconfigurar sus puestos de trabajo y encontrar en ellos la intersección ideal de pasión, aptitud y fluidez. Con ello, consiguieron además mucha más seguridad laboral, ya fuera en ese puesto de trabajo o en el tiempo libre que ese puesto les dejaba para plantearse oportunidades adicionales. No tiene nada de malo ser empleado, especialmente cuando puedes diseñarlo a tu medida.

Había gente que leía mi currículum y solo veía caos. El mejor amigo de mi padre me dijo que nunca me contrataría porque me he pasado la vida saltando de un trabajo a otro. Para mí tiene sentido lo que he hecho. Nunca he encajado en el molde corporativo ni valgo para trabajar en una oficina de ocho a tres. Haber montado un negocio me permite evolucionar y expandirme, y gracias a ello creo que puedo atender mejor a los demás y sentirme mejor conmigo misma.

LIA,
44 años, consultora de marcas independiente

LA ESTRELLA DE ROCK
HECHA A SÍ MISMA

11

OBJETIVO:
Recluta un pequeño ejército de entusiastas y seguidores

Solía oírse decir a los artistas que su éxito se lo debían «a los fans». Sin embargo, los músicos, artistas y escritores que triunfan hoy en día saben que su éxito no es solo debido a los admiradores, sino también a la relación que el artista mantiene con ellos. Voy a contarte cómo ser una estrella de rock independiente en cualquier actividad creativa haciéndote con una base de admiradores leales en el nuevo orden mundial (los pantalones de cuero no van incluidos).

De joven, la música era una de mis aficiones. Tocaba muchos instrumentos, siempre intentando aprender algo nuevo, pero el bajo y el piano eran mis favoritos. Tocaba razonablemente bien y trataba de escuchar con detalle cuando tocaba con un grupo. Aprendí a leer partituras y a improvisar, dos cualidades que no siempre van juntas en el mundo de la música, y solía dar la talla cuando el líder de un grupo me llamaba para un concierto.

Aun así, no era genial. Lo mismo que tuve que aceptar que nunca llegaría a ser un jugador de baloncesto fuera de serie, no me quedó otro remedio que reconocer que Katy Perry no iba a llamarme para que la acompañara en las grabaciones de estudio en un futuro próximo.

Pero en determinado momento, me di cuenta de que el sueño de llegar a ser un día estrella de rock no tenía en realidad mucho que ver con pasarme los días grabando en un estudio sin ventanas. Lo que de verdad quería era *ir de gira*. Quería echarme a la carretera. Siempre me había gustado viajar, incluso antes de lanzarme a ver de verdad el mundo, y me encantaba la idea de ir de ciudad en ciudad, una parada tras otra, empapándome de vistas distintas durante el día y tocando para una multitud diferente por las noches.

No necesitaba admiradoras incondicionales que me siguieran de concierto en concierto, ni boles de Lacasitos —como Van Halen—, ni soñaba tampoco con un mundo de glamur. Solo quería conectar con la gente de los distintos sitios, y me atraía esa forma de vivir, cambiando continuamente de escenario.

Dejé de tocar cuando empecé a escribir, pero pasó algo muy curioso: acabé consiguiendo de verdad todo lo que originariamente quería. Cierto, Katy Perry nunca me llamó, pero encontré el camino que me condujo al trabajo para el que estaba hecho.

Simplemente, todo me fue llegando de modo muy distinto a como había imaginado en un principio.

DOSCIENTOS SETENTA Y NUEVE DÍAS HASTA EMPEZAR A GANAR DINERO MIENTRAS DORMÍA

Hace siete años que me gano bien la vida con el trabajo de escritor independiente. Hice una crónica del primer año de viaje, que publiqué a modo de manifiesto en mi página web y que titulé «*279 Days to Overnight Success* (279 días hasta empezar a ganar dinero mientras dormía). Como dije en su momento, la intención era relatar la experiencia de dedicarme plenamente a escribir haciendo de ello una fuente de ingresos, sin patrocinadores ni anuncios. Mucho de lo que dije entonces sigue siendo cierto en la actualidad, y después de más de dos millones de descargas, el manifiesto aún permanece colgado en mi sitio web a disposición de quien quiera leerlo.

El manifiesto de los doscientos setenta y nueve días no era en realidad la culminación de nada; era un simple relato cronológico de lo que había sucedido en el viaje hasta aquel momento. El viaje continuó hasta mucho después de que escribiera aquel relato inicial, pues viajaba al menos a veinte países al año, y mientras lo hacía escribía contando mis aventuras y conectaba cada vez con más lectores y gente interesante allí adonde iba. Cuando al principio escribí que estaba entusiasmado por poder ganarme bastante bien la vida con la escritura, era verdad…, pero luego me emocionaría todavía más el «siguiente capítulo», en el que empecé a escribir libros y a pasar la mayor parte del tiempo viajando.

Ahora, vamos a pulsar el botón de retroceso rápido y a situarnos en 2010, el año en que esperaba expectante a que se publicara mi primer libro. Llevaba varios años viajando casi sin parar, y el número de lectores del blog crecía cada semana.

Sabía que la comunidad que iba creándose en torno al blog tendría la misma fuerza que tuviera mi conexión con la gente que lo leía y participaba en él, de modo que decidí salir a conocer a tanta de aquella gente como pudiera, así que emprendí una gira independiente por los cincuenta estados de Estados Unidos y las diez provincias de Canadá. Añadí algún destino más, hasta alcanzar un total de sesenta y tres, e hice un llamamiento a los lectores para que me ayudaran a organizar una gira poco convencional de presentación del libro.

La gira fue todo un éxito. En cada punto del camino, conocía a gente que llegaba y me contaba experiencias muy interesantes, a veces después de haber conducido varias horas para asistir a la presentación. En cada destino, daba primero una charla breve y luego hacía una sesión de preguntas y respuestas, pero en la mayoría de los casos trataba de que la reunión se centrara no tanto en el libro como en la *gente*.

Entre otros lugares en los que me reuní con grupos de lectores, hubo un estudio de pilates en New Haven, cafeterías en Wilmington, Lexington y Louisville, una pizzería en Anchorage, un hostal en Atlanta, una galería de arte en Lawrence, una granja en Nashville, una sala de conciertos de *heavy metal* en San Francisco, un edificio de oficinas en Filadelfia y multitud de espacios de trabajo compartidos.

El más pintoresco de todos fue un supermercado en el centro de Minneapolis. No era un local tan disparatado para una presentación como puede parecer en un principio: el establecimiento formaba parte de un proyecto comunitario de revitalización y estaba rodeado de tiendas de comida étnica muy interesantes. Pero, aun con todo, no dejaba de ser *un supermercado*, con una acústica espantosa y una tarima improvisada justo enfrente de la sección de congelados. La gente que estaba haciendo la compra por los alrededores y entraba a por una botella de leche, sin tener ni idea de lo que estaba pasando, se mezclaba con los lectores que habían venido a la presentación. De vez en cuando, se oía anunciar por los altavoces: «Damas y caballeros, tenemos una oferta de dos pasteles al precio de uno en la sección de panadería. ¡Están también en oferta las coliflores!».

Después de la experiencia, tomé una resolución: no más supermercados.

Pero seguí conduciendo, haciendo lo que estuviera en mi mano para promocionar mi libro y apoyar a la comunidad de lectores, cada vez mayor. Sabía que si seguía escribiendo y a la gente le gustaba mi obra lo bastante como para pagar por ella, nadie podría despedirme... y podría ir de gira siempre que quisiera. Incluso sin los boles de Lacasitos, sentí que había dado con mi más íntima estrella de rock.

SÁLTATE LAS PRUEBAS DE SELECCIÓN PARA SALIR EN LA TELE Y CREA TU BASE DE ADMIRADORES

Para ser un músico de éxito, «antiguamente» tenías que contar con la bendición o el reconocimiento de la casa discográfica. Otro tanto les ocurría a los escritores: para tener éxito, el principal objetivo era convencer a un editor de que se arriesgara a publicar tu obra, y era similar el caso de los artistas visuales, que necesitaban una galería, y de los locutores de radio, que necesitaban una emisora.

En otras palabras, no bastaba con tener talento. Incluso aunque tuvieras algo reconocidamente bueno que ofrecer al público, seguías viéndote obligado a contar con los poderes fácticos para poder llegar al éxito.

Por suerte, los tiempos han cambiado en el mundo del estrellato. Hoy en día, gracias a mediadores como Instagram y Twitter, que hacen que conectar y comunicarse con los admiradores sea más fácil que nunca, cada vez hay más gente que consigue promocionar su obra sin contar más que con sus seguidores. Los creadores de música *indie* muchas veces eligen hacer carrera solos incluso aunque tengan la oportunidad de firmar con casas discográficas. Los editores tradicionales se pelean hoy por firmar contratos con autores que han vendido cientos de miles de libros directamente a sus lectores a través de la plataforma Kindle de Amazon, o a veces incluso directamente desde su sitio web.

Los músicos, artistas visuales y escritores que triunfan hoy en día saben que su éxito no es solo debido «a sus fans», como siempre han dicho los artistas. La diferencia es que ahora el éxito se debe *a la relación que el artista mantiene con sus fans*.

Podría pasarme días contándote casos de gente que ha triunfado de este modo. Estos son algunos de mis preferidos:

- El novelista Robin Sloan publicó él mismo un relato que pronto fue todo un éxito de ventas cuando miles de lectores entusiasmados lo hicieron suyo.

- El grupo *indie* Pomplamousse consiguió cientos de miles de visitas en YouTube y a continuación organizó y costeó él mismo una gira por veintiocho ciudades (te contaré más sobre ellos dentro de un momento).

- La pintora francoamericana Gwenn Seemel publica toda su obra con permiso de distribución gratuita, y aun así se gana bien la vida con los retratos, que son su especialidad.

Hay mucho que aprender de estos ejemplos, pero, para evitar malentendidos, antes quiero dejar clara una cuestión importante: en el mundo creativo y artístico en particular, el éxito no se puede replicar, es decir, no puedes hacer lo mismo que hizo cualquiera de estas personas y obtener los mismos resultados.

No obstante, si quieres tener un éxito similar, también es importante que entiendas *qué tienen en común las historias de la gente que ha triunfado*. Afortunadamente, la respuesta está muy clara. Casi sin excepción, quienes triunfan en la nueva economía tienen en común cuatro características concretas: un cuerpo de trabajo («el producto»), un grupo de fans («el público»), un medio para dar a conocer el cuerpo de trabajo («una plataforma») y un modo de cobrar por su trabajo («mercado»).

El producto

Todo artista tiene un porfolio, un cuerpo de trabajo que hace para sus clientes. No es necesario que sea «arte» en el sentido tradicional; puede incluir la cantidad que sea de dibujos, *podcasts*, artículos, recursos educativos, temas musicales para descargar, álbumes, joyería artesanal, mercancía de cierta marca, fotos curiosas de gatos (hay un mercado para todo...) y muchas cosas más. Cualquier artista de éxito sabe que debe prestar atención por encima de todo a expandir y desarrollar su cuerpo de trabajo.

El público

Un porfolio deslumbrante no vale nada sin admiradores, es decir, sin la gente que valora —y, ¡fundamental!, apoya—

la obra del artista. A los artistas noveles les cuesta a veces conseguir admiradores, y es fácil que les invada la frustración. Conseguir fans no es tarea sencilla; no puede uno salir corriendo a la tienda de fans y comprar un paquete de doce. Hace falta paciencia, persistencia y una auténtica comunicación de doble sentido. Los artistas más populares son los que se comunican con sus admiradores, no los que solo *les* comunican lo que tienen para comunicar.

Con el tiempo, sin embargo, si logras conectar de un modo continuo y auténtico con la gente que valora lo que creas y quiere formar parte de ello de algún modo, conseguirás y mantendrás un público leal de fans, promotores y embajadores de tu obra que no solo la devorarán, sino que les hablarán de ella a los demás.

La plataforma

Para crear ese público, necesitarás una plataforma, un medio de conectar con regularidad, o al menos semirregularidad, con tus seguidores. En la actualidad, el término *plataforma* suele hacer referencia a un grupo activo de seguidores en las redes sociales, o quizá a una lista de destinatarios de correo electrónico o algún tipo de boletín. Pero no debemos entenderlo como algo asociado solo con las relativamente nuevas tecnologías. Hace tiempo, décadas antes de que existieran las redes sociales, muchos artistas plásticos, escritores y músicos destacados tenían también una plataforma. Podemos entender también el término como «una manera de llegar a la gente que se interesa por tu trabajo». Hay más de una forma posible, pero es un requisito que no se puede eludir por entero.

El mercado

Por último –y esto es crucial–, las estrellas de rock hechas a sí mismas cuentan con una forma de pago para que sus seguidores puedan apoyar su trabajo. También en este caso, hay distintas maneras de cobrar, pero si te planteas el trabajo como una carrera profesional y no como una afición, tienes que crear al menos un medio de que entre dinero periódicamente en tu cuenta bancaria.

La manera más fácil y más común de cobrar por lo que haces es vender el cuerpo de trabajo directamente a los seguidores y a otra gente interesada. Hay sin embargo quienes encuentran soluciones más originales. La compositora e intérprete musical Amanda Palmer, por ejemplo, se ha hecho famosa por (entre otras cosas) haber recaudado más de 1 millón de dólares en una campaña de financiación colectiva para su nuevo disco. Explica que la relación que ha ido creando con sus seguidores a lo largo de los años ha sido el factor que más ha determinado el éxito de la campaña, que nunca habría trascendido de no haber sido por el interés que se originó desde esa base.

CUERPO DE TRABAJO

PÚBLICO

PÚBLICO

$

$

DINERO

PLATAFORMA

Ninguno de estos cuatro requisitos es opcional; todos son necesarios para triunfar en la nueva economía. Puede ser tentador seleccionar con mucho cuidado el ejemplo de alguien famoso que consiguiera llegar a la cima omitiendo alguno de los puntos enumerados hace un momento, pero se trata de muy raras excepciones. Si quieres seguir el modelo que se ha demostrado que funciona, los cuatro requisitos son imprescindibles.

NO TE CONTENTES CON SERVIR DE INSPIRACIÓN; CREA COSAS QUE LA GENTE PUEDA COMPRAR

Recuerda, los admiradores conectarán contigo de diferentes maneras y quieren apoyar a alguien que les gusta y les motiva. Ahora bien, si tu objetivo es ganarte la vida con tus creaciones, evidentemente vas a tener que crear algo que puedan comprar. Qué exactamente, es algo que será obvio para algunos. Si eres músico, será crear música; si eres pintora, será pintar cuadros.

Hay veces, sin embargo, que para conseguir como artista unos ingresos en metálico con los que poder mantenerte, tendrás que ofrecerles algo más. Personalmente, en los siete años que me he dedicado a escribir en serio y a atender a una comunidad de lectores, he creado una extensa gama de productos que la gente puede consumir (y pagar). Indudablemente, no todos han sido un éxito, pero ese es otro tema. Una parte de la lista incluye:

- Libros publicados en formato tradicional (como el que estás leyendo).

- Libros, guías e informes que he publicado personalmente.

- Un sitio web donde encontrar vuelos a bajo precio, en el que ayudo a los lectores a conseguir «puntos» y recorrer el mundo.

- Un curso de comercialización de un año.

- Varios cursos más *on line*.

- Relaciones de afiliación con proveedores de viajes y recursos empresariales.

- Eventos presenciales (aunque, en mi caso, la mayoría de ellos suelen ser sin ánimo de lucro).

- Algunas cosas que he olvidado o que es mejor olvidar (repito, ¡no todo funciona!).

Otra cláusula de exención de responsabilidades: esta lista puede parecer alguna clase de plan diabólico para hacerme rico, pero de verdad que no lo es. Cada una de las ofertas de servicios surgió con naturalidad y fue evolucionando con el tiempo, ya que he intentado prestar atención a las necesidades de la comunidad y a cómo confluyen con los conocimientos que tengo. Conozco a otros escritores que se dedican con mucho más ahínco que yo a ir creando un auténtico «embudo» de productos y servicios. Yo tengo solo una asistente y prefiero dedicar más tiempo a escribir y a viajar. Como consecuencia, hay muchas oportunidades que dejo pasar y que tal vez sean ideales para otra gente. No vendo servicios de asesoramiento personal o consultoría, por ejemplo, y no tengo patrocinadores ni publicistas.

Esa es una de las ventajas de ser una estrella de rock hecha a sí misma: eliges *tú* el modelo de negocio.

En cuanto a las ofertas de servicios que fueron un rotundo fracaso, qué puedo decir, hay un momento para todo. A veces merece la pena perder dinero a corto plazo para favorecer un objetivo más importante a largo plazo.

PERDER DINERO Y SALIR GANANDO

En aquella gira que hice por todo Estados Unidos y Canadá para presentar mi primer libro, perdí dinero. También perdió dinero Pomplamousse en la gira *indie* que antes he mencionado (el grupo gastó 147.802 dólares y tuvo unos beneficios de 135.983, lo cual equivale a una pérdida neta de 11.819 dólares). Tendrías razón al pensar que perder dinero no es un objetivo óptimo, ni siquiera para un artista. Pero la verdad, en ambas experiencias, es que el éxito se encuentra en el valor a largo plazo, no solo en la ganancia o la pérdida a corto plazo.

Esto es lo que dijo al respecto Jack Conte, uno de los dos miembros de Pomplamousse:

> Sabíamos que sería una aventura cara, y aun así decidimos hacer la inversión. Hubiéramos podido hacer un espectáculo del dúo solo, en vez de contratar a seis personas para que vinieran de gira con nosotros. De haberlo hecho, nos habríamos ahorrado 50.000 dólares, pero en aquel punto de nuestra carrera era importante que Pomplamousse hiciera un espectáculo de rock por todo lo alto. Queríamos que nos invitaran a tocar de nuevo en cada sala de conciertos, y queríamos que nuestros fans trajeran a sus amigos la próxima vez. *La pérdida fue una inversión en giras futuras.*

¿Qué te parece como perspectiva a largo plazo? Yo pensé algo muy parecido en la primera gran gira que hice solo. No llevé las cuentas con la misma meticulosidad que Jack (recuerda, hay una razón por la que me cambié de especialidad), pero calculo que los gastos serían de unos 30.000 dólares, y como la entrada a todos los eventos era gratuita, no obtuve ningún ingreso inmediato.

Sin embargo, no fue en realidad una pérdida, ni en lo que se refiere a algo tan fundamental como crearme un público a largo plazo ni en lo referente al crecimiento a corto plazo de mi negocio. Lo mismo que Pomplamousse, me pareció que estaba invirtiendo en crear una comunidad sólida, no un gasto puntual.*

CÉNTRATE EN QUE LO QUE HACES DIGA ALGO

Al menos una vez al año hago un viaje a Dubái; es un sitio donde siempre disfruto cuando voy. Pero hay algo de este sitio que siempre me deja perplejo. Una y otra vez, he ido a preciosos restaurantes decorados con opulencia y atendidos por un personal increíblemente servicial... pero las mesas están casi vacías, y en ocasiones vacías del todo. Son restaurantes que invierten muchísimo tiempo y esfuerzo en ofrecer una experiencia especial a los comensales, y sin embargo los comensales no aparecen. Entonces, ¿por qué siguen los dueños de los restaurantes al pie del cañón? El tema daría como para otro libro, pero lo que quiero que entiendas en

---

* Quiero dejar claro que no creo que debieras hacer este tipo de inversiones en una ocupación complementaria o un experimento. Si no estás plenamente comprometido con una idea o un proyecto, ahórrate el dinero. Cuando creas en algo hasta el punto de estar dispuesto a sacrificarte por ello, es cuando debes decidirte a invertir.

este momento es que sería mucho mejor hacer lo contrario: en lugar de tenerlo todo tan reluciente y perfecto y haber previsto hasta el último detalle, hacer algo en lo que uno crea y ofrecerlo a una comunidad de gente que lo valore lo suficiente como para hacer acto de presencia.

Cuando a los comensales les encanta un restaurante que acaban de descubrir, da igual que la vajilla esté un poco desconchada y que haya que hacer cola durante una hora. Siempre se pueden corregir o mejorar las cosas sobre la marcha. Lo que importa es que los admiradores —el público— aparezcan.

Dicho de otro modo, si creas algo en lo que unas pocas cosas fundamentales estén de verdad conseguidas, pasarán desapercibidos multitud de detalles que no lo estén. No pongas toda la atención en la parafernalia de ser una estrella de rock. Cuida de que lo que haces diga algo y conecta con la gente que capta lo que quieres transmitir.

EL REINVENTOR PROFESIONAL

Cada vez que pasaba por el control de seguridad de un aeropuerto, Jason tenía un problema: ¿qué documento de identidad debía usar? Tenía que acordarse de cuándo había comprado el billete, porque eso le daría probablemente una pista del nombre que había usado en ese momento.

Suena un poco turbio, pero Jason no era un delincuente; sencillamente había sacado a subasta los derechos a ponerle un apellido. Así, durante todo un año, fue Jason HeadsetsDotCom (o sea, Jason AuricularesPuntoCom), un apellido legal, pero obviamente no el que había heredado de sus padres. Después, durante todo otro año fue Jason SurfrApp (Jason Aplicación de Información de Surf), otro apellido que tampoco es frecuente ver en las partidas de nacimiento. ¿Cómo empezó todo esto? Como ya podrás imaginar, tiene su historia.

A menos que adopten el apellido de su cónyuge, en general los hombres y mujeres adultos conservan toda su vida el apellido que heredaron al nacer. Jason, sin embargo, se cambió de apellido tres veces en pocos años.

Siempre había estado dispuesto a ofrecerse para cualquier experimento descabellado. Después de licenciarse en Florida, trabajó de diseñador gráfico varios años en un sitio muy aburrido. Viendo que había incontables compañías que no sabían cómo ingeniárselas para darse a conocer, tuvo una idea: ¿y si ofrecía un servicio de «anunciante ambulante» a cualquier compañía que quisiera pagar por él? Lo llamó «Me pongo tu camiseta», con la idea de hacer exactamente lo que prometía. Todos los días durante un año, Jason se pondría una camiseta con el logotipo de una compañía distinta y las promocionaría en las redes sociales.

El 1 de enero de 2009, puso en marcha el proyecto. Anunciar la camiseta el primer día costaba 1 dólar; el segundo, 2 dólares, y así sucesivamente hasta llegar a los 365 dólares que costaba la del último día del año. En cuanto se corrió la voz, las compañías empezaron a reservar fechas con meses de antelación, y también para el año siguiente, a un precio más alto.

Jason pasó cinco años cumpliendo lo prometido, llevando *miles* de camisetas distintas y alabando a fabricantes de todo tipo, desde pequeños negocios de los que nadie había oído hablar hasta multinacionales como Nike y Nissan. La idea fue un éxito, que le reportó unos beneficios de 80.000

dólares el primer año y mucho más durante los cuatro años siguientes, pero... ¿qué iba a hacer a continuación? Jason no quería vestir camisetas de propaganda todos los días durante el resto de su vida. Fue entonces cuando se le ocurrió otra gran idea: subastar los derechos de su apellido.

Antes, conviene que sepas un poco más de su vida. Jason se había criado sin una figura paterna permanente. Había tenido una serie de padrastros, que le habían dado cada uno su apellido, y lo cierto es que no se sentía particularmente identificado con ninguno de ellos. «Si no me gusta demasiado mi apellido —pensó—, ¿por qué no buscar uno nuevo?»

Como el excéntrico comerciante que era, decidió cambiar su apellido por el que decidiera el mejor postor. Creó un nuevo sitio web llamado BuyMyLastName.com (CompraMiApellido.com) e hizo una subasta *on line*. El ganador fue Headsets.com, una empresa emergente con experiencia en producir sus propias extravagancias. «Una vez ofrecimos auriculares gratis durante toda la vida a cualquiera que se tatuara nuestro nombre —contaba el jefe ejecutivo de la compañía—, así que lo de Jason nos pareció una extensión natural.»

Headsets.com le pagó a Jason 45.000 dólares por llamarse desde aquel momento Jason HeadsetsDotCom. Por irrisorio que suene, fue un cambio real: Jason se cambió oficialmente de apellido, solicitó un documento de identidad nuevo y todos los demás documentos oficiales que pudo. En nuestros días, eso incluía actualizar todas las cuentas de las redes sociales, que eran el medio por el que la gente interactuaba con él a diario.

Repitió el experimento un año después, y esta vez adoptó el apellido SurfrApp, otra empresa emergente, en este caso un sitio dedicado al surf donde documentarse y compartir aventuras, que le pagó 50.000 dólares.

Ya había oído hablar de las excentricidades de Jason, pero empecé a prestarle más atención cuando aterrizó en mi mesa un libro suyo titulado *Creativity for Sale* (Creatividad en venta). El plan para editarlo siguió los pasos de sus campañas anteriores: cuando quiso escribir un libro, buscó patrocinadores, de los que obtuvo un total de 75.000 dólares a cambio de incluir una referencia suya *en cada página*. La autobiografía y el manual de campo resultan sorprendentemente interesantes, para ser un libro que incluye una nota-anuncio al pie de cada una de sus doscientas veinticuatro páginas.

Ya se apellide Sadler, HeadetsDotCom, SurfrApp o Zook —el apellido de un bisabuelo, que acabó eligiendo como definitivo para llevar el resto de su vida—, me dejó fascinado el torrente de ideas y proyectos que vi manar de Jason. Hoy en día, es posible que oigas hablar de algún proyecto como los suyos todas las semanas..., pero no sueles oír de un proyecto tras otro que haya puesto en marcha la misma persona.

El lema común a toda su obra es «allí donde la oportunidad se encuentra con la acción», algo en lo que pensé mucho mientras escribía este libro. Todas sus extravagantes ideas eran oportunidades que otra gente había dejado pasar, pero que él decidió hacer realidad. Como ideas, cualquiera de ellas resultaba interesante y divertida, pero fueron la *culminación* de esas ideas y la capacidad de Jason para evolucionar lo que a la larga determinó su éxito... Y no eran solo ideas originales, sino que además prestaban un servicio que alguien necesitaba.

¿LOCAL O GLOBAL?: ELIGE

Derek Sivers es otra «estrella de rock» hecha a sí misma que creó un negocio minorista multimillonario utilizando una estrategia de lo más inusual: contestar al teléfono cuando llaman los clientes. Al cabo de un tiempo vendió el negocio y donó la mayor parte de los beneficios a una fundación, antes de emprender una serie de nuevas aventuras empresariales.

En cierto momento de su peripatética vida, se había instalado en Singapur y estaba creando un nuevo sitio web. Derek, que había dado una serie de charlas de TED muy populares y era una pequeña celebridad entre los aspirantes a empresarios, recibía casi a diario llamadas de gente que lo invitaba a tomar café, a comer o a salir de copas. Aceptaba tantas invitaciones como podía, y en general lo pasaba bien en aquellos encuentros, pero pronto se dio cuenta de que estaban siendo un problema. Pasaba tanto tiempo bebiendo y comiendo que no le quedaba tiempo para poner en marcha el nuevo negocio, dirigido a un público global de miles de personas. Comprendió que tenía que elegir; pero no es el único que se encuentra en esta situación.

Así es como él lo plantea:

> Puedes dedicar prioritariamente tu tiempo a lo local o a lo global. Pero si te comprometes demasiado con lo local, no puedes comprometerte lo suficiente con lo global, y viceversa.
>
> Si te decides por lo local, probablemente tengas una gran vida social, hagas cantidad de cosas en persona y formes parte de la comunidad. Pero esto significa que tendrás menos tiempo para dedicarte a crear cosas para el mundo.
>
> Si te decides por lo global, es porque quieres dedicarte a crear cosas que puedan distribuirse al mundo entero. Pero esto significa que tendrás menos tiempo para formar parte

de la comunidad local. Ninguna de las dos alternativas es mejor ni peor que la otra, pero tienes que ser consciente de lo que estás eligiendo.

Personalmente, en mi trabajo intento prestar atención tanto al impacto global como al local. En general, para mí lo global tiene más peso, pero entiendo perfectamente lo que dice Derek. Ninguno somos capaces de estar plenamente presentes en ambas esferas, así que es importante que decidas cuál te importa más.

La historia de Jason demuestra que es posible lanzarse en solitario y tener éxito en las más diversas y originales empresas. Como artista de nuestro tiempo —ya sea ese arte la música, la escritura, la cocina, la fotografía, la danza, la pintura o cualquier otra cosa—, puedes forjarte una carrera profesional fundamentada en la relación inmediata con tus admiradores. No solo eso, sino que puedes ganarte bien la vida con ello, sobre todo si complementas el dinero que te da el trabajo creativo con otra u otras fuentes de ingresos.

Lo mejor de todo es que nadie te lo puede quitar. Al fin y al cabo, si el negocio está enteramente patrocinado por tus admiradores y lectores, nadie te puede despedir. Y como te dirían Pomplamousse y tantos otros artistas independientes, hay pocas cosas en la vida tan gratificantes como cobrar por crear y compartir algo que has hecho con el mundo.

Eso sí, los pantalones de cuero siguen corriendo de tu cuenta.

Era la intersección perfecta de todas las cosas que más me gustan.

RICHARD,
33 años, acupuntor

12

CÓMO HACER TODO LO QUE QUIERES

Objetivo:
Niégate a elegir

En algún momento de tu vida, te dieron un consejo nefasto: tienes que elegir tu hueco. Puedes depositar sin miedo este consejo en la trituradora de papel que tienes bajo la mesa. Quizá llegue un día en tu trayectoria profesional en que necesites (y quieras) concentrarte en una sola actividad, pero hasta que llegue ese día, puedes forjar el trabajo para el que has nacido en torno a todo lo que te apasiona y te interesa.

Cuando entrevisté a Devin Gadulet, un director editorial de cuarenta y nueve años natural de Los Ángeles, me advirtió que su trayectoria profesional sería difícil de explicar. En las tres últimas décadas, había sido propietario de una tienda de antigüedades y jugador profesional de póker, trabajado en la industria del cine, hecho una breve incursión en el mercado inmobiliario y creado un blog de viajes al menos cinco años antes de que la mayoría de la gente supiera lo que era un blog. También tenía un proyecto de lo más singular:

casarse cien veces... con la misma mujer, pero en tantos lugares distintos como le fuera posible.

Hizo bien en advertirme. Pese a tomar notas continuamente mientras hablábamos, me costaba llevar un orden cronológico de todas esas experiencias, así que cambié de táctica:

—Cuando tenías ocho años, ¿qué querías ser de mayor? —le pregunté.

La gente suele dar respuestas curiosas a esta pregunta. En el caso de Devin, respondió al instante:

—Quería ser el primera base de los Dodgers —me dijo.

Desgraciadamente, el sueño de ser jugador de béisbol murió de forma traumática cuando, al cumplir los doce años, descubrió con gran pesar que en realidad no estaba hecho para los deportes.

Durante los años de instituto y luego de universidad, dejó de pensar en el béisbol y empezó a embarcarse en toda una diversidad de actividades, trabajos y aventuras. Entre ellos, montó un puesto de limonada —la puerta de entrada clásica al mundo empresarial—, vendió cómics y dio clases particulares.

Aquella energía y ambición siguieron acompañándolo de adulto y, como antes, montó negocios e hizo trabajos de lo más diverso. Cuando sus padres se divorciaron, su padre antes de marcharse dejó las llaves de la tienda de antigüedades de la familia. Devin se hizo cargo de ella con el clásico objetivo de «comprar barato y vender caro». Aprendió a tasar antigüedades, y tenía ojo para detectar una pieza valiosa en medio de un cuarto lleno de trastos. Le divirtió durante un tiempo, y luego consiguió su primer trabajo en la industria cinematográfica, que después daría paso a otra aventura distinta, y luego a otra...

Años más tarde, en otra de sus muchas transiciones, creó uno de los primeros blogs de viajes de que se tenga noticia y anunció su objetivo de recorrer el mundo. Poca gente sabía nada de los medios de comunicación *on line* en aquel tiempo, de modo que Devin se nombró a sí mismo director..., además de redactor jefe, corrector de estilo, diseñador web, técnico de ayuda al usuario y «el tipo que hace todo lo demás». El éxito del blog le proporcionó contactos en la industria de los viajes así como ofrecimientos de toda clase de material fotográfico y viajes gratis alrededor del mundo.

Mientras relataba todas las vueltas que había dado en este viaje tan singular, comentó que el paso continuo de un trabajo a otro había sido un recorrido espiritual tanto como profesional.

—En aquel tiempo —me dijo—, todo me parecía que ocurría al azar, sin sentido. Si se me abría una puerta, entraba. Me dediqué al comercio durante un tiempo y solía aporrear el teléfono... Hoy no podría trabajar en algo así, pero no lamento del todo haberlo hecho. Algunos de aquellos trabajos fueron lo que tenía que hacer entonces para estar donde estoy ahora.

»Creo que lo que me hizo ir bien —siguió diciendo— fue que tenía la inocencia de la juventud, y me duró mucho más que a la mayoría de la gente.

No tenía miedo de probar cosas distintas..., o al menos, si tenía miedo, no dejaba que le detuviera.

Me gustó la historia de Devin, y cuanto más lo presionaba para obtener información confidencial sobre cómo tomó las distintas decisiones a lo largo de su trayectoria profesional, más volvía él a la perspectiva filosófica y espiritual que le permitía darle sentido a todo.

—Cuando estás en un vacío —afirmaba—, no siempre sabes lo que quieres o lo que es mejor. Es cierto que puedes hacer una lista de las ventajas y los inconvenientes, pero eso no siempre tiene validez para cualquiera o para cualquier situación.

Citó algo que le había oído decir a un amigo: «Tienes una idea tergiversada de lo que crees que te hará feliz». Durante aquel periodo de su vida, Devin se había estado recuperando de lo que llamó una serie de «inéxitos», o iniciativas que no habían resultado todo lo bien que esperaba. Aquellos callejones sin salida le habían llevado a un cambio de perspectiva. En vez de buscar la felicidad en las circunstancias externas, adoptó una actitud de aceptación de la vida en el estado presente, intentando siempre mejorar, pero negándose a que dirigiera su vida la ambición de dinero o estatus.

En la actualidad, sigue trabajando en el sitio web de viajes, que le proporciona numerosas oportunidades de viajar gratis, a instancias de los consorcios de turismo. También trabajaba en el negocio inmobiliario de tarde en tarde y lleva tiempo escribiendo un libro. Ah, y ha encontrado otra cosa que le ha hecho de verdad feliz. Hace dos años, se casó con Morgana Rae, una empresaria cuya trayectoria profesional es también bastante variada. Unos meses después, estando en México por un encargo laboral de Devin, iban dando un paseo cuando, impulsivamente, se volvió hacia ella y le preguntó:

—Eh, ¿quieres que nos casemos de nuevo?

Ella dijo sí (afortunadamente, puesto que ya estaban casados), y celebraron su segunda boda en Puerto Vallarta. Después de eso, aquello se convirtió en una misión: casarse cien veces en distintos destinos del mundo. Cuando hablamos, Devin y Morgana habían celebrado doce bodas, entre otros países, en San Marino, Croacia y Turquía.

Devin fue capaz de forjarse una vida profesional y personal en torno a muchos intereses distintos. En contra de lo que dice el consejo tradicional, no tuvo que elegir una sola cosa. Eligió muchas..., y para él, este era el trabajo para el que había nacido.

¿QUÉ DEBERÍA HACER CON MI VIDA?
(RESPUESTA: EMPIEZA A VIVIR)

En la primera firma de libros que hice, en Nueva York, hace muchos años, miraba cómo la gente se iba poniendo en la cola para darme la mano y saludarme. Una de las primeras personas de la fila se acercó y me hizo una pregunta que nunca olvidaré:

—Hola –me dijo–. No quiero robarte mucho tiempo, así que solo te haré una pregunta. ¿Qué debería hacer con mi vida?

Me reí e intenté encontrar alguna respuesta que le sirviera de algo, pero la verdad era que no tenía ni idea de qué decir.

Todos nos sentimos presionados por esta pregunta. Como hemos visto a lo largo del libro, la mayoría de la gente no sabe de inmediato cuál es la mejor respuesta, y muchas veces esa respuesta va cambiando con el tiempo. Pero eso no significa que la respuesta no exista. El objetivo que propone este libro no es necesariamente dar con ella mañana; es que nos procuremos todo lo necesario para encontrar finalmente una respuesta, tardemos lo que tardemos. A veces, encontrar el trabajo para el que hemos nacido quizá signifique negarnos a elegir un solo camino profesional. Incluso aunque no podamos hacerlo *todo*, algunos queremos hacer más de una cosa.

En algún momento de nuestra vida, a la mayoría nos dieron un consejo nefasto: «Para sobrevivir en este mundo, tienes que elegir *una* profesión». Debes centrarte en una sola, con exclusión de todas las demás —o eso nos dicen—, pues no hay cabida para mezclar unas cosas con otras o tener más de un interés profesional prioritario.

Puedes depositar sin miedo este consejo en la trituradora de papel que tienes bajo la mesa. Quizá llegue un día en tu trayectoria profesional en que necesites (y quieras) concentrarte en una sola actividad, pero hasta que llegue ese día, puedes forjarte una vida que englobe todo lo que te interesa y, debido a ello, vivir bien y ser feliz.

UN TIEMPO PARA X, UN TIEMPO PARA Y

Volvamos la vista a la historia de Devin. Durante un tiempo, se ocupó de la tienda de antigüedades. Después hizo varios trabajos de producción cinematográfica. Luego, creó el blog de viajes. Hubo periodos en que las distintas actividades se superpusieron, y durante ese tiempo tuvo que dedicarse de lleno a una sola de ellas. Lo que quiero decir es que en la vida hay diferentes estaciones: hay un tiempo para explorar y experimentar, en el viaje de todos, y también hay un tiempo para concentrarse en un solo objetivo.

Piensa un momento en el ciclo de vida general por el que pasamos todos. Vamos cumpliendo años y a la par vamos eligiendo, tomando decisiones, algunas definitivas (puesto que no podemos volver atrás) y otras reversibles (al cabo de un tiempo podemos cambiar de idea). Tanto en lo importante como en lo insignificante, nuestras vidas cambian: conocemos gente nueva, a veces elegimos a una persona con la que tener una relación de pareja estable, en ocasiones tenemos hijos y *siempre* acabamos envejeciendo.

Es obvio que muchos ciclos de vida no son ni remotamente así de plácidos. Algunos recorremos un escabroso camino sembrado de muchos otros grandes cambios, a veces esperados y a veces inesperados. Aprendemos a adaptarnos a lo que ocurre, pero adaptarse no es opcional; no podemos controlar la mayoría de lo que nos sucede en la vida más de lo que podemos elegir si envejecer o no.

Y así como nos adaptamos a los cambios que se suceden a lo largo de nuestro ciclo de vida, debemos adaptarnos a los cambios que tienen lugar en nuestro *ciclo laboral*. Tal vez haya épocas de nuestra trayectoria profesional en que un trabajo tradicional de ocho a tres sea lo más idóneo para ese momento de nuestra vida, bien porque tengamos hijos pequeños, bien porque estemos al cuidado de unos padres ya mayores o bien porque tengamos otras obligaciones y no podamos permitirnos el lujo de invertir todos nuestros ahorros en hacer realidad el negocio que tenemos en mente o en aventurarnos a montar una empresa en solitario. Y habrá épocas en que, por ser otra la situación, tengamos más ganas y posibilidad de entregarnos a nuestras ambiciones empresariales o a experimentar con una o dos ocupaciones complementarias. Igualmente, habrá momentos de nuestra vida en que un determinado objetivo o interés tendrá prioridad sobre todos los demás. En esos momentos, eso —ya sea escribir un libro, comerciar en internet o trabajar en un circo— será lo único en lo que pensemos. Y, por último, habrá momentos en que queramos unir como sea posible dos o más de estas opciones al mismo tiempo.

Recuerda que no hay un modelo de trayectoria profesional único, y que todos la vamos creando sobre la marcha. Aun así, saltar de un negocio o interés a otro —o hacer malabarismos con varios de ellos a la vez— puede tener sus dificultades. Por suerte, hay una estrategia que puede ayudarte a recorrer ese camino escabroso. Se llama «alternar ocupaciones».

ÁBRETE CAMINO EN LA VIDA
«ALTERNANDO OCUPACIONES»

Aunque todos intentemos hacerlo de tarde en tarde, está demostrado científicamente que la capacidad de hacer mil cosas al mismo tiempo es sobre todo un mito. Por desgracia, tenemos un solo cerebro, y el cerebro solo puede prestar atención a una única tarea en cada momento.*

«Alternar ocupaciones» es diferente de hacer muchas cosas a un tiempo; significa trabajar en múltiples proyectos e intereses dedicándonos por entero a cualquiera de ellos durante un rato y luego centrando intencionadamente la atención en otro distinto. El método para hacerlo puede ser atenernos a un horario y un calendario establecidos, basar la alternancia en el carácter particular de cada tarea o simplemente guiarnos por la intuición.

Alternancia de tareas basada en el tiempo

Un día dedicado a esto, otro día dedicado a aquello, o una hora para el proyecto A y dos para el proyecto B; así es como sería utilizar el método del calendario para organizar en paralelo las distintas tareas.

Elon Musk es famoso por dirigir simultáneamente dos grandes empresas, Tesla Motors y SpaceX. Además, se ocupa con regularidad de difundir otros grandes proyectos y es noticia en el mundo entero por actividades totalmente independientes de las anteriores. No hace falta decir que reparte su tiempo yendo y viniendo entre un despacho y otro, concentrándose en una cantidad ingente de tareas de un tipo antes de dirigir su atención a las de otro.

Quizá suene intimidador. Lo bueno es que no necesitas fundar una empresa de automóviles ni diseñar una lanzadera espacial para usar una forma de alternar tareas similar a la

---

* Cuando crees que estás haciendo mil cosas a la vez, en realidad simplemente vas pasando de una tarea a la siguiente y luego vuelves otra vez a la anterior, y normalmente pierdes energía y tiempo de procesamiento durante el cambio.

de Elon. Solo necesitas tener dos o más proyectos y atenerte atentamente al método de alternancia que elijas. No todo el mundo trabajará bien en estas condiciones, eso está claro, pero habrá gente a la que le irá viento en popa.

Alternancia de tareas basada en el carácter particular de las actividades

Una vez conocí a un tipo que tenía una empresa de paisajismo en Alberta (Canadá), que generaba un buen volumen de trabajo. Durante la primavera y el otoño, está ocupado. Durante el verano, está *muy* ocupado. Pero durante el invierno, cuando las temperaturas descienden normalmente a varios grados bajo cero y el suelo está casi siempre cubierto de nieve, el ritmo laboral va disminuyendo hasta que deja de haber trabajo. Afortunadamente, este paisajista tiene otra afición. Cuando no está plantando bulbos de tulipán a la espera de las primeras señales de la primavera, escribe guiones.

Estas dos vocaciones tan distintas le permiten organizar un calendario laboral marcado por las estaciones, cierto que un tanto atípico:

Verano: solo paisajismo, todo el tiempo.
Invierno: casi solo escribir guiones, todo el tiempo.
Primavera y otoño: un poco de ambos.

Lo mismo que no hace falta que planees ir al espacio para alternar tareas adjudicándoles a cada una un tiempo establecido, tampoco hace falta que seas paisajista para alternarlas atendiendo al carácter concreto de cada actividad. Cantidad de gente dedicada a las más diversas ocupaciones adapta este modelo de formas muy originales. Por ejemplo, una maestra podría decidir hacer un trabajo complementario en los meses de verano (después de unas merecidas vacaciones). Un empleado de una gran empresa que consigue finalmente un periodo de excedencia, podría tal vez escribir un libro en ese tiempo. Hay muchas maneras de adaptar este modelo a tus necesidades, sean cuales sean tus aficiones.

Alternancia instintiva de tareas

La mayoría no organizamos el calendario laboral con la meticulosidad de Elon Musk, ni tenemos tampoco un trabajo de temporada tan ordenado como el del paisajista canadiense. ¿Qué pasa si a ti te gusta alternar casi todo el tiempo un montón de aficiones distintas?

Si has conseguido crear un marco laboral flexible, como el de Devin, quizá prefieras planear las distintas actividades de un modo más instintivo. Cuando te plantees qué hacer a continuación, pregúntate: «¿Qué sensación me produce esto, por ejemplo?» y «¿Qué me gustaría hacer ahora?».

• • •

Por supuesto, puedes emplear también alguna combinación de estos tres modelos. Si tu trabajo conlleva un compromiso con otras personas, como suele ocurrirnos a la mayoría, tendrás que coordinar las reuniones y otras citas ajustándote al método de asignación de periodos de tiempo al menos durante parte del horario laboral. Aunque es importante que prestes atención a cómo te sienta hacer una tarea dada, quizá no *siempre* puedas hacer exactamente lo que quieres; a veces hay cosas que sencillamente hay que hacer, te sienten como te sienten. Lo que antes he dicho sobre tener la cabeza puesta en un sinfín de actividades al mismo tiempo, sigue en pie. No deberías intentar hacer «un montón de cosas» continuamente; deberías proponerte prestar toda tu atención a una tarea antes de pasar a otra.

Y una cosa más: alternar trabajos no está hecho para todo el mundo. Hay gente a la que le resulta útil y liberador y gente a la que las interrupciones le desestabilizan. Como siempre, recuerda el modelo alegría-dinero-fluidez y haz lo que sea mejor para *ti*.

PREGUNTA: ¿QUÉ DEBERÍA HACER?
RESPUESTA: PROBABLEMENTE DÉ LO
MISMO, ASÍ QUE ELIGE LO QUE SEA

Hay un viejo cuento de un alumno que acude a su maestro con un problema que a muchos nos es familiar:
—¡Se me ocurren tantas ideas! —dice—. Pero no sé cuál es la mejor.
—Probablemente dé lo mismo —contesta el maestro—. Así que elige la que quieras y ponla en práctica.
Lo que quiere decir es que en general es peor quedarnos paralizados que elegir hacer algo, lo que sea, y hacerlo. Te guste o no, al negarte a hacer una elección en realidad ya has elegido no hacer nada. Y hacer algo —o hacer varias cosas, incluso aunque luego resulte que no eran lo más acertado— suele ser mejor que no hacer absolutamente nada. Hasta cuando estés paralizado por la indecisión, debes encontrar la manera de actuar y dar un paso adelante.

ALTERNAR TRABAJOS EN LA PRÁCTICA: LA ADMINISTRADORA DE UNA COMUNIDAD *ON LINE*

Cuando terminó la doble licenciatura, en tecnología de la información y en inglés, en la Universidad de Notre Dame, Kelly Stocker no estaba segura de lo que haría con ellas, pero le gustaba la combinación de disciplinas.

—Imaginé que seguiríamos necesitando ordenadores durante bastante tiempo –dijo–, y me gusta leer.

Había crecido en McAllen (Texas), donde su padre tenía una tintorería. Siendo todavía pequeña, le regalaron un juego de química y quería ser farmacéutica. Construyó clubes secretos para sus amigas, en los que se guarecían del calor texano, y en cierto momento quiso estudiar en la prestigiosa Universidad de Indiana.

Después de licenciarse viajó a Europa, desde donde enviaba comentarios sobre el viaje a las primeras comunidades virtuales. Hizo todas las reservas de alojamiento a través de un sitio web llamado Hostel World y pronto se hizo una usuaria leal. Cuando viajó de Barcelona a Niza, no se alojó en ningún sitio que no formara parte de la red social y dejó valoraciones de usuaria de todas sus experiencias.

De regreso a Estados Unidos, las entrevistas de trabajo le resultaban igual de fastidiosas que a la mayoría de la gente, sobre todo nada más acabar la universidad.

—Te invade una inseguridad espantosa cuando entras en una sala donde hay una serie de personas, normalmente mucho mayores que tú, sentadas al otro lado de la mesa emitiendo juicios tácitos de lo que perciben de ti y haciéndote preguntas como: «¿Cuál es tu mayor debilidad?» –dijo.

Aun con todo, consiguió un trabajo en Dell, en su estado natal de Texas pero a cinco horas de la pequeña ciudad en la que creció. El trabajo estaba bien; no era apasionante, pero era un buen sitio donde aprender y adquirir una experiencia que podría serle muy útil. A la vez, descubrió todo un nuevo mundo de restaurantes y vida nocturna en la ciudad de Austin, en la que ahora vivía. La afición a escribir valoraciones la llevó a crear un boletín para sus amigos en el que recomendaba distintos sitios que valía la pena probar.

Como ya has visto en otros relatos del libro, cada una de estas experiencias aparentemente aleatorias formaba parte en realidad de un importante proceso. Una combinación de acontecimientos —un nuevo amigo, recibir un correo electrónico reenviado, ir a caer en la fiesta propicia— la llevó a dejar Dell y a empezar a trabajar para Yelp, el popular servicio de valoraciones *on line*. Era el trabajo idóneo para ella por muchas razones. En primer lugar, llevaba años preparándose a conciencia para aquel trabajo, aunque no lo supiera. Las comunidades eran su vida. Además, era extrovertida y le gustaba conocer gente. La licenciatura en informática le resultaba útil en una compañía de internet, pero la facilidad que tenía para «traducir» conceptos técnicos a un lenguaje exento de tecnicismos le fue todavía más valioso. Y a esto se sumaban todas las valoraciones que llevaba años escribiendo; sabía exactamente cómo funcionaba todo, qué era lo que a la gente le hacía confiar en las valoraciones que leía en internet y qué podía hacerse para que la experiencia fuera más grata para todas las partes.

Las responsabilidades que tenía en el nuevo trabajo eran las ideales, y las condiciones laborales también. Debía cumplir una diversidad de funciones: hacía de administradora de la comunidad web, lo que suponía contestar una y otra vez a las mismas preguntas al tiempo que animaba a los nuevos usuarios a hacer valoraciones (y les bajaba los humos al provocador ocasional o al viajero quejumbroso que hacía valoraciones demasiado negativas); estaba a cargo del desarrollo comercial, lo que significaba reclutar a nuevas empresas interesadas en anunciarse, y era productora de eventos varias tardes a la semana.

Completar todas estas tareas al nivel de excelencia que se exigía a sí misma le llevaba una eternidad —ochenta horas semanales al principio, dijo—, pero como la compañía no tenía una oficina en Austin, podía trabajar desde casa o desde donde quisiera. Estaba claro cuáles eran sus responsabilidades, pero podía cumplirlas como le pareciera mejor. El beneficio inesperado de este acuerdo era que cuanto más hacía el trabajo, más fácil le resultaba hacerlo y menos tiempo le suponía, por el mismo salario.

Yelp anima a los administradores de la comunidad a convertirse básicamente en «alcaldes honorarios» de las ciudades que son responsabilidad suya. Los dos primeros años, Kelly trabajó sin parar, reuniéndose con cientos de propietarios de negocios y organizando incontables fiestas y eventos. Pero todo aquel trabajo social rindió sus beneficios. Casi al final de la hora de conversación que mantuvimos, se le escapó que en aquella época tenía además «varios trabajos más». Un momento, ¿cómo es eso? Yo pensaba que en Yelp trabajaba a jornada completa.

Cierto, era un trabajo a jornada completa, y ganaba un buen sueldo, pero cuando adquirió soltura, quiso probar además otras cosas. Empezó a trabajar de disc-jockey en una emisora de radio varias mañanas a la semana. Utilizando la habilidad para desenvolverse que había adquirido organizando eventos, aceptó un trabajo complementario en una cadena regional de cines presentando acompañamientos musicales interactivos, y por si fuera poco, empezó a escribir una columna en un semanario local alternativo. ¿De dónde sacaba tiempo? Me dio la misma respuesta que suele dar mucha gente a la que le encanta lo que hace:

—La cuestión no es tanto de dónde saco tiempo como *por qué* saco tiempo. Siempre se saca tiempo para aquello que se hace por una razón de peso.

Hizo todos aquellos trabajos porque satisfacían distintas necesidades que sentía. Había acabado siendo realmente alcaldesa honoraria de Austin gracias a sus incansables esfuerzos en sectores de la ciudad muy distintos, y eso beneficiaba a Yelp. Ah, pero lo consiguió también gracias a todos esos esfuerzos, no solo gracias a la empresa para la que trabajaba.

A Kelly le encanta su trabajo, pero ha establecido también una equidad de ocupaciones en su vida. No *solo* es una magnífica administradora de la comunidad; la suma de las partes es mayor que todas las partes por separado.

INVIERTE EL GUION PARA QUE CAMBIE LA SELECCIÓN AUTOMÁTICA

Para alternar trabajos y hacer malabarismos con múltiples tareas a la vez, se necesita normalmente mucha disciplina. Si reduces las opciones y tomas decisiones de antemano, tendrás más posibilidades de lograrlo.

Quienes se dedican a la economía conductual emplean este método continuamente. Un ejemplo es una pequeña artimaña que utilizan para animar a la gente a ahorrar más para cuando se jubilen. Está relacionado con la modalidad elegida a la hora de establecer un plan de pensiones. Si optas por que el plan retire automáticamente ciertos fondos de los ingresos mensuales que percibes (lo que se conoce como «retirada o exclusión voluntaria», *opt-out*), es más probable que consigas una tasa de interés más alto por tus ahorros. Si tienes que dar un paso más y hacer algo personalmente para asegurarte de que el dinero se ha retenido («inclusión voluntaria», *opt-in*), la tasa desciende notablemente.

Aplicando este mismo planteamiento a tu vida y a tu carrera profesional, puedes obligarte a realizar más cambios positivos si adoptas un comportamiento de «retirada voluntaria» y haces que la elección automática, es decir, establecida *por defecto*, sea tomar en cada momento la decisión más inteligente o provechosa.

Mi buen amigo J. D. Roth me enseñó a hacer esto mismo utilizando los conceptos de «barreras» y «compromiso previo». Una *barrera* es algo que nos disuade de actuar de determinado modo, positivo o negativo. Por ejemplo, a J. D. le gusta montar en bicicleta; pero cuando se mudó a un apartamento nuevo, la dejó en el garaje, encadenada a una rejilla que había detrás del coche, y era una pesadez sacarla. No era un problema insuperable, solo un pequeño fastidio, pero representaba una barrera que impedía una acción positiva.

Claro está que también podemos utilizar las barreras a nuestro favor. Por ejemplo, J. D. sabe que tiene debilidad por las galletas y el helado. Si hay dulces en casa, se los comerá todos. Así que en cierto momento en que empezó a ponerse en forma (y a sacar la bici del garaje con más frecuencia), les puso una barrera a las galletas y el helado con solo tomar la decisión de no volver a tenerlos en casa. De tarde en tarde, se compraba algún dulce, pero solo uno cada vez.

Un *compromiso previo* es la extensión lógica de una barrera. Significa crear de antemano las condiciones que propiciarán el comportamiento o resultado que deseemos. ¿Quieres hacer ejercicio mañana por la mañana? Saca la ropa de deporte y esta noche déjala al lado de la cama. ¿Tienes que terminar de redactar ese borrador a primera hora de la mañana? Deja todos los archivos abiertos en el ordenador y cierra la sesión en todas las redes sociales y todas las demás páginas que te hacen perder tanto tiempo.*

LA VIDA POLIFACÉTICA: DISTINTOS MODELOS DE TRABAJO PARA QUIENES SE NIEGAN A ELEGIR

¿Eres una persona polifacética? La joven escritora e investigadora Emilie Wapnick habla de «multipotencialidad» para referirse a la persona que no está satisfecha con una sola carrera profesional. El principio básico del que parte Emilie es que la persona polifacética necesita variedad. Y no solo por divertimento; si eres polifacético, sentirás una frustración enorme si se te obliga a realizar una sola actividad.

El modelo de multipotencialidad no consiste solo en «hacer todo lo que te gusta», porque eso puede llegar a ser igual de frustrante. Si tienes continuamente proyectos de lo

---

* Cerrar sesión en las cuentas de las redes sociales es una manera inmejorable de romper barreras contra el hábito de posponer las cosas, sobre todo si eres como yo y luego nunca te acuerdas de las contraseñas.

TABLERO DE CLASIFICACIÓN DE PROYECTOS EN TRES CATEGORÍAS

En 1953, Toyota empezó a utilizar un sistema simplificado de seguimiento con el que supervisar la producción de coches y otros artículos. La mayoría de los sistemas de coordinación de proyectos son enormemente complejos; constan de cientos de partidas y una cantidad ingente de datos distribuidos por los diversos cronogramas.

Sin embargo, el sistema Kanban, como acabó llamándose, resultó ser asombrosamente sencillo. Los empleados solo tenían que estar al tanto de tres categorías de artículos: en curso, en espera y completado.

En curso: en lo que estás trabajando ahora.
En espera: de lo que tendrás que ocuparte a continuación.
Completada: lo que ya está terminado.

Si realizas distintas actividades por turnos, puedes emplear esta técnica tan sencilla para estar siempre al tanto de la fase en que se encuentran todas ellas. En algunos casos, a los empleados no se les permitía trabajar en más de un proyecto a la vez, y el sistema Kanban ofreció un recordatorio visual de la tarea asignada a cada trabajador. En la actualidad hay hasta herramientas Kanban digitales (utilizadas para el desarrollo de *software* y en otros terrenos), pero también puedes hacerte una para tu despacho o tu dormitorio utilizando una simple pizarra. Como muestra la imagen, se puede simplificar la terminología todavía más.

Una advertencia: no anotes demasiadas cosas en la columna «En curso» o «Haciendo». La columna «En espera» o «Por hacer» puede contener el número de tareas que sea necesario, pero dado que solo vas a poder dedicarte a unas pocas a la vez, resístete a la tentación de ponerte delante más de unos pocos proyectos o tareas al mismo tiempo.

Por último, quizá te preguntes por qué se necesita la columna «Completado» o «Hecho». Bien, no sé lo que Toyota tendría en mente en aquellos momentos, pero personalmente me encanta poder ver lo que he terminado, y no solo lo que me queda por terminar. Por alguna razón, me anima a seguir trabajando en todo lo demás.

más diverso y te lanzas a hacer un montón de cosas distintas, es posible que nunca progreses lo más mínimo en ninguna de ellas. Por eso lo que Emilie sugiere es que *encuentres un modelo de trabajo* para tu vida polifacética.

Modelo número 1: la vocación única que las gobierna a todas

Como hemos visto a lo largo del libro, hay gente que es capaz de dedicarse a múltiples actividades que giran todas en torno a un mismo tema. Emilie lo llama *profesión globalizadora*:

las tareas y funciones tal vez sean diferentes, pero todas están conectadas con un mismo talento o interés. Un ejemplo podría ser alguien que trabaje de arquitecto a jornada completa, invierta parte de su tiempo libre en redecorar viviendas de alquiler y a la vez dé clases de diseño en un centro de estudios una tarde a la semana.

Modelo número 2: dos o más trabajos claramente diferenciados

Una vez conocí a una agente de policía que los sábados imparte clases de yoga. Mantiene claramente separados un trabajo de otro, pues no hay posibilidad lógica de que se superpongan, y el tipo de aptitudes que interviene en cada uno de ellos es totalmente diferente. Todas las semanas, hace los dos trabajos (el de policía a jornada completa y el de yoga a tiempo parcial) y no quiere dejar ninguno de los dos: están cada uno en su sitio y rara vez, o nunca, interaccionan entre sí.

Modelo número 3: un trabajo que te permite dedicarte a lo que de verdad te interesa

¿Has oído hablar de Albert Einstein, el famoso examinador de patentes? Probablemente no, al menos... no asociado a esta profesión. Pero eso era exactamente lo que hacía, trabajar cuarenta horas semanales en una sombría oficina gubernamental suiza, cuando publicó la teoría de la relatividad. Siguió haciendo aquel trabajo hasta varios años después, antes de comprometerse con un puesto de profesor en la universidad.

Alguna gente tiene una vocación que quizá no se traduzca inmediatamente en una fuente de ingresos. En esos casos, quizá les parezca mejor ganarse la vida con algo distinto y reservar tiempo y energía suficientes para dedicarse además a lo que *de verdad* les interesa.

A Einstein, trabajar en la oficina de patentes *le venía bien*; aunque no era una aventura apasionante, le servía para mantenerse y poder dedicarse a su verdadero empeño..., ya sabes, todo eso de la relatividad.

Modelo número 4: todo tiene una razón de ser

Este modelo está indicado para gente que se entrega en cuerpo y alma a lo que quiera que haga, pero no para siempre. Podría ser un trabajo de media jornada que haces solo durante el verano o un trabajo puntual que realizas por tu cuenta en una fecha concreta. Emilie llama a esta gente «carreristas en serie», y comenta que normalmente empiezan a trazar su siguiente plan cuando está a punto de terminar el primero.

● ● ●

Aunque quienes se dedican a hacer múltiples trabajos buscan prioritariamente variedad, cierta dosis de estructura laboral te ayudará a tener los pies en el suelo. Elige el modelo que mejor se adapte a tu forma de ser.

Oí hablar de un cocinero que había llegado a tal grado de especialización que su competencia se reducía a la cocina vegetariana cruda, dentro de la cual se había especializado en los aguacates y las semillas de chía. Algunos nacemos así..., y en realidad no es poca cosa llegar a ser el mayor experto del mundo en cualquiera que sea el terreno de tu elección. Si

REALIZAR MÁS DE UNA ACTIVIDAD: LA MENTALIDAD RENACENTISTA

Emilie Wapnick, a la que acabo de mencionar, accedió generosamente a cedernos un ejercicio que utiliza con aquellos de sus clientes que intentan forjarse una carrera profesional polifacética, o poliédrica. No creo que tardes mucho en responder a estas preguntas, y quizá te lleven en una dirección que aún no habías considerado.

Paso 1: crea tu lista maestra
Haz una lista de todas tus vocaciones y aficiones, pasadas y presentes. Rodea con una estrella o un círculo aquellas que te toquen de verdad la fibra en este momento.

Paso 2: prueba el método del hilo común
Toma de una en una las respuestas que has rodeado y en cada una de ellas responde a estas preguntas:

- ¿Qué te atrajo de esto?
- ¿Encuentras algo que tengan en común todas tus respuestas?

Luego responde también a estas preguntas:

- ¿Cuáles son los valores que más te importan?
- ¿Hay alguna filosofía por la que rijas tu vida?
- ¿Por qué crees que haces todas las cosas que haces?
- ¿Puedes identificar alguna motivación o fuerza propulsora ocultas tras las elecciones que haces?

Paso 3: intenta combinar dos aficiones que no tengan relación entre sí
¿Hay alguna información referente a una de tus vocaciones que pudiera resultarle útil a un público relacionado con otra vocación o afición tuya?

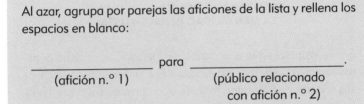

Al azar, agrupa por parejas las aficiones de la lista y rellena los espacios en blanco:

_____ para _____.
(afición n.º 1)   (público relacionado
con afición n.º 2)

Puede que el resultado sean frases muy tontas (como «submarinismo para ejecutivos» o «malabarismo para perros»). No importa, continúa. A veces las agrupaciones más disparatadas acaban dándonos la idea para los negocios más lucrativos (probablemente, submarinismo para perros no sería una de ellas...).

ese eres tú y has decidido atenerte definitivamente a un determinado estilo de vida, me alegro por ti. Fenomenal. Pero a todos los demás, que seguís intentando descubrir qué es lo vuestro, quiero deciros que hay otras maneras. No *tienes* que firmar por algo concreto y definitivo. Probablemente tengas más de una vocación, y eso es lo que te hace interesante.

Dedicarte a una carrera profesional poliédrica (o a más de una a la vez) quizá requiera un mayor esfuerzo que concentrarte en un solo terreno profesional. Tal vez descubras, sin embargo, que la recompensa bien vale el esfuerzo. ¿Por qué no hacerlo todo..., o al menos, hacer unas cuantas cosas bien?

Puedes forjarte una vida que englobe todas tus vocaciones, y no tienes por qué conformarte con menos.

Haber encontrado el trabajo de tus sueños no significa que vaya a ser para toda la vida. Es tu sueño en ese momento, y el sueño puede cambiar con el tiempo a la par que tú cambias. La clave es avanzar al ritmo de nuestros sueños, y para ello tenemos que estar sintonizados con nuestra intuición y con lo que el corazón siente.

SAMANTHA,
40 años, empresaria y orientadora

LOS GANADORES ABANDONAN CONTINUAMENTE

13

OBJETIVO:
Aprovecha las oportunidades que de verdad te interesan (y di adiós a las que no)

«Nunca te rindas» no es un buen consejo. Los verdaderos triunfadores no vacilan en dejar atrás una empresa infructuosa. Hazte maestro en el arte de seguir adelante y empezar de nuevo, aprendiendo cuándo abandonar y cuándo persistir.

¿Has oído eso del atleta que ha de hacer frente a una contrariedad tras otra, se niega a rendirse y finalmente supera todas las dificultades y gana la medalla de oro? Es un tema estupendo para una película, pero en la realidad la mayoría de la gente que aspira a ser atleta profesional no lo consigue. Por pura lógica, para que alguien gane, son muchos los que tienen que perder. Por fortuna, cuando se trata de buscar el trabajo para el que has nacido, generalmente no tienes que competir contra otros miles de personas. Y si ves que algo no funciona, no tienes por qué empeñarte. Es más, probablemente no deberías hacerlo. Los verdaderos triunfadores abandonan continuamente.

Lewis Howes fue uno de esos contados atletas que intentaron de verdad triunfar. Tras ser seleccionado mejor jugador aficionado de Norteamérica en dos deportes distintos, fue jugador de fútbol americano profesional en campo cubierto y luego consiguió entrar en el equipo olímpico de balonmano. Desgraciadamente, la intervención del destino echó por tierra ambos sueños. Primero, sufrió una lesión jugando al fútbol y después el equipo de balonmano no logró pasar en una ronda clasificatoria decisiva.

Casi desde que tenía memoria, Lewis no había querido otra cosa que ser un deportista de élite. Vivía entregado por completo a la causa: había cambiado de universidad varias veces en busca de mejores oportunidades deportivas, se gastaba hasta el último centavo en batidos proteínicos y exhibía sus aptitudes ante los entrenadores de la Liga Nacional de Fútbol Americano cada vez que tenía ocasión. Y ahora acababan de cerrársele las puertas; por mucho que se esforzara, las probabilidades de recuperar un día la forma física y la destreza técnica que había tenido en su juventud eran remotas.

Cuando cayó, se quedó destrozado. No tenía un plan de contingencia, así que acabó durmiendo en el sofá de casa de su hermana con el brazo escayolado y haciendo cualquier trabajo raro que encontrara para poder pagar la deuda creciente de la tarjeta de crédito. Aquello no tenía el menor parecido con la vida que había soñado tener.

Pero entonces se dio cuenta de que podía tener otros sueños.

En un plazo de pocos años, dio un giro total a su vida. Renunció a la ambición de ser deportista profesional y emprendió un camino diferente..., o varios, a decir verdad. Se hizo empresario y asesor; montó toda una diversidad de pequeños negocios y se dedicó a ayudar a los escritores a triunfar haciendo grandes tiradas de libros. Luego creó un *podcast*, *The School of Greatness* (Escuela de grandeza), que contenía las lecciones del éxito que habían utilizado altos ejecutivos, celebridades y deportistas profesionales, o sea, la clase de gente a la que en un principio Lewis había aspirado a pertenecer. El *podcast* fue todo un éxito; las descargas fueron aumentando, hasta contarse por millones, a medida que publicaba nuevos episodios.

Hoy, asegura Lewis, se siente muy afortunado. Se entregó en cuerpo y alma a un objetivo, y no resultó, pero en vez de amargarse y quedarse anquilosado en el sofá de su hermana, encontró una manera de redirigir la energía hacia una serie distinta de objetivos de alto rendimiento.

No todo el mundo que se encuentra en una situación como la de Lewis tiene tanta suerte. Mucha gente que se empeña en lograr su objetivo a toda costa, para luego no conocer jamás una gran victoria, nunca se recupera de verdad. A veces, incluso los que *sí* la consiguen se debaten luego con alguna clase de inesperado segundo acto. El auténtico secreto es que abandonar con sensatez es un arma muy poderosa... Solo tienes que aprender a saber cuándo abandonar y cuándo persistir.

EL PELIGRO DE VOLVERTE LOCO

Quizá te suene el viejo adagio, comúnmente atribuido a Albert Einstein, que dice: «Locura es hacer lo mismo una vez tras otra esperando obtener resultados diferentes».

Einstein tenía razón en que el auténtico peligro de volvernos locos, o simplemente de fracasar una vez tras otra, no suele estar en hacer algo nuevo. Al contrario, los fracasos más estrepitosos vienen de hacer lo mismo que llevamos haciendo desde hace un tiempo. La mayoría somos lo bastante listos como para darnos cuenta de que si probamos a hacer algo nuevo y no resulta, no podemos volver a hacer lo mismo y esperar obtener resultados distintos. Podemos hacer la prueba una segunda vez, pero por lo general cambiamos de táctica. Hasta los ratones aprenden a adaptarse dentro de un laberinto y a probar soluciones distintas cuando se encuentran varias veces seguidas en el mismo callejón sin salida.

El mayor problema es estar condicionados a creer que el éxito responde invariablemente a cierta fórmula o plan de acción. Cuando algo funciona durante un tiempo y luego deja de funcionar, es cuando cuesta de verdad cambiar. No es que probemos a hacer lo mismo una y otra vez porque seamos tontos, ni tampoco porque no sepamos que hay otras posibilidades. Lo hacemos porque nos encanta lo que nos resulta familiar, y cambiar cuesta.

Nos decimos: «¿Por qué no funciona, si ya ha funcionado mil veces antes? Igual si lo intento una vez más, lo conseguiré».

¿Deberías volver a levantarte e intentarlo, intentarlo una vez más? Es posible. Pero como el riesgo de que los fracasos se repitan nunca es mayor que cuando te empeñas en atenerte a un método que en cierto momento funcionó, quizá deberías probar a hacerlo de una manera muy distinta.

Vamos a hablar de otro deportista, un deportista que alcanzó un nivel más que un poco superior al de Lewis. ¿Has oído hablar de Michael Jordan, el famoso jugador de béisbol? No es una errata. Durante varios años, fue una de las personas que gozaron de mayor reconocimiento mundial en el ámbito del baloncesto. Alcanzó la fama por hacer seis veces campeones a los Chicago Bulls y batir toda clase de récords. Luego, en 1992, la inesperada decisión de retirarse fue noticia de primera plana en periódicos de todo el mundo.

Pero pese a lo famoso que era, lo que la mayoría de la gente no sabía de Michael Jordan era que también le entusiasmaba el béisbol, un deporte al que había jugado de niño y que continuó siguiendo de cerca mientras se aclamaba su nombre en los estadios de un deporte diferente.

Dos años después de retirarse del baloncesto, Jordan firmó un contrato con los Chicago White Sox. Se le asignó a una liga menor, y se presentó obedientemente a los entrenamientos de primavera. Dado que las aptitudes deportivas generalmente no pueden transferirse de un deporte a otro en el nivel profesional, no es de extrañar que el talento que había demostrado en la cancha de baloncesto no se reflejara en el campo de béisbol. En realidad, es incomprensible que llegara lo lejos que llegó, pues anotó varios cuadrangulares y bateó un respetable 252 en una de las dos temporadas, pero seguía sin ser suficiente. Jordan, seguramente el mejor baloncestista de todos los tiempos, tenía serias dificultades para adaptarse a los requisitos físicos de un deporte distinto. Así que en vez de seguir luchando por dar la talla, lo dejó.

Volvió al baloncesto, el deporte para el que claramente había nacido, y marcó 55 puntos en un solo partido apenas dos semanas después de haberse puesto nuevamente en activo. A continuación, ganó otros tres campeonatos consecutivos.

CUÁNDO RENDIRSE Y CUÁNDO PERSISTIR

Ningún entrenador objetivo habría animado a Michael Jordan a seguir jugando al béisbol, un deporte en el que era solo relativamente bueno. Estaba claro cuál era el mejor camino que debía seguir: ¡¡volver al baloncesto!! Cuando lo hizo, brilló una vez más y siguió a la cabeza de la liga muchos años.

Las decisiones importantes que tomes en tu carrera profesional pueden tener el mismo impacto en tu vida que la decisión de volver al baloncesto tuvo en la de Jordan. Saber cuándo rendirse y cuándo persistir parece que dependa de un superpoder inalcanzable..., pero hay cuatro estrategias muy claras que puedes utilizar y que te darán cierta ventaja.

Cuando sea todavía poco lo que está en juego, cambia lo que haya que cambiar o abandona rápidamente

Al principio del libro, he contado cómo en la universidad cambié la especialidad de contabilidad por la de sociología. Lo hice con cierta rapidez, y no enteramente por elección: no tardé mucho es descubrir que sencillamente no se me daba bien la contabilidad. Si no la hubiera dejado, tal vez no habría aprobado el curso. Sin embargo, cambiar de especialidad después de un semestre o dos no supuso realmente un retraso en los estudios. No había tenido clases de contabilidad solo, durante aquellos meses; había aprobado los exámenes finales de varias asignaturas obligatorias para cualquier especialidad, de modo que cuando cambié a sociología, no me había quedado rezagado en lo esencial.

En realidad, cambiar de especialidad probablemente me hizo ir adelantado, y no atrasado. Si me hubiera empeñado en seguir estudiando contabilidad unos semestres más antes de dejarla, habría tenido mucha más materia con la que ponerme al día, y es posible que me hubiera costado mucho seguir las clases de la nueva especialidad. Además, ¿quién quiere ser el universitario que cambia de especialidad una docena de veces? A nadie le apetece pasarse la vida yendo de un departamento a otro y encontrarse, después de dos años de universidad, sin saber todavía lo que quiere. Es mucho más inteligente cambiar lo antes posible, cuando se ha invertido todavía poco.

- Cambiar de especialidad durante el primer año de carrera = es poco lo que está en juego.
- Cambiar de especialidad el semestre antes de licenciarte = es mucho más lo que está en juego.

Se puede aplicar el mismo tipo de análisis a cualquier clase de decisión. No pierdas el tiempo en menudencias, y cuando sea todavía poco lo que está en juego, cambia de inmediato.

Acaba con el miedo a estar perdiéndote algo importante

Hay un relato que se ha contado hasta la saciedad en sermones y charlas de motivación del mundo entero. Se titula «A un metro del oro», y se hizo famoso por un libro que se cita muy a menudo titulado *Think and Grow Rich* (Piense y hágase rico). La versión abreviada es que durante la fiebre del oro en California, un buscador de oro busca y busca y busca sin encontrar nada. Al final se rinde y le vende las herramientas a otro buscador, que se toma el trabajo más en serio y rápidamente encuentra oro... ¡a solo un metro de donde había abandonado el primer buscador! La moraleja implícita es obvia: si el primer buscador hubiera persistido, habría encontrado el oro, pero se rindió demasiado pronto.

Un cuento muy bonito, pero es el responsable también de que muchísima gente se quede estancada en situaciones de las que nunca obtendrá ningún beneficio. No hay ninguna garantía de que el primer buscador habría encontrado oro al día siguiente, ni tan siquiera en los siguientes diez años. Es igual de posible, o quizá incluso más, que hubiera continuado esforzándose en vano. Entretanto, otras puertas se le habrían ido cerrando y se le habrían escapado otras oportunidades. Lo mismo que no sabemos qué pasó con el metafórico «camino que no tomamos», tampoco sabemos lo que el buscador *ganó* cuando se rindió y decidió dedicarse a otra cosa.

Igual tomó el dinero que obtuvo de vender sus herramientas e hizo una fortuna invirtiéndolo en el rancho que había al final del camino. O igual no; nunca lo sabremos. La cuestión es que tal vez, solo tal vez, acabó en una situación mucho mejor.

Estos relatos y esta mentalidad no son enteramente culpa del escritor de libros de autoayuda Dale Carnegie. Es una forma de pensar directamente relacionada con el miedo a perdernos algo importante. Pero si bien ese miedo es una emoción humana natural y muy normal, puede ser peligroso si nos impide dejar algo que hace ya mucho que debíamos haber dejado. En definitiva, si quieres triunfar, no puedes vivir con miedo.

Ignora todo lo posible los costes irrecuperables

Aunque no estés buscando oro en el lejano Oeste, lo más probable es que tengas que ir a comprar comida de tarde en tarde. Imagínate la situación: es un día de mucho ajetreo en el supermercado, igual es la hora de salida del trabajo o la víspera de un día festivo, y todo el mundo se está aprovisionando. Los cajeros no dan abasto, y delante de ti hay varios carros llenos a rebosar de plátanos, cervezas y paquetes de patatas fritas. Y es entonces cuando se presenta el momento de tener que tomar una decisión. Llevas tiempo haciendo cola, esperando obedientemente tu turno, y de repente se abre otra caja. ¿Qué haces? Llevas ya veinte minutos esperando en esta cola... Igual deberías quedarte donde estás.

Mientras te decides, el tipo de detrás, que solo lleva en la cola *dos* minutos, se cambia de caja. Paga rápidamente y se va, mientras que a ti te toca esperar todavía a que pasen tres carros monstruosos. El error al intentar decidir si cambiar o no cambiar de cola (y me ha pasado muchas veces a mí también) ha sido dejar que el tiempo que llevabas esperando sea un factor de peso en la decisión, lo cual te ha creado un falso compromiso con la cola por la que en un principio habías optado, aunque luego se haya presentado una opción más tentadora.

Da igual cuánto hayas invertido en algo, ya sea tiempo, dinero o lo que sea. La próxima vez que estés en el supermercado y se abra una caja más tentadora, cambia de cola al instante.

Deja que las respuestas a estas dos preguntas guíen tus decisiones

Cuando es mucho lo que has invertido y tienes que elegir si abandonar o no cualquier proyecto o curso de acción que hayas emprendido, hazte estas dos preguntas básicas:

1. ¿Funciona?
2. ¿Todavía te gusta?

No necesitas pensarlo mucho, y no deberías edulcorar las respuestas. A la larga, te irá mucho mejor si respondes con sinceridad a cada una de ellas. Si funciona o no es una apreciación objetiva, y deberías poder intuir fácilmente si te gusta o no te gusta. En caso de que no estés seguro de inmediato sobre qué responder a la segunda pregunta, imagina cómo sería pasar un día sin pensar ni trabajar en esa actividad o tarea. ¿Cómo te sientes?

Cuando la respuesta a ambas preguntas sea la misma, da igual si es sí o no, la decisión de si rendirte o persistir debería ser bastante obvia:

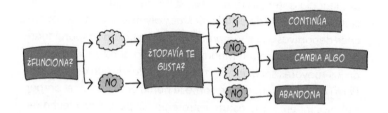

Lo difícil es saber qué hacer cuando las respuestas sean diferentes. Cuando suceda, tienes que profundizar un poco más. Digamos que tienes la oportunidad de hacer un negocio que da dinero, pero no te gusta. O lo contrario, llevas un tiempo trabajando en algo y te sigue gustando, pero no parece que tenga probabilidades de prosperar. Tienes dinero pero no alegría en uno de los casos, y alegría pero no dinero en el otro.

En estos dos casos, *tal vez* puedas seguir estando relativamente satisfecho con el trabajo, negocio o curso de acción durante cierto tiempo, pero lo más probable es que no sea el trabajo, negocio o curso de acción para el que has nacido... y probablemente no te hará totalmente feliz o te dará plena satisfacción a largo plazo. De modo que si las respuestas son distintas, normalmente será mejor que empieces a pensar en dedicarte a otra cosa, aunque prolongues un poco más lo que estés haciendo mientras planeas la transición.

MISIÓN QUINQUENAL

Daniel Ek, uno de los fundadores de Spotify y su director ejecutivo, se califica a sí mismo de «misionario». Después de vender un negocio anterior por una suma desorbitada, se «retiró» inicialmente a una vida de lujo, fiestas y diversión. Cuando los coches deportivos y el champán caro demostraron proporcionarle una felicidad solo temporal, abandonó el retiro y creó uno de los mayores servicios de transmisión de música del mundo. Pero para evitar quemarse como le había ocurrido en el primer trabajo, ingenió una astuta estrategia: se puso una «fecha de expiración» a cinco años vista: «Cinco años son un plazo suficiente para hacer algo que valga la pena, pero también un plazo lo bastante breve como para poder dedicarme a otra cosa dentro de un tiempo –decía en el *New Yorker*–. Estoy en el segundo de los cinco años de compromiso con Spotify. Dentro de dos más, tendré que decidir el siguiente. Tendré que preguntarme si todavía me gusta lo que hago. Sé que soy un poco atípico, pero este planteamiento me da claridad y ganas de trabajar».

El ciclo de misiones quinquenales por el que ha optado Ek es el clásico caso de «reinicio en serie», solo que esta vez con una fecha límite decidida de antemano. Cierto, una fecha límite restringe las opciones, pero también crea una sensación de urgencia. Si supieras que te faltan dos años para completar una misión antes de obligarte personalmente a abandonar, ¿en qué cambiaría tu perspectiva?

DESINTOXICACIÓN DE VIDA: HAZ UNA LISTA DE COSAS QUE ABANDONAR

Todos tenemos malos hábitos que nos gustaría abandonar. Ya se trate de la cafeína, el azúcar, la televisión basura o cualquier otro mal hábito, si alguna vez has intentado dejar algo, sabrás que normalmente no es tan fácil. De repente, tienes ansia de magdalenas con un glaseado rojo aterciopelado y de un café arábigo en taza grande con unas gotas de pipermín, aunque hasta entonces nunca te hayan llamado la atención.

Hay otro tipo de desintoxicación mucho más fácil. Si trabajas con más gente en lo que sea, puede que de tarde en tarde caigas en malos hábitos que perjudican tu rendimiento..., conductas que en sí no te aportan demasiado y que, en el tiempo limitado de que dispones, te distraen de lo que es de verdad importante. Cuando dejes estos malos hábitos, verás los beneficios de inmediato y prácticamente ninguna contrapartida o ansia irresistible. Estos son algunos bastante curiosos con los que puedes probar:

Abandona la necesidad de tener un mezquino control sobre cosas inútiles

No necesitas que se te envíe copia de cada correo electrónico ni que se te informe de cada decisión. Si todo va bien, no interrumpas esa fluidez. E incluso si no va bien, ¿de verdad necesitas clasificar doscientos mensajes más cada día?

Abandona el deseo de dar una buena imagen sin hacer nada sustancial

Dar una buena imagen a tus colegas es un objetivo digno, pero la imagen que des será mucho mejor cuando contribuyas de verdad al progreso de los objetivos comunes. Antes de enviar un mensaje de correo o de sentirte en la necesidad de hacer algo que quizá sea innecesario, pregúntate: «¿Importa algo este asunto?».

Abandona el sueño imposible de ocuparte de todo

Si intentas hacerlo todo, inevitablemente te quedarás atrás. Entiende cuál es tu papel, ya sea como miembro de una organización o de la humanidad en general, y encárgate de lo que se te ha confiado y es responsabilidad tuya. No te preocupes de lo demás; si te ocupas debidamente de tu trabajo, lo más probable es que no te quede tiempo para estar al tanto de todo, en cualquier caso, y no pasa nada.

Estas son solo algunas ideas de malos hábitos que podemos abandonar. Haz tu lista y deja de hacer algo que no te aporte nada hoy mismo.

CREA SEGURIDAD PARA QUE PUEDAS DEJAR LO QUE NO QUIERES (SIN ARRUINARTE)

Una cuenta de ahorros para emergencias nos da seguridad en caso de pérdida de activos, bien por habernos quedado sin trabajo, por un desastre natural o simplemente porque se ha estropeado la lavadora. Pero como ya he explicado en otro capítulo, tus relaciones son siempre tus activos más valiosos. En ese caso, ¿por qué hay tan poca gente que tiene una cuenta de ahorros de relaciones para casos de emergencia?

La red social LinkedIn es un modelo interesante para pensar en esto. Si alguna vez has creado un perfil de LinkedIn, probablemente habrás añadido diversos detalles de tu educación, empleos y aptitudes. Luego, habrás ido a establecer «conexiones» con gente que conoces, una lista basada normalmente en la agenda de direcciones de correo electrónico o en la guía de contactos de la compañía. (Recuerda: en cualquier red social, evita la tentación de considerar que los nombres de esa lista son puramente abstractos; no son meras «conexiones» o «seguidores».)

Si utilizas LinkedIn o cualquier servicio similar, cada vez que entres irás acumulando actualizaciones de tus contactos y puede que empieces a recibir innumerables invitaciones a tomar la iniciativa y ponerte en contacto con otras personas. Es esencialmente una plataforma de relaciones, lo mismo que una lista de tareas es una plataforma para estar al día con lo que tienes pendiente de hacer o que un calendario te pone al tanto de las citas programadas.

Puedes utilizar esta plataforma (o cualquier otra, si LinkedIn no te gusta) para crear una «cuenta de ahorros de relaciones» que te dará tranquilidad a la hora de hacer una gran transición o abandonar algo, porque te sentirás más seguro sabiendo que hay gente a la que puedes recurrir en un periodo de incertidumbre. No se trata de llegar a tener la mayor colección de tarjetas de visita del mundo entero; se trata de forjar relaciones genuinas que guardar en el banco por si un día las necesitas. Y no esperes a necesitarlas para empezar a añadir nombres a tu cuenta bancaria, porque entonces será demasiado tarde. Empieza de inmediato.

Estos son algunos movimientos que deberías hacer:

- Añade a cualquier persona que hayas conocido recientemente a la lista de contactos de las redes sociales que más utilices.
- Pregunta a colegas de profesión en qué están trabajando y si puedes ayudarles.
- Demuestra iniciativa ofreciéndoles a tus contactos algo en concreto, ya sea haciendo saber a alguien de

una oportunidad o vacante, poniéndole en contacto con otra persona de tu red social o incluso enviándole una copia de un libro que te haya parecido interesante.

- Ten algún gesto de generosidad espontáneo.

Lo mismo que los depósitos que hagas con regularidad en la cuenta bancaria o el plan de pensiones harán aumentar el saldo con el tiempo, ocurrirá también en el caso de las inversiones que hagas en tus cuentas bancarias de relaciones.

SI FALLAS TODOS LOS GOLPES, SAL DE LA PISTA

Todos los libros de autoayuda que tratan sobre el éxito tienen un capítulo dedicado a cómo una serie de personas famosas superaron las dificultades y jamás se rindieron hasta hacer realidad sus sueños. Habrás oído contar estas historias muchas veces: el escritor de fama mundial al que rechazaron cien editores distintos antes de que finalmente alguien aceptara publicar sus libros y que acabó siendo premio Nobel de Literatura, el inventor cuyos mil primeros inventos fueron un fracaso pero que acabó triunfando con una innovación revolucionaria, y así sucesivamente.

Hay una cita motivadora, atribuida a la leyenda del hockey Wayne Gretzky, que suele usarse como refuerzo de estas historias, y que dice: «Fallas el 100% de los los tiros que no haces». En sentido literal, es verdad: si no tiras, no puedes marcar. Pero si tiras fuera de la red una vez tras otra, igual no deberías seguir repitiendo la misma jugada. Y en la vida real, lo mismo que en un partido de hockey sobre hielo, la realidad es que no tienes la oportunidad de intentar e intentar un tiro indefinidamente. El entrenador te sacará de la alineación inicial. Tus compañeros de equipo dejarán de pasarte el disco, porque ellos llegarán a una conclusión muy distinta: «Fallamos el 100% de los tiros que le pasamos a este tipo», y se te habrán acabado las oportunidades de marcar.

En contra de la creencia popular, si quieres ganar, no siempre debes persistir. Debes reflexionar y reorganizarte, y quizá probar algo totalmente distinto. Eso de que «los ganadores nunca abandonan y quienes abandonan nunca ganan» es mentira. Para ganar, a veces tendrás que encontrar un deporte nuevo al que jugar.

APÉNDICE 1

Principios y estrategias

Hemos examinado a lo largo del libro diversos principios y estrategias. Este es un resumen de muchos de ellos. Encontrarás también muchos otros en BornforThisBook. com (en inglés).

Hay más de un camino posible. Aplica el modelo alegría-dinero-fluidez para encontrar el mejor

Hay un sinfín de cosas que *podrías* hacer con tu profesión, pero la gente que más éxito ha conseguido ha encontrado la combinación justa de alegría, dinero y fluidez. Han dado con la combinación ganadora de la lotería profesional... y no se ven obligados a elegir entre su dinero y su vida. Por encima de todo, encontrar el trabajo para el que estás hecho debería ser tu principal objetivo profesional.

Traza planes de contingencia. Te permitirán arriesgarte más y elegir mejor

No es motivo de vergüenza tener un plan B, o incluso un plan C o Z. Valiéndote del modelo hipotético deductivo, traza un plan de contingencia para cada elección profesional que hagas (y luego haz un plan de contingencia para el plan de contingencia). Si una estrategia no funciona, pasa a la siguiente.

Comprométete a despedirte del trabajo todos los años

Una vez al año, en la fecha que decidas, comprométete a dejar el trabajo *a menos que conservarlo sea la opción que más te conviene en ese momento*. Si lo es, ¡estupendo!; puedes seguir adelante con confianza, sabiendo que vas por buen camino. Si no lo es, empieza a buscar otra cosa de inmediato.

Mejorar las «aptitudes sociales» puede aumentar tu valor profesional, te dediques a lo que te dediques

Las aptitudes técnicas son lo que aprendiste durante tu formación académica y profesional: cómo hacer dibujos arquitectónicos con determinado *software*, cómo administrar debidamente la medicación si eres enfermera, etcétera. Las aptitudes sociales son igual de importantes —si no más— pero normalmente no se aprenden en la universidad. Para ser más eficiente (y para hacerte más valioso), dedica un poco de tiempo a mejorar el arte de escribir, de negociar, de resolver conflictos y de seguir con atención el desarrollo de cualquier asunto.

Deja de almacenar cosas en la cabeza

La cabeza no es una buena biblioteca. Anota siempre las tareas pendientes, los siguientes pasos, las ideas que se te ocurran. Si estás intentando dar con una idea original para un negocio, anota todo lo que sepas de un determinado tema sobre el que la gente suela preguntarte. Vete paso a paso y dialoga sobre puntos concretos cuando veas que puede ayudarte. Luego, una vez que te lo hayas sacado de la cabeza, comprueba qué puedes hacer de ello.

Elige tu título profesional

Selecciona el título que quieras, no uno que ya exista. Haz una descripción profesional por escrito de las que serán tus responsabilidades y experiencia futuras. Determina qué tienes que hacer para conseguir el puesto, y luego trabaja en sentido inverso desde la meta.

Reconfigura tu trabajo para crear las mejores condiciones laborales posibles

Si trabajas en una empresa o para una organización, consigue seguridad en el empleo haciéndote imprescindible y esforzándote por aumentar los beneficios de la compañía. Cuando sea el momento oportuno, considera la posibilidad de pedir un tiempo de excedencia, fuera de la empresa o dentro de ella, para reorganizarte y sacar aún más provecho a tus facultades.

Inicia una «ocupación complementaria» incluso aunque no tengas pensado trabajar nunca por tu cuenta a jornada completa

Las ocupaciones complementarias nos dan seguridad y nadie debería depender por entero de una sola fuente de ingresos. Utiliza el plan de diecinueve días para montar un negocio complementario (página 182) para crear una fuente de ingresos totalmente nueva. Si sabes lo que estás haciendo, utiliza el desafío de producir algo en veinticuatro horas (página 188) para terminar más rápido todavía.

No tengas miedo al compromiso

No pasa nada por cometer errores —y cambiar el rumbo para corregirlos—, pero tarde o temprano deberías decidirte por algo. No tendría que preocuparte la posibilidad de cometer un error, ni siquiera muchos. Todo el mundo comete errores, lo que importa es recuperarse de ellos. Ahora bien, en última instancia, sería de desear que esos errores te acerquen al trabajo para el que estás hecho. Y cuanto más cerca estés, más selectivo debes ser.

Si algo no funciona, déjalo

Es cierto, cada oportunidad de tiro que desaprovechas es un tiro que fallas; pero tal vez no deberías intentar hacer algunos de esos tiros ya de entrada. Y si fallas un tiro tras otro, acabarás en el banquillo y no tendrás las mismas oportunidades. Dicho de otro modo, no te empeñes en intentar siempre lo mismo; prueba a hacer algo diferente. Eso de que «los ganadores nunca abandonan» es otra teoría equivocada. Los verdaderos ganadores abandonan una y otra vez... y a veces, justo a continuación, ganan la lotería.

APÉNDICE 2

«Así es como os haré ganar un montón de dinero» (Un lanzamiento perfecto)

El lanzamiento de cabeza de Vanessa van Edwards

En el capítulo 3 conté cómo Vanessa van Edwards se lanzó de cabeza y, sin preámbulos, envió una propuesta a Creative Live, una compañía educativa *on line*. Habría podido valerse de una recomendación, pero optó por una táctica que en principio parecía arriesgada: escribir a la dirección de correo electrónico de ayuda al usuario que aparecía en la página web.

He pensado que te gustaría ver cómo redactó su gran propuesta. ¿Podrías hacer a tu manera algo parecido?

Este es el mensaje textual que envió:

Asunto: Así es como tengo pensado hacerle ganar mucho dinero a Creative Live.

Estimado equipo de Creative Live:

Soy gran admiradora de vuestra plataforma y quiero ayudaros a crear el siguiente de vuestros extraordinarios cursos.

Soy investigadora del comportamiento y escritora especializada en la detección de mentiras y el lenguaje corporal humano. Escribo en el *Huffington Post* e imparto cursos y seminarios sobre el lenguaje corporal tanto *on line* como ante públicos de todo el mundo.

Me encantaría crear un curso sobre lenguaje corporal y detección de mentiras para Creative Live. He obtenido unos beneficios de más de 20.000 dólares con la venta de un curso en Udemy en los primeros tres meses y sin haberlo promocionado. Es un tema que a la gente le encanta, y a mí me apasiona enseñarlo. Creo que Creative Live sería una plataforma estupenda para el curso. Por favor, hacedme saber si me dejaríais presentar detalladamente la idea al equipo. Estoy dispuesta a hacer juegos malabares o a usar la magia para mover montañas con tal de impartir un curso en Creative Live. He adjuntado una propuesta para que la valoréis.

Saludos cordiales,

Vanessa

P. D.: La propuesta incluye referencias, valoraciones de los cursos y una presentación de diapositivas titulada «Razones por las que el curso gozará de aceptación» sobre la estrategia comercial que creo que podríais utilizar con éxito.

¿Valió la pena? Esta es una última nota que recibí de Vanessa: «Trabajando en Creative Live viví algunos de los mejores momentos de mi vida. Recuerdo que al despertarme el tercer día de grabación pensé que tenía el mejor trabajo del mundo. ¡Lanzarme de cabeza valió realmente la pena!».

APÉNDICE 3

No pierdas nunca al tres en raya (¡Lección de regalo!)

Espero que este libro te haya enseñado algunas lecciones útiles. Si no es así, al menos puedes aprender a jugar mejor al tres en raya. Con la información que voy a darte, no volverás a perder; solo puedes ganar o empatar. Lo único que necesitas saber es:

1. Si eres el primero en jugar, empieza siempre por la zona central o por una de las cuatro «esquinas». Nunca toques la pieza media de ninguno de los lados, salvo para defenderte de la victoria inmediata del oponente.

2. Si es tu oponente el que empieza, responde siempre con la zona central (en caso de que él no la haya elegido) o por la de una esquina. Bajo ninguna circunstancia debes elegir la zona media de ninguno de los lados en la primera ronda del juego.

3. Ya seas tú o sea tu oponente quien ha empezado el juego, si comete cualquier error, deberías ser capaz de hacerte con la victoria. Si juega bien, empatarás. Pero sean cuales sean las circunstancias, mientras no toques los laterales al principio del juego, y lo hagas solo para defenderte o para ganar después, nunca perderás.

Ah, y si quieres hacerte un experto, échale un vistazo a esta guía de la estrategia óptima.

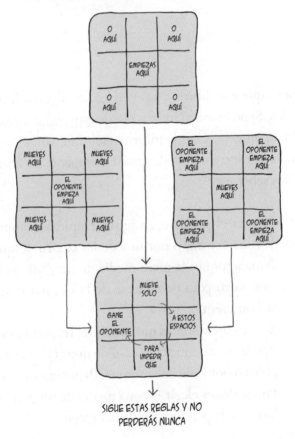

ÍNDICE TEMÁTICO

ÍNDICE